UNIVERSALE
ECONOMICA
FELTRINELLI

GW01044374

Alessandro Leogrande (Taranto, 1977 – Roma, 2017) è stato vicedirettore del mensile "Lo straniero". Ha collaborato con il "Corriere del Mezzogiorno", "il Riformista", "Saturno" (inserto culturale de "il Fatto Quotidiano"), Radio Tre. Ha scritto: *Un mare nascosto* (L'ancora del Mediterraneo, 2000), *Nel paese dei viceré. L'Italia tra pace e guerra* (L'ancora del Mediterraneo, 2006), *Uomini e caporali. Viaggio tra i nuovi schiavi nelle campagne del Sud* (Mondadori, 2008), *Le male vite. Storie di contrabbando e di multinazionali* (Fandango, 2010), *Fumo sulla città* (Fandango, 2013). Ha curato le antologie *Nel Sud senza bussola. Venti voci per ritrovare l'orientamento* (con Goffredo Fofi; L'ancora del Mediterraneo, 2002), *Ogni maledetta domenica. Otto storie di calcio* (minimum fax, 2010). Feltrinelli ha pubblicato anche *Il naufragio. Morte nel Mediterraneo* (2011; premi Volponi e Kapuściński), da cui è stata tratta l'opera *Katër i Radës*, *Uomini e caporali. Viaggio tra i nuovi schiavi nelle campagne del Sud* (2016), *Dalle macerie. Cronache sul fronte meridionale* (2018; a cura di Salvatore Romeo) e, nella collana digitale Zoom, *Adriatico* (2011).

ALESSANDRO LEOGRANDE
La frontiera

© Giangiacomo Feltrinelli Editore Milano
Prima edizione ne "I Narratori" novembre 2015
Prima edizione nell'"Universale Economica" giugno 2017
Quarta edizione agosto 2018

Stampa Nuovo Istituto Italiano d'Arti Grafiche - BG

ISBN 978-88-07-88971-4

FSC
www.fsc.org
MISTO
Carta
da fonti gestite in
maniera responsabile
FSC® C015216

www.feltrinellieditore.it
Libri in uscita, interviste, reading,
commenti e percorsi di lettura.
Aggiornamenti quotidiani

IL RAZZISMO
È UNA
BRUTTA STORIA.‹
razzismobruttastoria.net

Vidi poi un nuovo cielo e una nuova terra,
perché il cielo e la terra di prima erano
scomparsi e il mare non c'era più.

Apocalisse 21,1

Prologo

Il sommozzatore si cala in fondo al mare, si tira giù con l'aiuto di una corda, sembra una pertica conficcata sul fondale. L'uomo pare danzare, la tuta nera è avvolta da scie di bollicine. A tratti si sente il rumore dell'aria sputata fuori. Al primo sommozzatore se ne aggiunge un altro, poi un altro ancora. Tutti hanno scritto sul braccio destro GUARDIA COSTIERA. Dopo alcuni secondi circondano il relitto.

Adagiato a quaranta metri di profondità, al largo dell'isola di Lampedusa, il peschereccio sembra in secca, incuneato nella sabbia chiarissima del fondale. I tre sub, le bombole sulle spalle, calcano il ponte della piccola imbarcazione ed entrano da una porta laterale. Passa qualche secondo, ed estraggono il corpo di una donna. Assomiglia a una bambola gonfiabile per la lievità con cui, sul fondo del Mediterraneo, scivola fra le loro mani. La donna è di spalle, il corpo è fasciato da pantaloni scuri e una maglietta. All'estremità spuntano le braccia e i piedi neri. I capelli lunghi e crespi sono raccolti in una coda. La donna viene spostata e adagiata pochi metri più in là, in un angolo del ponte. Poi entrano nella cabina accanto. Sui letti ci sono due corpi. Un altro è ritto, a testa in giù. La maglietta si muove, a tratti scopre la pancia snella, irrigidita. Nella terza cabina c'è un uomo seduto, la bocca aperta

7

e il corpo immobile, il taglio degli occhi sottile, le mani su un tavolino, come se fosse lì ad aspettare da mesi quell'incontro.

È un lavoro lentissimo. I sommozzatori tirano fuori i corpi di un ragazzo e una ragazza, poi quello di un'altra ragazza, dalle strette cabine in cui, anche se tutto è sottosopra, regna una strana calma. Il silenzio assoluto rallenta ogni gesto.

Ora i corpi sono raccolti sulla sabbia accanto al relitto. Giacciono in fila, mentre gli uomini della Guardia costiera ne aggiungono altri e altri ancora. Sono decine, centinaia. Compongono una fila lunghissima. Ci sono quelli con la faccia riversa, quelli con gli occhi sgranati, quelli con le braccia alzate, quelli con le mani raccolte sotto il capo, come se dormissero. Quelli che giacciono vicini, quasi abbracciati. Quelli che indossano ancora i giubbotti, i pantaloni, i maglioni. Quelli che hanno provato a liberarsi dei vestiti. Quelli con le scarpe e quelli scalzi. Quelli impassibili e quelli stropicciati da uno strano sorriso.

Sono tutti neri, tutti giovani.

I sommozzatori continuano la loro operazione come se l'acqua non ci fosse. Come se attraversassero un paesaggio lunare. I corpi adagiati sulla superficie piana della sabbia paiono stesi sulla nuda terra. Che siano schiacciati dalla pressione o tenuti sul fondo dall'acqua che ha fatto scoppiare i polmoni, nessuno si alza dal suolo o fluttua. Sono raccolti in gruppi. Attendono pazienti, inerti, mentre i sub continuano a danzare intorno al peschereccio. Uno alla volta, vengono imbracati e portati su.

A bordo del battello della Guardia costiera c'è un viavai di gente. Gambe che si muovono, piedi che scattano, mentre gli uomini avvolti nella tuta si alzano dal mare. Tra le onde, in uno spicchio blu scuro davanti al battello, alcuni corpi galleggiano gonfi, le gambe divaricate, in un mucchio indistinto di colori.

Nel trambusto generale, il corpo di un bambino viene adagiato sulle assi di legno del ponte. Avrà un anno, un anno e mezzo al massimo, la maglietta rossa, i capelli arruffati, le guance paffute. L'acqua defluisce dalle membra. La testa poggia su un lato, sotto il sole. Inerme.

1.

Vedere, non vedere, *1*

Si chiamava Shorsh, e l'ho conosciuto alla fine degli anni novanta. Sarà stato il 1998 o il 1999, al tempo della prima ondata di profughi curdi verso l'Italia, un fiume di uomini e donne, in gran parte giovani, in fuga dalla follia omicida di Saddam Hussein.

Una sera, nella casa di studenti dove vivevo, dalle parti di Ponte Milvio, Shorsh ci fece vedere una videocassetta. La conservava nella tasca del giaccone, tra fogli spiegazzati, fitti di appunti in varie lingue, scontrini, una piantina di Roma con alcune strade cerchiate a penna. La vhs era senza custodia. Quando la inserì nel videoregistratore, ci disse solo che riguardava i curdi. "Riguarda noi." Gliel'aveva data un amico a Termini, nel piazzale davanti alla stazione, la sera prima.

Poi le immagini partirono, e di colpo il tempo si fermò. Non avevo mai visto niente di simile. Il cameraman si aggirava tra le case basse di un villaggio di campagna, avanzando lungo strade prive di asfalto. Non una parola di commento, non un rumore di sottofondo, a parte quello cadenzato delle scarpe sulla terra. Poi all'improvviso, due corpi accasciati, immobili, il volto congestionato, davanti alla porta di legno scuro di una casa. Non erano gli unici cadaveri: una selva di corpi, ora seduti ora stesi, era riversa nelle strade, tra la polvere. Anche quando l'uomo con la telecamera in spalla entrava senza fiatare in una delle case basse, la situazione non

11

variava. Negli spazi angusti, tra tavoli, sedie, i pochi tappeti, altri corpi erano ammucchiati a terra.

Quelle scarne immagini ritraevano il massacro di Halabja, una cittadina curda dell'Iraq fatta gasare nel marzo del 1988, ai tempi della guerra con l'Iran. Non lo sterminio nel suo compiersi, ma la quiete dopo la furia, la fine della vita dopo la furia. Ritraevano la morte nella sua oscenità.

Più tardi, nei processi contro i vertici dell'esercito iracheno sarebbe stato definito un atto di genocidio, in cui avevano perso la vita cinquemila persone. Cinquemila uomini, donne, vecchi, bambini, assieme ai loro animali, vacche, asini, cani, cavalli, che nel video apparivano numerosi, riversi per terra proprio come gli esseri umani al loro fianco. L'uomo con la telecamera sembrava indugiare soprattutto sui cavalli, i denti spalancati, le mosche intorno alle narici ormai secche, le gambe piegate come fossero di gomma.

In quel momento, dalle parti di Ponte Milvio, quelle crude immagini che ci piovevano addosso senza il minimo commento, senza una spiegazione, mi sembravano del tutto prive di pudore, infinitamente sgraziate, incomprensibili al di là del dato evidente della morte di massa, del perpetuarsi di una carneficina talmente assoluta da apparire lontana dal nostro orizzonte. Quanto meno da quello di un gruppo di studenti italiani, raccolti in una casa romana, sul finire del Novecento.

Mi accorsi, di colpo, che le stavo osservando senza essere in grado di interpretarle. Eppure quelle immagini per Shorsh erano tutto. Non erano un prodotto della Storia, erano il suo presente. Non erano una riflessione teorica, erano carne viva. Spiegavano nel dettaglio i motivi della sua fuga in Italia, svelavano un passato di violenze inenarrabili a cui aveva assistito da vicino, a cui parenti o amici avevano assistito, quando non ne erano stati vittima. La vhs che le custodiva era uno scrigno sacro; e il suo nastro, che a un certo punto Shorsh fissò come una reliquia, prima di soffiarci sopra per

12

liberarlo di ogni minimo granello di polvere, era prezioso più dell'oro. Dalla sera prima, non l'aveva più tirata fuori dalla tasca del giaccone. A notte inoltrata togliemmo la custodia di plastica dura a uno dei tanti film che avevamo in casa e la regalammo a Shorsh. Avrebbe potuto preservare quell'unico filo che ancora lo legava al suo mondo.

Ho impiegato molto tempo per comprendere il potere di quelle immagini. Ma questa difficoltà a parlarne non riguarda solo la violenza di quel giorno preciso, di quel momento. Riguarda anche il viaggio di Shorsh verso la placida Europa, la sua condizione di profugo negli anni successivi, e quella serata a Ponte Milvio.

Lavoravamo da un paio di mesi come volontari in una scuola d'italiano per immigrati sorta all'interno di un centro sociale lungo la Prenestina, dall'altra parte della città. In breve tempo le aule si erano riempite di decine di profughi come Shorsh, e ci era parso di soccombere di fronte alla crescente difficoltà di sciogliere le reciproche incomprensioni linguistiche. Molti di noi non avevano la minima competenza didattica, anche se ci affannavamo a riempire cartelloni con le coniugazioni verbali e le frasi base delle conversazioni più elementari. Non durò a lungo. Ma con alcuni di loro, e Shorsh era tra questi, stringemmo amicizia, facendo proseguire i nostri incontri, e le nostre chiacchierate, ben al di là delle poche ore di lezione negli stanzoni gelidi del centro sociale.

Per la prima volta, quella sera, ebbi la sensazione di quanto fosse difficile capire la vita prima del viaggio, l'ammasso di eventi che precede ogni partenza, per decine, centinaia di migliaia di migranti che si riversano ai confini della frontiera europea. Eppure nessuno inizia a vivere nel momento in cui l'imbarcazione che lo trasporta appare davanti alle nostre coste: il viaggio ha avuto inizio prima, anche anni prima, e i motivi che l'hanno determinato sono spesso complicati.

Non sono tanto le motivazioni individuali ad apparire incomprensibili. Chiunque parta lo fa per scappare da una situazione divenuta insopportabile, o per migliorare la propria vita, per dare un futuro dignitoso alla moglie o ai figli, o semplicemente perché attratto dalle luci della città, dal desiderio di cambiare aria. No, non è questo ad apparire incomprensibile. Ad apparirci spesso incomprensibili sono i frammenti di Storia, gli sconquassi sociali, le fratture globali che avvolgono le motivazioni individuali, fino a stritolarle. Incomprensibili perché provengono letteralmente "da un altro mondo".

Quella sera, la violenza sui curdi di Halabja mi appariva quasi pornografica nella lenta successione di corpi inermi di uomini e animali, perché nulla sapevo della loro storia, nulla sapevo degli omicidi di massa perpetuati dal regime di Baghdad. O meglio non ne sapevo abbastanza. Non abbastanza per poter decifrare quei fotogrammi.

Credo che sia questo uno dei principali motivi per cui ci è difficile comprendere il "popolo dei barconi" che giunge sulle coste europee. Ci è facile utilizzare la categoria di "vittima", almeno quando ci liberiamo dell'ossessione di essere invasi. Ma quella categoria, a sua volta, appare indistinta, quasi priva di carne e storia, proprio come le immagini di Halabja che scorrevano senza commento davanti ai miei occhi in una sera apparentemente simile a tante altre.

Ho frequentato Shorsh per un po'. I baffi folti e spessi, le guance scavate, la sigaretta sempre in mano, i pantaloni di una taglia più grande sulle gambe, che si intuivano essere molto magre. Ci teneva a far sapere che il suo nome, in curdo, vuol dire rivoluzione.

Era un ottimo cuoco, benché mangiasse molto poco dei piatti che preparava con tanta cura. Ricordo che una volta, al San Camillo o al San Giovanni, subì un'operazione chirurgica di cui si vergognava. Non ne parlava volentieri. Erano sta-

14

te riscontrate lesioni all'ano, che gli producevano costantemente delle emorroidi. Erano la conseguenza delle torture subite nelle carceri irachene: diceva di essere stato costretto a sedersi ripetutamente con le mutande abbassate su una bottiglia di vetro. All'inizio, davanti al riso degli aguzzini, aveva provato solo vergogna. Ma poi un dolore acuto si era sostituito al senso di nausea quando in due lo avevano afferrato per le spalle e lo avevano schiacciato sul collo della bottiglia. Era stato proprio per quello che, qualche mese dopo, aveva ottenuto l'asilo politico in Italia. Shorsh era a tutti gli effetti una vittima di tortura.

Sono passati molti anni, e non so che fine abbia fatto. Tempo fa ho appreso da un amico comune che, dopo la cattura di Saddam nel 2003, è voluto tornare in Kurdistan. Ha fatto a ritroso il viaggio che lo aveva portato in Europa, nella speranza di ricostruirsi una nuova vita lì.

Forse si è perso nei meandri del nuovo Iraq, tra le convulsioni di un lunghissimo dopoguerra, presto sprofondato in uno stato di feroce anarchia, dal cui pantano sono emersi i tagliagole dello Stato islamico. O forse è riuscito a rimanere a galla.

Ma sono solo ipotesi. Di Shorsh non ho saputo più niente. E ora mi sento in colpa. Non perché "occuparmi" di lui fosse un obbligo. Mi sento in colpa per il semplice fatto di non aver capito molte cose, prima che scomparisse nel nulla. Come dal nulla era venuto.

È così che ho sviluppato questa ossessione. Provare a rendere quel nulla un po' meno nulla. Provare a oltrepassare la categoria di "vittima", che non spiega niente della complessa vita degli esseri umani. Provare a dipanare i fili di eventi che a prima vista paiono incomprensibili nel loro ginepraio di violenza, lutti, oppressione, che pure determina la vita di tanti.

15

Sono passati più di quindici anni da quella sera a Ponte Milvio. Proprio frequentando Shorsh e alcuni curdi arrivati a Roma negli stessi mesi, ho avuto la percezione che l'attraversamento della frontiera europea stesse diventando un fatto globale. Che a bordo dei barconi che allora si riversavano sulle coste pugliesi, così come in seguito si sono riversati su Lampedusa e sulle coste siciliane, non c'erano solo i profughi dei Balcani, o gli albanesi in fuga dal crollo di una dittatura claustrofobica, ma gente che veniva da un Oriente più lontano.

C'era un Est molto più a est dei Balcani. E c'era un Sud molto più a sud del Maghreb. La lontananza di quei paesi e la scarsa conoscenza che ne avevamo spesso sconfinavano colpevolmente nell'esotismo. Il business degli scafisti si è fatto imponente proprio allora: quando le coste italiane sono diventate la porta per accedere all'Europa, e l'Europa ha provato a erigere una serie di muri davanti alle proprie frontiere.

In questi anni ho conosciuto tantissimi uomini e donne come Shorsh. Di molti ho perso le tracce. Tanti sono ripiombati nel nulla prima che potessi saperne di più. Alcuni sono morti proprio quando pensavano di avercela fatta a lasciarsi la Storia alle spalle.

Da qui la mia ossessione. Se le coste europee non possono essere che frontiera, tanto vale provare a fissare sulla sabbia alcuni dettagli, alcuni brandelli di esistenza, che altrimenti verrebbero meno col venir meno delle persone. La frontiera è un termometro del mondo. Chi accetta viaggi pericolosissimi in condizioni inumane, attraversando i confini che si frappongono lungo il suo sentiero, non lo fa perché votato al rischio o alla morte, ma perché scappa da condizioni ancora peggiori. O perché sulla sua pelle è stato edificato un mondo che gli appare inalterabile.

2

Il passaggio della linea

Nelle prime righe di *Linea d'ombra*, Joseph Conrad scrive: "Già. Si va avanti. E anche il tempo va, fino a quando innanzi a noi si profila una linea d'ombra, ad avvertirci che bisogna dire addio anche al paese della gioventù...".

Il paese della gioventù... Dirgli addio. Non potevo fare a meno di rileggere queste frasi, dopo aver ascoltato la storia di Ali.

Spesso l'ingresso nel mondo degli adulti, la scoperta della morte, dei saliscendi della vita, avviene nei viaggi. Conrad intuì che ci sono frontiere della propria biografia che coincidono con le frontiere del mare. Proprio lì, dove i confini certi si fanno incerti, si aprono infiniti varchi per il passaggio in un'altra età della vita.

Proprio lì, in mezzo all'andirivieni delle onde, in un luogo imprecisato, senza coordinate cui aggrapparsi, dove tutto è orizzonte, sole di giorno e stelle di notte, e vomito, ansia, silenzio, promiscuità di corpi, proprio lì dove l'infinito coincide con la nullità di ognuno, in quel luogo imprecisato, si dice addio al paese della gioventù. O meglio, alcuni riescono a dirlo, mentre altri intorno appassiscono.

Così era la storia di Ali.

Quando aveva lasciato il Darfur, la terra in cui era nato, non aveva mai visto il mare. Sapeva solo che era fatto d'acqua e che ogni tanto qualcuno provava a sfidarlo. Mai però avrebbe immaginato che quella sorte, un giorno, sarebbe spettata a lui. Anni dopo il fatidico viaggio, il Grande Viaggio che lo aveva portato in Europa facendogli attraversare il Mediterraneo, quel mare enorme e minaccioso, le cause che lo avevano spinto alla fuga erano ancora chiare nella sua mente. Ali ricordava ogni frammento, la prima e unica volta in cui me lo raccontò.

"Avevo ventun anni," disse per poi interrompersi, fare una pausa e riprendere il flusso di pensieri lasciati chissà dove.

"Avevo ventun anni," riprese deglutendo. "Era un giorno di dicembre, erano le sei di mattina. Mi trovavo a Markuba, il mio villaggio, e pregavo. In casa c'erano quattro sorelle e cinque fratelli, mamma e papà. Le mie quattro sorelle, i miei cinque fratelli, mia madre, mio padre..." Poco dopo l'alba erano arrivati i Janjaweed, bande di predoni, per rubare i loro animali. "Erano a cavallo, erano più di cento. Adam, un mio vicino, aveva tante mucche. I Janjaweed lo hanno ucciso davanti a casa sua, non voleva farsele sequestrare. Il capovillaggio suonava il tamburo per lanciare l'allarme, ma i Janjaweed continuavano a correre con i cavalli intorno alle case. Correvano all'impazzata, entravano, rubavano e uccidevano. Noi non avevamo fucili per difenderci, solo lance. In quattro volevano prendermi, ma io sono scappato in mezzo agli alberi. Nella foresta i cavalli non potevano correre più veloci di me."

Con l'aiuto di Marco, nello stanzone di una scuola di italiano per stranieri in un angolo della periferia di Roma, Ali mi raccontava la sua fuga.

Marco era il suo insegnante. Anche lui era nel gruppo che anni prima aveva provato a realizzare quel progetto pionieristico, e un po' raffazzonato, lungo la Prenestina. A differenza della gran parte di noi, però, non aveva desistito. Aveva deciso di studiare, formarsi e ricominciare seriamente in un'altra sede, con altre persone, convinto che quello della scuola fosse uno spazio essenziale di scambio e di incontro, ben al di là del soddisfacimento dei bisogni primari nei centri di accoglienza sorti come funghi in tutta Roma.

Negli ultimi mesi, per un progetto di ricerca cui si era dedicato per molte ore al giorno, aveva raccolto le storie dei suoi studenti. Ora me le faceva riascoltare dalla loro viva voce, accompagnandoli nel racconto, sciogliendo le parole più difficili, quelle che loro non riuscivano a pronunciare. Di tutte le storie, fu proprio quella di Ali a imprimersi maggiormente nelle mie orecchie. "Ho corso fino a un fiume chiamato Mile," continuava il ragazzo a voce bassa, "e mi sono nascosto dentro la tana di un animale scavata sotto terra. Sono uscito che era notte e ho cominciato a camminare verso Jenina, dove abitano dei miei parenti. Sono arrivato di mattina, le scarpe erano tutte rotte. La sera stessa sono ripartito, sempre a piedi, per il Ciad. Lì mi sono fermato un anno in un campo profughi, e appena ho raccolto un po' di soldi sono partito per la Libia. Dal giorno dell'attacco al villaggio non ho più rivisto la mia famiglia. So che stanno in un campo profughi in Darfur, ma non posso parlare con loro neppure al telefono."

Fece ancora una lunga pausa, fissando un cartello appeso al muro che spiegava l'uso dei verbi ausiliari. Poi cercò nuovamente i miei occhi: "Avevo ventun anni, adesso ne ho venticinque".

Oggi Ali fa il venditore ambulante in giro per Roma e in estate va in provincia di Foggia per raccogliere i pomodori insieme ad alcuni sudanesi con cui ha stretto amicizia in Italia. Lo fa ogni anno: si mette in treno appena gli comunicano che il frutto inizia a risultare maturo per la raccolta, e per alcune settimane vive insieme ad altre migliaia di braccianti in villaggi di baracche e lamiere che prendono il nome di ghetti. Dei caporali pensa che "non sono uomini", che in loro si addensi un concentrato di cattiveria e di brama di denaro sconosciute a chi passa tutta la giornata a faticare nei campi.

Il racconto che mi fece quel giorno era preciso, lineare, dettagliato, eppure dopo un'ora mi ero reso conto che nel suo dipanarsi c'era un enorme buco nero. Mancava qualcosa, una pagina che non voleva ricordare e che pure so essere decisiva in ogni storia di migrazione: il viaggio attraverso il Mediterraneo. Ho capito che non voleva parlarne. Riusciva a raccontare ogni minimo dettaglio delle violenze in Darfur, ma neanche una parola in relazione al Viaggio. E allora ho capito che sarebbe stato meglio desistere.

Giorni dopo chiamai Marco e gli chiesi se sapeva qualcosa del viaggio in mare di Ali. Mi disse che, da quando lo conosceva, Ali faceva un sogno ricorrente. Certe notti la memoria si avvitava in un grumo doloroso, ed esplodeva in mille immagini forsennate. L'indomani arrivava a lezione e ripeteva trafelato a quelli di cui si fidava: "Ho sognato che ero in Libia. Prendevo la barca per l'Italia e morivo in mezzo al mare". Poco alla volta, mese dopo mese, mi disse Marco, si era aperto anche con gli altri studenti. Qualche nuova frase, qualche nuova immagine. Solo una volta, però, aveva raccontato l'intera storia nei minimi dettagli.

Arrivato a Tripoli, Ali aveva dato tutti i soldi che gli erano rimasti, mille euro, al libico che avrebbe organizzato la traversata. Così avevano formato un gruppo di trenta persone, tra cui donne e bambini, ed erano salpati nel cuore della notte. La nave, quella che chiamavano "nave", era poco più grande di un peschereccio. Salendo sul ponte dalle assi sconnesse, si era reso conto che ormai era passato un anno e mezzo da quando aveva trovato la salvezza tra gli alberi che cingevano il suo villaggio.

Il giorno dopo, a ottanta miglia a sud di Malta, il motore era andato in avaria. Chi si era spacciato per capitano esperto e li aveva condotti per mare in realtà aveva barato. Si era imbarcato solo un'altra volta come "assistente" di un traghettatore professionista. Ora non sapeva più governare l'imbarcazione, aveva fuso il motore e per scacciare dalla vista le onde che si abbattevano sulla prua si era ubriacato.

Avevano scorte di viveri per due giorni, ma l'acqua cominciava già a scaldarsi. Gli uomini, a turno, provarono ad afferrare il timone, a farlo roteare da una parte e dall'altra. Per alcuni minuti ci aveva provato anche lui, Ali, pur avendo visto il mare per la prima volta in vita sua solo pochi giorni prima. Ma la barca non rispondeva più. Il mare, pensò Ali, era del tutto sordo ai loro richiami. Imponente, ingovernabile, incomprensibile...

Il terzo giorno l'isteria cominciò a contagiare l'equipaggio improvvisato. Abeh, un ragazzo etiope, spaccò il naso al finto capitano dopo un battibecco e, quando quello provò a reagire dandogli del "negro", lo strinse alla gola per strozzarlo. Ci sarebbe riuscito, se gli altri non lo avessero trattenuto. "Non ce n'è bisogno," disse Suleiman, il più anziano dei darfuriani imbarcati sulla carretta, "sta' calmo, risparmia le forze... tra due giorni saremo tutti morti."

Nel pomeriggio uno dei bambini, avrà avuto poco più di un anno, perse conoscenza. Era ardente come un tizzone e le pupille si erano ormai rivoltate all'insù. Impiegarono metà dell'acqua dolce che era rimasta per farlo bere, per buttargliela in faccia, sulle braccia, sulle gambe, sul corpo. Tutti si mossero freneticamente, ma non ci fu nulla da fare. Fu lui il primo a morire.

Il giorno dopo il calore cominciò ad accendere anche i corpi degli adulti. Ali voleva bere, sentiva seccarsi a poco a poco la lingua, la gola, lo stomaco, le dita dei piedi. Voleva bere, solo bere, ma l'acqua era finita. Per distrarsi, provò a pensare al suo villaggio, a un angolo riparato dal sole proprio alle spalle della sua casa. Ma per quanto si sforzasse non riusciva a popolare di uomini e donne il suo sogno a occhi aperti. Una strana ombra pareva avvolgere il suo passato.

Nel pomeriggio del quinto giorno cominciò ad avere freddo. Si avvolse in un lenzuolo che aveva trovato nella stiva e rimase immobile a pensare e ripensare. Cercava ancora, senza riuscirci, di far riaffiorare il passato. Poi si appisolò. Lo svegliò il pianto di una donna piegata sul corpo inerme della propria bambina. Quel lamento era una lunga insopportabile nenia, solo a tratti spezzata da urla improvvise. Il marito le era accanto, le poggiava una mano sulla spalla tenendo gli occhi chiusi.

Davanti a quella scena, Ali provò a scuotersi, a strapparsi di dosso il lenzuolo con le poche forze che gli erano rimaste. Morirò qui, pensò tra sé e sé, morirò qui... Poi cadde in un sonno profondo.

Quando si risvegliò gli apparve davanti una ragazza bionda vestita di bianco che gli teneva il polso, gridando ad altri di sbrigarsi, di fare in fretta. Si sentì trascinare dalle spalle e riporre su un lettino. Solo allora si rese conto di essere a terra.

Fu idratato e curato in quello che gli parve essere un piccolo ambulatorio. Ricostruendo quanto era accaduto dopo la morte della bambina, aveva capito di essere rimasto privo di sensi per altri due giorni. Degli uomini e delle donne partiti da Tripoli, oltre ai due bambini, erano morti in quattro. I primi due erano stati buttati in mare, gli altri nessuno aveva avuto la forza di sollevarli. Così, nell'ultima parte del viaggio, morti e vivi avevano condiviso lo stesso spazio angusto.

Dei due giorni in cui nessuno degli altri imbarcati avrebbe potuto dire con certezza a quale dei due gruppi apparteneva, Ali non ricordava niente. Meglio così, rimuginò, mentre si rigirava tra le lenzuola pulite del letto.

Poco alla volta riuscì a riafferrare il suo passato, le immagini del suo villaggio, i volti dei suoi famigliari. Finalmente aveva scacciato quella strana ombra che avviluppava tutto quando era ancora sulla nave. Eppure, per quanto ora ogni cosa gli apparisse più nitida, pensava a quei volti e a quegli oggetti come appartenenti a un'epoca remota. Non era solo la distanza fisica, il fatto di essere in Europa e non più in Africa, a indurlo a tali pensieri. Sentì di aver oltrepassato una linea, di essersi aggrappato con le unghie a una nuova vita, rinunciando per sempre a un'altra. Solo allora comprese che il travaglio cui era stato costretto aveva definitivamente dissipato la sua giovinezza.

Una settimana dopo, gli dissero, avrebbe dovuto lasciare il letto dell'ambulatorio e andare nel centro. Per altri era solo un numero. Un numero tra i salvati, da ricordare accanto al numero dei sommersi. Un segmento delle statistiche sui flussi. Una pratica "umanitaria" da sbrigare. Steso nel suo letto, Ali sapeva che loro, gli italiani, non avrebbero mai potuto capire. Non avrebbero mai potuto comprendere cosa vuol dire oltrepassare quella linea. Farlo da soli, in mare, a ventidue anni, mentre tutto intorno appassisce.

3.

Hamid

Più volte, negli ultimi anni, sono tornato nella scuola di italiano per richiedenti asilo dove ho incontrato Ali. Si chiama Asinitas ed è ospitata presso la comunità cristiana di base di San Paolo fuori le mura, in via Ostiense, a sud di Piramide, uno di quei luoghi in cui – lontano dalla caotica immobilità del centro – la capitale sembra riscrivere se stessa più velocemente, o comunque meno lentamente, che altrove. Lo si vede dai palazzi e dalle nuove costruzioni. Lo si vede soprattutto dalla vita in strada, nel brulicare costante tra le corsie congestionate dell'Ostiense e l'andirivieni della fermata metro di Garbatella.

La scuola occupa uno stanzone a piano terra e una stanza più piccola adiacente. Intorno a quattro o cinque tavolini, giovani e giovanissimi perlopiù africani si accalcano con penne, quaderni, fogli di carta. Con loro ci sono quattro o cinque insegnanti volontari. Li seguono negli esercizi, ascoltano le loro domande. Marco, il mio amico che era stato tra i fondatori della scuola, ora si dedica ad altro: ha messo insieme un laboratorio serigrafico con alcuni ex studenti che avevano seguito le sue lezioni. Si chiama Else e, dopo aver raccolto biografie simili a quella di Ali, hanno pubblicato insieme libri coloratissimi ed estremamente curati, che mescolano testo e immagini. Vista la particolare procedura della serigrafia, i libri escono in edizione limitata: il loro è un lavoro paziente, meticoloso, certosino, che richiede in media molte ore, se non giorni, per ogni singola copia.

L'ultima volta che sono stato alla scuola, Elena, una delle insegnanti, spiegava alcune parole italiane indicando con la matita un grande albero dalle foglie verdi disegnato su un cartellone appeso a una parete. Mi ha subito sorpreso l'attenzione caotica della classe. Pur nel frastuono di domande, incomprensioni, risate, la lezione di Elena era seguita con grande interesse.

Sono tornato in via Ostiense perché altre due insegnanti, Cecilia e Carolina, mi hanno detto che avrei dovuto assolutamente conoscere un ragazzo.

Avevo raccontato loro la mia idea: provare a raccogliere quante più storie riguardassero la frontiera mediterranea e il suo attraversamento, i viaggi in mare e quelli via terra, sentire chi ce l'aveva fatta, e recuperare testimonianze su quelli che non ce l'avevano fatta.

"Se continui a occuparti di naufragi," mi ha scritto una sera Cecilia via email, "devi assolutamente incontrare Hamid." Tuttavia, quando, qualche giorno dopo, mi ha chiesto il perché, perché proprio ora avessi deciso di fare un lavoro del genere, perché non mi occupassi di altro, mi era venuto naturale rispondere: "Perché le frontiere cambiano".

Le parole mi erano uscite di bocca all'improvviso. Poi ci ho pensato su, e ho capito che per quanto banale, per quanto evidente, era proprio quella la risposta da cui partire.

Le frontiere cambiano, non rimangono mai fisse. Si allarga l'Europa e mutano i punti di ingresso. Scoppiano guerre, cadono dittature, esplodono intere aree del mondo e si aprono nuovi varchi. I varchi a loro volta creano un mondo, una particolare società di confine che definisce le sue regole e i ruoli al suo interno. Sono a tutti gli effetti dei porti franchi. Ma poi anche questi mutano nel tempo, e vengono sostituiti da altri porti franchi.

Le frontiere cambiano, ho ripetuto a Elena. Basta ascoltare le storie di chi viaggia, per accorgersene. Le tappe battute fino a due anni prima, magari anche fino a solo sei mesi prima, diventano vecchie. E se ne cercano subito altre.

"E perché allora i naufragi?" aveva insistito Cecilia. "Perché insisti a voler raccontare i naufragi?"

Forse, le ho detto, perché i naufragi sono dei punti fermi, delle voragini, da cui provare a risalire, passo dopo passo, per ricostruire quelle mutazioni. Ma di questa risposta ero già meno sicuro. In realtà avrei voluto dirle: tutti quei morti, quella mattanza continua... e il silenzio che la avvolge. Ecco, il silenzio. La vera risposta è il silenzio.

Hamid è un giovane somalo. Ha appena ventun anni e frequenta la scuola da alcuni mesi. È in Italia da quattro anni, e nei tre precedenti al suo arrivo – dal 2008 al 2011 – è stato in Libia. Avrei dovuto conoscerlo assolutamente, perché è uno dei pochissimi sopravvissuti a uno dei più gravi naufragi del Mediterraneo, avvenuto il 6 maggio 2011 davanti alle coste della Libia, mentre infuriava la guerra contro Gheddafi.

Quando lo vedo avvicinarsi a me, a fine lezione, mentre gli altri ragazzi se ne vanno chi a casa chi al lavoro, penso subito che sia molto più giovane. Magro, occhi grandi, denti bianchissimi un po' sporgenti, ha l'espressione di un bambino. È tutto vestito di jeans, in testa un berretto verde da baseball con su scritto BOY in stampatello. Lo tiene calcato fin sopra gli occhi.

Ci sediamo all'angolo di un lungo tavolo su cui sono ancora disseminati pennarelli e fogli scarabocchiati. E in pochi minuti, stringendosi le mani e torturandosi le dita, mi racconta quello che è successo in quella notte di maggio.

"Eravamo 750. Stavamo a bordo di una grande nave, a tre piani. Ne sono morti 650."

Nei mesi precedenti al naufragio, mi dice, aveva lavorato come magazziniere in un'azienda alle porte di Tripoli. I libici sono così, aggiunge: aspetti in strada e quando vogliono ti danno dei lavoretti, ti portano al lavoro, ti spiegano cosa fare e a fine giornata ti pagano. Poi, se sei bravo, riesci a trovare qualcosa di più stabile.

Dal momento che non riusciva ad andare in Italia, "perché avevano chiuso il mare", aveva deciso di rimanere lì, di fermarsi definitivamente a un passo dall'ultima tappa, a un passo dal viaggio verso le coste italiane. Aveva imparato l'arabo ed era felice di aver trovato quel posto come magazziniere. "Pagavano novecento dinari al mese, più o meno settecento dollari all'epoca. Uno stipendio molto buono, ché poi lì il cibo costa poco."

Hamid ci sarebbe rimasto davvero in Libia, ma poi la guerra ha cambiato tutto. Insieme agli altri ragazzi della corposa comunità somala di Tripoli, composta da chi freme nell'attesa perenne del Grande Viaggio e da chi, come lui in quel momento, ha deciso suo malgrado di rimanere sull'altra riva del Mediterraneo, si ritrova in balia di eventi molto più grandi.

Della guerra in Libia Hamid ha una percezione soggettiva, l'unica in fondo che conti quando tutto intorno a te esplode e ogni punto di riferimento viene meno. La grande paura è che i ribelli e la folla inferocita che vuole la caduta del rais ti scambino per un mercenario al suo soldo proveniente dal Sud, dai paesi al di là del deserto. "Allora, se ti vedevano per strada e capivano che non eri libico, se vedevano che eri nero, ti ammazzavano. Siamo rimasti chiusi dentro le nostre case. Siamo rimasti un mese dentro casa, abbiamo comprato da mangiare una sola volta."

Poi, a un certo punto, si sparge la voce che sono gli stessi soldati libici a voler spingere tutti i neri presenti in città verso l'Italia. Di colpo il mare non è più chiuso, la muraglia impenetrabile sembra aprirsi in infiniti punti, mentre continuano i linciaggi per strada e dall'alto dei cieli gli aerei della Nato bombardano. Gheddafi prova a giocare la sua ultima carta: la bomba dei migranti, l'abbattimento delle frontiere.

Se cado io, è più o meno il suo ragionamento, cade l'ultimo baluardo a difesa della Fortezza Europa. Se cado io, sarete invasi... E così spinge a migliaia quelle stesse persone che – in virtù degli accordi bilaterali con l'Italia – aveva a lungo bloccato nelle carceri e nei campi di concentramento in mezzo al deserto, verso quelle ricche coste che indirettamente, per un po' di anni, aveva promesso di proteggere.

"Sono stati loro a mandarci fuori, verso l'Italia. Il mio capo in azienda mi ha detto di provare ad andare sulla costa o verso la frontiera, al confine con la Tunisia, altrimenti non mi sarei salvato. È stato lui ad accompagnarmi vicino al mare, dove stavano tutti gli stranieri."

Nel racconto di Hamid i soldati libici e i trafficanti sembrano organizzare il viaggio all'unisono, darsi quasi una mano a vicenda. Nessuno di loro paga un solo dinaro per partire. Il viaggio è gratis. Mai e poi mai avrebbero potuto immaginare una cosa del genere fino a poche settimane prima, ma è così: saranno portati in Italia senza doversi arrabattare per recuperare la cifra necessaria.

Quando li imbarcano tutti, ordinano ai somali e agli afghani di andare sotto, nella stiva, ma loro si oppongono. Ne nasce un parapiglia, e alla fine i soldati desistono. Li fanno salire per ultimi, benché nel ricordo di Hamid siano tanti, circa duecentocinquanta, e li fanno alloggiare sul ponte, all'aria aperta. Nella stiva, invece, vengono ammassati in quattrocento. Sono bangladesi, arabi, africani di altri paesi... Ci sono anche una trentina di donne con i loro bambini. Un soldato libico, visto che si lamentavano, li fa sistemare in una piccola cabina vicina al capitano e intima di fare silenzio.

"Loro non si sono salvate. Quando la nave è andata a fondo, la porta era chiusa. Il capitano, un egiziano, invece, si è salvato."

Quando partono da Tripoli, intorno alle cinque del mattino, non fa ancora caldo. Dopo appena venti minuti, la nave si capovolge.

"In quel momento ero al telefono con un mio amico che era stato a Tripoli con me. Mesi prima era andato in Tunisia, al confine, in un campo profughi delle Nazioni Unite, e da lì lo avevano mandato in America. Ero al telefono con lui. Mi stava dicendo che era appena sbarcato, che era andato tutto bene... quando è entrata l'acqua nella nave."

Hamid sa nuotare e, come tutte le persone a bordo che sanno nuotare, riesce a rimanere a galla. Capisce subito che l'unica cosa da fare è allontanarsi velocemente dalla nave per evitare di essere risucchiato nel gorgo che il suo affondamento avrebbe presto creato.

"Tutti quelli che sapevano nuotare hanno fatto così. Intorno le persone si aggrappavano l'una all'altra, tirandosi giù."

Nel buio intravede le luci della costa. Non perdendole mai di vista, riesce ad arrivare stremato alla spiaggia. Fa due passi, respira a bocca aperta e si lascia cadere sulla sabbia.

Non fa in tempo a riprendere fiato che vede arrivare due navi libiche. Uomini in divisa, muniti di fischietto, chiedono ai pochi superstiti di aiutarli a recuperare quelli rimasti in acqua. Non c'è tempo, dicono, bisogna fare in fretta.

"Ho preso quelli che avevano il giubbotto di salvataggio e le donne che avevano i sacchetti con i vestiti per cambiarsi." Legati con lo scotch per non prendere acqua, i sacchetti di plastica che contengono i vestiti buoni, quelli da mettere una volta sbarcati in Europa, diventano come un pallone. Galleggiano, e in molti vi si aggrappano per non andare giù. "Abbiamo salvato anche una donna che aveva con sé una bambina di quaranta giorni. Aveva trovato un pezzo di legno per restare a galla."

Le operazioni di recupero durano fino alle otto del mattino. Per ore Hamid fa avanti e indietro tra la spiaggia e il luogo del disastro a bordo della nave dei soccorsi. Quando finisce di dare il suo aiuto nelle ricerche dei dispersi, può finalmente tornare a casa, cioè nella piccola abitazione dove viveva asserragliato con gli amici. Prima erano in otto, ora sono rimasti in tre. I corpi dei cinque scomparsi non vengono recuperati.

"Per tre giorni non sono uscito, mi sembrava di impazzire, rivedevo le persone in acqua che mi chiedevano aiuto. Le vedevo morire davanti ai miei occhi, mi imploravano di aiutarle, di salvarle. Ho sentito a lungo le loro voci."

Qui il racconto di Hamid procede a fatica, per giri e rimandi sempre più ampi, come se un velo celasse i suoi occhi e un conato di nausea salisse su di colpo. Bisbiglia qualcosa sul fatto di essersi subito diretto verso la spiaggia, e di essere tornato a soccorrere gli altri solo dopo, in un secondo momento. Lo ripete ancora una volta, come se non riuscisse a darsi pace, anche a distanza di anni ("ognuno pensava per sé"). Così gli chiedo se si sia mai saputo qualcosa delle cause del naufragio, se nei giorni seguenti qualcuno abbia avuto la forza o la decenza di chiarire cosa fosse accaduto.

"Qualcuno ha detto che il capitano ha fatto rovesciare la nave," mi risponde fissando le dita delle mani intrecciate tra loro, "perché se si fosse allontanata troppo dalla costa non si sarebbe salvato nessuno. Era stato costretto a partire, e allora ha deciso di fare così." Francamente, fra tutte le cause possibili di un naufragio, mai avrei potuto pensare alla scelta deliberata di andare a fondo davanti alle proprie coste, per evitare un'ecatombe ancora maggiore in mare aperto. Per quanto mi sforzi di seguire il pensiero del comandante (cosa che invece Hamid mi sembra riesca a fare), non ce la faccio a intravedere un barlume di logica. Tanto meno davanti a seicentocinquanta morti.

Nelle settimane successive Hamid si ritrova stretto in un imbuto. Da una parte c'è un mare finalmente "aperto", come ripete in continuazione, ma denso di morte e di pericoli. Dall'altra un paese in cui continuano le violenze e i linciaggi. Accende la televisione e su tutti i canali non fanno che ripetere che gli stranieri devono lasciare il paese, se non vogliono essere uccisi. Pensa che ci siano poche vie d'uscita, ma pensa anche che, se si è salvato tra centinaia di morti e dispersi, è perché "Dio lo ha voluto", e allora decide di tentare di nuovo la sorte, di sfidare ancora una volta il mare. A Tripoli sarebbe sicuramente morto, in mare forse no. E inseguendo questo assurdo calcolo delle probabilità ritorna sulla costa battuta dai trafficanti.

Questa volta decide di non servirsi di uno dei viaggi gratis organizzati dai soldati. Paga trecento dollari, comunque molto meno che prima della guerra, e ottiene la garanzia di imbarcarsi a bordo di una nave più piccola di quella colata a picco.

Meno di un mese dopo è a Zohara, un villaggio sulla costa, a una cinquantina di chilometri da Tripoli. Per una settimana aspetta in una casupola costruita sulla spiaggia, che sera dopo sera si riempie di persone in attesa. Quando ne viene raccolto un numero sufficiente a salpare, una notte, all'improvviso, gli comunicano che dopo poche ore sarebbero partiti.

Questa volta il viaggio non è duro come il precedente, ma succede un altro "casino". ("Casino" è una parola che Hamid adotta spesso. Dopo un po' che lo ascolto capisco che "casino" per lui è più o meno la somma indistinta degli inconvenienti che il Grande Viaggio comporta. Non proprio le tragedie o i naufragi o le morti nel deserto, ma un livello meno grave di rischio, intoppo o fermata, e che può causare la possibilità di far ritorno al punto di partenza, perché niente fila mai liscio quando ci si mette in viaggio verso l'Europa.)

"Siamo partiti di notte, intorno alle due. Abbiamo navigato sotto le stelle e tutto il giorno successivo fino alle sei di pomeriggio, quando si è rotta l'elica del motore." A bordo c'è un ragazzo, un meccanico, che prova ad armeggiare con il motore, ma non ci capisce molto. L'unica cosa che riesce a dire è che non si sarebbero salvati se non avessero trovato qualcuno sulla loro rotta. "Ma poi lui, proprio lui, il mecca-nico, ha chiamato qualcuno a Lampedusa, e ha detto che c'erano donne e bambini a bordo. Il numero di telefono ce l'aveva dato un libico, dicendoci di usarlo solo se c'erano problemi."

Immagino che il numero sia legato alla Capitaneria di por-to. Dall'altro capo del telefono li tranquillizzano. Dicono di averli avvistati e di attendere, che presto sarebbero arrivati.

"Abbiamo aspettato cinque ore, poi è arrivato un elicot-tero, ha fatto delle fotografie volteggiando intorno e se ne è andato. Dopo un paio d'ore sono arrivate due navi militari italiane. Si sono accostate, hanno calato un ponte e tre per-sone sono salite sulla nave, una è andata a prua, una a poppa, una è scesa nella stiva. Ci hanno fatto trasbordare sulle navi militari, prima i bambini, poi le donne e infine gli uomini. Quando ho visto i soldati italiani, e ho riconosciuto la loro divisa, diversa da quella dei libici, ho capito di essere salvo."

Hamid rimane solo un giorno a Lampedusa, giusto il tempo per farsi prendere le impronte digitali. L'indomani una nave militare porta lui e gli altri sul continente. Qui le loro strade si dividono: secondo il piano Emergenza Nord Africa, elaborato in fretta e furia con l'esplosione delle pri-mavere arabe, vengono smistati tra le diverse regioni italiane.

Dopo essere sbarcato a Taranto, attraversa l'Italia in cor-riera. Prima va a Campobasso, poi a Latina, poi ad Aprilia, dove finalmente trova alloggio in un piccolo centro di acco-glienza per quindici persone.

"Ci sono rimasto un anno e mezzo, fino a che non ho rice-vuto il documento di rifugiato, l'asilo politico; allora mi han-no detto che, dato che avevo un documento, dovevo lasciare il centro. Mi avrebbero dato cinquecento euro se firmavo un foglio, altrimenti se non lasciavo il centro chiamavano la poli-zia, e mi avrebbero buttato fuori con la forza, ma senza soldi. Così ho preferito firmare e prendere i soldi. Abbiamo chiesto alla responsabile del centro di aiutarci a trovare una casa.

Abbiamo affittato un appartamento ad Aprilia, siamo stati lì sette mesi, poi ho trovato un posto dove dormire nel centro di Tor Vergata, e adesso sto lì."

Sono passate molte ore da quando Hamid ha iniziato il suo racconto. Il tempo è corso via, mentre le sue parole si sono fatte ipnotiche, quasi rarefatte. Carolina è venuta a sedersi accanto a noi, ad ascoltare quello che diceva il ragazzo, nello stanzone della scuola ormai vuoto. Ci ha portato anche del tè. Ma non sono riuscito a berne che pochi sorsi.

Dopo un tale resoconto, l'unica cosa che riesco a chiedergli, la più banale di tutte, è se gli capita ancora di sognare il naufragio del maggio 2011.

Me lo ricordo, più che sognarlo, mi risponde a bruciapelo.

"Me lo ricordo ogni volta che sento le notizie al telegiornale di altri naufragi, di tanti morti. Quando sento qualcuno dall'Africa che dice di voler partire, di voler attraversare le stesse strade che ho attraversato io, gli dico sempre quanto è rischioso. Gli dico di non provarci, ma loro non mi ascoltano, mi dicono che sono bugiardo, che per il solo fatto di essere in Italia la mia vita è migliorata, che io ho un futuro e loro no. Non mi credono quando dico che qua è difficile arrivare, nessuno ci crede, nessuno. Partono, partono senza ascoltarti, e continueranno a farlo."

Poi mi dice che quando stava in Africa immaginava che, appena entrato in Italia, in Europa, avrebbe avuto subito un lavoro, la macchina, la casa... "Pensavo così," sorride, "ma non è successo. Molti italiani non ce l'hanno neanche loro, un lavoro. Quando stavo in Africa, non pensavo che fosse possibile."

Prendi 650 corpi. Prendi 650 corpi di uomini, donne, bambini, anziani. Prendili uno per uno e disponili in fila. Quanti metri è lunga la fila? Fin dove arriva?
Non pensare ai loro volti, non pensare a quello che han-

no patito. Pensa solo a quanti sono. Entrano tutti in un appartamento di medie dimensioni? Entrano in un cinema? Sono sufficienti i gradoni della curva di uno stadio? C'è qualcosa di incommensurabile in ogni naufragio di massa. A prima vista, c'è qualcosa che rende questi eventi simili tra loro: nell'angoscia della morte, nella difficoltà dei soccorsi, nella fatica di narrare mostrata dai pochi sopravvissuti, nell'impossibilità – spesso – di andare oltre, di lasciarsi alle spalle quanto è accaduto. Ma allo stesso tempo c'è qualcosa che rende unico ciascuno di questi eventi, anche quelli che non hanno avuto l'onore delle cronache.

Se c'è una cosa che ho capito in questi anni, è che ogni naufragio è un avvenimento a sé stante. Pretende di essere sottratto all'oblio, tanto quanto vuole essere afferrato nella sua unicità.

Penso questo, mentre guardo Hamid calzarsi meglio il cappello sulla testa, il cappello con la scritta BOY con non ha tolto per tutta la durata della nostra chiacchierata, e gli chiedo una cosa che mi viene in mente solo ora, ma che forse avrei dovuto chiedergli fin dall'inizio: a che età hai lasciato la Somalia? Quanti anni avevi, gli chiedo, quando sei partito per il Grande Viaggio?

"Tredici."

Credo di non aver capito bene, e allora glielo domando di nuovo: quanti anni avevi quando sei partito?

"Tre-di-ci anni."

Lo guardo negli occhi e credo ancora di non aver capito, per quanto questa volta abbia inteso bene le sue parole, il tredici diviso in sillabe, così come è stato abituato a fare – con le parole difficili – durante le lezioni che si tengono nello stanzone in cui siamo.

Cosa può spingere un bambino di tredici anni a lasciare tutto e a partire? Ogni spiegazione sulle motivazioni economiche dei viaggi o sulla ricerca di un buon lavoro, ogni considerazione sull'affondare della Somalia in questi anni, sulla guerra per bande e tribù, sull'implosione di uno stato sembrano del tutto impotenti rispetto alla decisione di un tredicenne di partire. Cosa lo spinge? Cosa lo attrae? Cosa muove questa crociata di bambini e ragazzini verso le porte dell'Europa a lungo sognate?

Immagino che non si sia messo in viaggio da solo, che l'abbia deciso insieme ad altri, e glielo chiedo.

Hamid questa volta non risponde. Fissa il tavolo e non risponde. Poi dice con un filo di voce: "Sono partito con mio fratello, ma poi lui è morto durante il viaggio. Quando è successo, io mi trovavo in prigione in Libia. Mi avevano catturato in mare. Lui era più grande di tre anni".

Dopo ore che parliamo, ho come la sensazione che quanto finora raccontato, le tragedie finora riannodate l'una all'altra – uno dei più grandi naufragi davanti alle coste della Libia, gli annegati, i sacchetti con i vestiti che si trasformano in palloni che galleggiano, i soccorsi, gli amici scomparsi, i linciaggi per le strade, e poi il nuovo viaggio e i nuovi pericoli, e gli incubi di notte – siano solamente un piccolo grumo di ciò che Hamid tiene celato dentro di sé. È come se, caduto di colpo un muro in una casa che crediamo di conoscere, vi si apra una serie di infinite stanze di cui non ipotizzavamo l'esistenza. E allora mi pare di intuire che se è riuscito a raccontare con relativa facilità, tranne alcuni passaggi dolorosi, qualcosa che molti sopravvissuti ad altri naufragi non sarebbero riusciti a fare, è perché dentro di lui c'è un oggetto indicibile ancora più grande. Una piaga che ha a che fare con la scomparsa del fratello.

Quanto è accaduto nella vita di Hamid prima del grande naufragio del maggio 2011 sono riuscito a ricostruirlo solo a fatica. Ho provato a mettere insieme le poche frasi lasciate trapelare quel giorno, per poi confrontarmi con Carolina e

Cecilia, che nei mesi precedenti erano riuscite a capire qualcosa del suo passato burrascoso.

Dopo anni di peregrinazioni africane, nel 2010 Hamid e il fratello, il cui nome non ha mai rivelato a nessuno, riescono finalmente a partire per l'Italia.

Dopo due giorni di navigazione vengono raggiunti da una nave militare battente bandiera italiana. La nave grigia accosta e i militari che li raggiungono a bordo gli comunicano con poche parole, in un inglese misto a italiano, che li avrebbero portati in Italia. Sul peschereccio monta l'euforia, qualcuno urla, altri ridono. È fatta, pensa Hamid. Questa volta è fatta.

Ma appena salgono sulla nave militare si accorgono che accanto agli italiani ci sono anche dei militari libici. La nave non è diretta verso l'Italia, ma verso la Libia, li sta riportando indietro. È un amico di Hamid a intuirlo. È il primo a capire che sono stati presi in giro. Protesta, qualche altro ragazzo si aggiunge, e allora i libici iniziano a picchiare nel mucchio. Picchiano duro con i taser, i manganelli che provocano scariche elettriche, mentre gli italiani stanno a guardare senza alzare un dito davanti allo scempio che avviene su una loro nave. Nessuno ferma il pestaggio.

Al porto, Hamid e gli altri sanno già che finiranno in carcere. Per i feriti più gravi ci sono due ambulanze. E qui il fratello di Hamid ha un'idea: benché non sia tra quelli messi peggio, benché non sia tra i feriti più gravi a causa delle percosse subite dai militari, finge di stare male e si fa portare in ospedale. Vi rimane una sola notte. Il giorno dopo riesce a scappare, credo pagando qualcuno.

Le strade dei due ora si dividono. Il fratello rimane a Tripoli, benché sia a tutti gli effetti un "clandestino" e debba stare attento al minimo errore per non farsi scoprire. Hamid invece, insieme alla maggior parte di quelli riportati indietro sulla nave italiana, viene spedito in carcere. I detenuti, ricorda, erano quasi tutti eritrei o somali acciuffati nel Mediterraneo.

Vi rimane per sette mesi. In ventitré sono rinchiusi in una piccola cella, da cui non possono uscire mai. L'aria è irrespirabile, la piccola fossa per i bisogni in un angolo è perennemente intasata e con il caldo la puzza diventa insopportabile. Le mosche ricoprono ogni cosa. Alla mattina viene distribuita una modesta razione di pane e acqua per l'intera giornata. Ma ancora più della fame e delle pietose condizioni igieniche, il nemico più atroce per un detenuto nelle carceri libiche è l'apatia. In quei giorni uguali l'uno all'altro, in cui la vita si riduce a quella di un vegetale, Hamid capisce che per non impazzire deve tenere allenata la mente. E allora decide di imparare l'arabo, di studiarlo a memoria, senza libri, parlando con gli altri, o almeno con quelli che hanno voglia di parlare con lui.

In carcere lo raggiunge la notizia della morte del fratello. Qualche settimana dopo essere scappato dall'ospedale, aveva cercato di imbarcarsi nuovamente per l'Italia. Lo aveva fatto appena si era presentata una nuova possibilità, ma questa volta – ancora prima di incrociare una nave della Marina italiana impegnata nei respingimenti – il peschereccio era andato a fondo e non si era salvato nessuno. Tutto questo Hamid viene a saperlo, alcune settimane dopo l'accaduto, da un somalo, un loro comune conoscente, arrestato come tutti quelli che provavano a partire in quel periodo e tradotto nella stessa cella. Quando ha iniziato a parlargliene, a dire di come il peschereccio del fratello fosse andato a fondo, e a fargli le sue condoglianze, non sapeva che Hamid ne fosse all'oscuro.

Per uscire dal carcere, dopo sette mesi di detenzione, pare che non abbia pagato dei carcerieri corrotti, come spesso capita, ma mi racconta che in occasione del Ramadan c'era stata una sorta di amnistia.

Così, una volta libero, è tornato a Tripoli, ha trovato lavoro come magazziniere e, poi, una volta scoppiata la guerra, ha provato a ripartire...

La piaga che scava dentro la mente di Hamid, una piaga ancora aperta, non rimarginata, situata molto più in profondità rispetto al ricordo del grande naufragio del 2011, e che pure costituisce l'evento cruciale della sua esistenza, del suo essere cresciuto troppo in fretta, lui non è riuscito a raccontarmela.

Quel pomeriggio, guardando ancora una volta la scritta BOY sul suo cappello con la visiera, ho capito che ci sono drammi che, anche quando razionalizzati, ne celano altri, in un gioco di specchi praticamente impossibile da decifrare, da sciogliere nella sua interezza, per chi vive al di qua del Mediterraneo.

Le ultime parole del nostro dialogo alla scuola sono andate in tutt'altra direzione: la madre che è ancora in Somalia e che chiama quando ha un po' di soldi, l'asilo politico che dura cinque anni, gli altri fratelli che sono ancora in Africa e vorrebbero partire pure loro... Ma non una parola ha aggiunto sul fratello di cui nessuno sa il nome. Mi ha confidato che il suo sogno è quello di fare un corso per panificatore e di aprirsi una pizzeria da qualche parte, a Roma. Impastare la pasta, stenderla, lavorarla, condirla, infilarla nel forno a legna e poi rimanere imbambolato a guardarla mentre cuoce, cresce, si gonfia, prende vita. Quando la crosta ai bordi si annerisce, mi dice, va tirata fuori.

4.

La frontiera

Tornando a casa in metro dalla scuola mi sono chiesto se storie come quella di Hamid facciano davvero parte del nostro orizzonte mentale, qui, in Europa. È in fondo la stessa cosa che mi sono chiesto a proposito di Shorsh e del massacro di Halabja. Mentre il treno lascia la fermata Garbatella e si infila nelle viscere calde di Roma, tra i corpi accalcati, le suonerie dei cellulari che squillano all'improvviso, le risate e le conversazioni appena abbozzate, i volti stanchi dopo ore di lavoro, la voce asettica dell'altoparlante che annuncia in italiano e in inglese ogni fermata, la gente che sale e che scende, e ancora le suonerie che continuano a riprodurre i motivetti più fastidiosi, realizzo che la storia di Hamid è una nebulosa lontanissima. Per quanto l'abbia lasciato da neanche mezz'ora, tra il suo mondo e quello che ora mi avvolge c'è una fitta foresta di segni, pensieri, vite, preoccupazioni che rende il dramma del fratello e i viaggi picareschi appena percepibili. Appena distinguibili nel frastuono che mi circonda. Appena comunicabili a chi parla al telefono accanto a me.

Non è solo una questione di parole. Non riguarda solo i termini giusti da trovare per descrivere ciò che avviene ai bordi dell'Europa. È come se la consapevolezza del sommovimento del mondo vada scemando a mano a mano che ci si allontana da quei bordi e si penetra nel cuore dell'Occidente. Accade a Roma, Milano, Parigi, Francoforte. E invece c'è una faglia sotterranea che taglia in due il Mediterraneo da est a ovest. Dal Vicino Oriente fino a Gibilterra.

Una linea fatta di infiniti punti, infiniti nodi, infiniti attraversamenti. Ogni punto una storia, ogni nodo un pugno di esistenze. Ogni attraversamento una crepa che si apre. È la Frontiera. Non è un luogo preciso, piuttosto la moltiplicazione di una serie di luoghi in perenne mutamento, che coincidono con la possibilità di finire da una parte o rimanere nell'altra.

Dopo la caduta del Muro di Berlino, il confine principale tra il mondo di qua e il mondo di là cade proprio tra le onde di quello che, fin dall'antichità, è stato chiamato Mare di mezzo.

Se l'angelo della storia di Walter Benjamin venisse risucchiato ora, proprio in questo momento, in un vortice che lo sospinge verso il futuro, con la faccia rivolta verso il passato e il cumulo di violenza che si erige incessantemente, vedrebbe innanzitutto il continuo accatastarsi dei corpi dei naufraghi, il vagare dei dispersi nella lotta dei flutti.

Ho continuato a pensare alle onde, ai dispersi, a Benjamin e al volto già lontano di Hamid, sotto il cappello con su scritto BOY, fino a quando l'altoparlante non ha annunciato che il treno era giunto alla fermata vicino a casa mia. Il piazzale era vuoto.

Qualche settimana dopo, un naufragio avvenuto a poche centinaia di metri dall'isola di Lampedusa ha lacerato la coscienza di molti.

5.

Lampedusa, 3 ottobre 2013

Attraversando la Libia di notte, non hanno visto niente. Chilometri e chilometri di nulla. Lo sfascio del dopoguerra, le distruzioni ai bordi delle strade, le divisioni del conflitto sono stati allontanati dal loro sguardo e dai loro ricordi. Si sono ritrovati sulla costa, raccolti in massa per essere imbarcati alla prima occasione buona, come dopo aver attraversato una bolla. Un tunnel buio, privo di spettri.

Quando, molto tempo dopo la grande strage, qualcuno chiede loro com'era la Libia, quali fossero gli effetti del conflitto, nessuno tra i sopravvissuti sa rispondere con esattezza. Quando proprio devono dir qualcosa, si limitano ad accennare: l'abbiamo vista solo di notte.

Il viaggio culminato nel terribile naufragio del 3 ottobre 2013 ha avuto inizio molto prima. Non giorni, ma mesi prima. Eppure ogni istante che lo precede sembra essere stato risucchiato nelle viscere del mare, assieme al relitto in secca sul fondale.

Appena approdati in Libia, dopo un lungo peregrinare iniziato nel cuore del Corno d'Africa, i futuri naufraghi sono stati lasciati in pieno deserto dai sudanesi che li avevano portati fin lì. Solo dopo alcune ore sono arrivati i trafficanti libici che li avrebbero condotti lungo la costa.

Da lì in poi il viaggio è stato duro. I libici vanno molto

veloci, corrono come pazzi su strade accidentate, e non è raro che il carico umano che riempie fino all'inverosimile i pick-up si cappotti. Spesso avvengono incidenti gravissimi.

Quando un carico si ribalta, quelli che si salvano, quelli che rimangono illesi, sono trasferiti su un altro pick-up già pieno. Così si continua la marcia, magari in cinquanta su un unico mezzo. E gli altri? Alcuni raccontano di persone a cui si è rotta una gamba che sono state lasciate lungo la strada. Chi rimane ferito, o comunque è troppo debole per proseguire, viene abbandonato nel deserto a morire.

L'acqua manca. I trafficanti mescolano la benzina alla poca acqua rimasta per farli bere di meno, per non farli accalcare come bestie intorno alle misere taniche.

Di notte in notte sono stati spostati in luoghi sempre diversi, trasferiti di continuo da un cortile all'altro. Non sarebbero in grado di indicare le targhe dei pick-up, né saprebbero riconoscere i luoghi in cui sono stati portati. È tutto molto confuso. Viaggiavano sotto le stelle, e di giorno rimanevano recintati.

Nel tragitto il gruppo si infoltisce, si riempie di uomini, donne e bambini, fino a quando non vengono portati tutti insieme vicino a Tripoli, a un'ora dalla città. Il gruppo conta ormai cinquecento persone. Vengono rinchiusi in una specie di villa. Alcuni parlano di un grande giardino, altri di un prato: un pezzo di terreno coperto dal verde, circondato e riparato dallo sguardo dei passanti.

Rimangono lì per oltre un mese. Non possono uscire, non hanno alcuno scambio con il mondo esterno. Così i rapporti tra loro, fra tutti loro, si rinsaldano. Per lo più vengono dalle stesse zone dell'Eritrea occidentale, molti si conoscono di vista o di nome, quel tanto che basta per riuscire a decifrare parentele e genealogie.

Nessuno dice loro quando partiranno per Lampedusa, il viaggio cui tutti ambiscono sembra un'entità astratta di cui non si deve parlare. I nuovi guardiani del giardino non aprono bocca. Girano armati e, al minimo segno di protesta, quando viene formulata una domanda appena più pressante, li bastonano con solerzia, con la solerzia delle guardie che sono lì a eseguire degli ordini.

I giorni si susseguono uguali l'uno all'altro, tra soprusi, violenze, apatia, incertezza, impossibilità di uscire al di fuori del recinto, nella paura costante di essere visti da quel che rimane della polizia libica. Poi all'improvviso una sera, come in genere accade prima dei viaggi, viene annunciato che dovranno partire da lì a poco. In gruppi vengono portati sulla spiaggia e attendono l'arrivo della nave.

È buio, si avverte l'umidità del mare.

Si guardano in faccia tra loro, alcuni parlottano. Non sanno dove andranno, se a Lampedusa o da qualche parte in Sicilia, in fondo non sanno nemmeno che differenza c'è tra Lampedusa e la Sicilia. Ognuno riferisce ciò che ha sentito dire, alzando una nuvola di parole, ma quando vedono l'imbarcazione al largo, lì in fondo, la prima cosa che si chiedono è come farà a contenerli tutti.

Arrivano i primi gommoni e iniziano a trasportarli in gruppi di venti alla volta. Fanno avanti e indietro dalla navemadre ancorata al largo, mentre vengono caricate fino a cinquecento persone. Una quarantina di loro viene fatta scendere perché il carico è troppo pesante: tornate al giardino, per voi non c'è posto... Ma gli altri rimangono a bordo.

Vengono ammassati nella stiva, sul ponte, in ogni minimo pertugio rimasto libero, in un pericolosissimo gioco di equilibri: per tutto il tempo del viaggio viene ribadito di fare attenzione al *balance*, al bilanciamento dei pesi. Chi sta a poppa non deve andare a prua, e chi sta a prua non deve andare a poppa, sennò la barca affonda.

A comporre la nave e il suo carico come fosse un mosaico ci pensa un tale di nome Ermias, un trafficante che vive a Tripoli e controlla personalmente l'ultimo tratto del viaggio. È lui che li fa imbarcare con ordini perentori e li sistema con

43

perizia sulla nave, tanto che tutti, nei racconti che seguiranno, ricordano il volto e rammentano il nome. È etiope.

Partono, alle undici e mezzo di sera. Alle quattro del mattino sono già al largo dell'isola di Lampedusa. A bordo si sparge la voce che verranno a prenderli due o tre imbarcazioni.

Il capitano della nave è un tunisino, ha la pelle chiara, ed è accompagnato da un ragazzino. Se l'uomo ha modi da duro, tipici di chi sta portando a termine una pratica ordinaria, trasportare il proprio carico da una parte all'altra del Mediterraneo, il ragazzino sembra più gentile.

Lampedusa è sempre più vicina, ormai sono a ottocento metri dalla costa. A ottocento metri dalla piccola Isola dei Conigli, separata da Lampedusa da un breve tratto di mare. Un fremito corre lungo tutto il peschereccio. L'Italia è lì, l'Europa è lì, a portata di mano. Presto saranno accolti, pensano, e allora all'unisono decidono di cambiare indumenti. Mettono da parte i cenci che fino ad allora hanno indossato e si vestono bene, con gli abiti migliori che hanno premurosamente conservato in tutti i mesi del viaggio, per festeggiare l'arrivo in Italia. Buttano in mare i cellulari perché così il capitano ha ordinato loro di fare, e aspettano fieri l'approdo in Europa.

Il peschereccio si ferma, i ragazzi a bordo mormorano, si mordono le labbra, si danno pacche sulle spalle, mentre in lontananza vedono una luce che si avvicina lentamente.

Sembra una nave grande. Vengono a salvarci.

Non è un semplice peschereccio come quello su cui sono stipati, ma un'imbarcazione più grande, imponente, illuminata da cima a fondo.

Non riescono a intravedere quale bandiera batta. Non riescono a scorgere se ci sia un nome sulla murata o se siano disegnati dei simboli. Loro sono al buio e la nave è avvolta in un fascio di luce irreale. In quel momento pensano solo che siano venuti a prenderli. Alzano le braccia, urlano, cantano, imprecano, chiedono aiuto, ma il gigante di luce si rivela del tutto indifferente. La nave non si accosta, gli passa accanto, secondo alcuni addirittura li circumnaviga, e poi si allontana.

La stessa cosa si ripete con un'altra imbarcazione di notevoli dimensioni. Anche questa è molto grande, non è un normale peschereccio. E anche di questa non riescono a capire la forma, che tipo di natante sia, e quale bandiera batta. La vedono solo avvicinarsi e poi di nuovo allontanarsi. Le loro urla rimangono inascoltate ancora una volta. Anche questa non è venuta a traghettarli sullo scoglio di Lampedusa.

Sul piccolo peschereccio monta l'agitazione, si accendono le discussioni, si inseguono le ipotesi più svariate. Ed è in quel momento che nella stiva si accorgono che stanno imbarcando acqua. Si è inceppato il sistema che permette di sgottare. I piedi si ricoprono di acqua fredda e le urla si fanno più forti.

Per sedare il panico, e per lanciare un segnale nel buio tornato pesto, il capitano dalla faccia da duro dà fuoco a una coperta e la agita in aria con le mani. Ma ottiene l'effetto contrario, quello che scatena la tragedia.

Non è che si sviluppi un vero e proprio incendio, diranno poi i superstiti. Se c'è un principio di combustione, viene subito chetato. Il problema è che le persone ammassate a poppa, vedendo la vampata, si spostano in massa verso la prua. Il *balance*, il maledetto *balance* a cui sono stati attenti per tutta la durata del viaggio, quasi fosse un'entità metafisica da venerare, si altera di colpo e il peschereccio si capovolge immediatamente. Tutto avviene con grande rapidità, non hanno il tempo di accorgersi di quello che sta accadendo: in mezzo minuto tantissime persone sono in acqua e altrettante stanno morendo nella stiva.

A bordo ci sono parecchi quintali di gasolio. Nessuno sa perché siano così tanti. Ma forse la spiegazione più semplice è che gli organizzatori del viaggio hanno voluto essere sicuri di non fermarsi in mezzo al mare, come spesso capita a molte carrette. Quello che portano è un "carico" importante, del valore di seicentomila euro, considerando il prezzo pagato da ogni migrante, e il carico deve arrivare a destinazione. Costi quel che costi, deve arrivare…

Il carburante non va a fuoco, ma si rovescia in mare. Crea un lago d'olio, mescolandosi all'acqua. Impregna ogni cosa, stordisce chi annaspa con il suo odore acre.

Scoppia il finimondo. Molti vengono risucchiati dal gorgo creato dal rovesciamento della piccola imbarcazione. Molti affogano nell'acqua resa vischiosa dall'olio, gli si annebbia la vista, gli si mozza il respiro. Altri sono spinti sott'acqua dai propri vicini che cercano di salvarsi. Divampa una lotta durissima per la sopravvivenza, una lotta resa ancora più infernale dal gasolio. Chi non è ancora affogato si graffia e si ferisce cercando di non andare a fondo. Alcuni riescono a mantenersi a galla raggiungendo le assi di legno che si sono staccati, ma anche in quel caso ogni pezzo di barcone diventa una zattera insufficiente a tenere tutti quelli che provano ad aggrapparsi. I più stanchi si lasciano risucchiare dal Mediterraneo.

Alcuni provano ad allontanarsi al largo, provano a raggiungere le luci che vedono in lontananza. Molti non sanno nuotare, e muoiono per questo, altri muoiono perché stremati dalla fame: da mesi mangiano solo un tozzo di pane al mattino e uno alla sera, un po' di minestra e dell'acqua. Le donne e i bambini che riempiono la stiva muoiono per primi. Li ritroveranno abbracciati, con le mani delle donne messe a coppa sulla bocca dei bambini per cercare di farli respirare qualche secondo in più, per impedire all'acqua di entrare nei polmoni.

Tutti ricordano un grande freddo. Una ragazza di vent'anni, che ha imparato a nuotare nei laghetti che si creano in Eritrea durante la stagione delle piogge, dice di essere sopravvissuta per miracolo. Un uomo grande e grosso, che l'aveva afferrata per il collo per tenersi a galla, l'ha mollata per lanciarsi su un pezzo di legno. Lui è andato giù con tutto il pezzo di legno, lei è riuscita ad allontanarsi.

I primi ragazzi salvati dai pescatori sono completamente ricoperti di gasolio. Bevono acqua salata e gasolio, vomitano e hanno attacchi di diarrea.

Il carburante rende tutto viscido. Le mani afferrate dai soccorritori scivolano subito in mare. I corpi guizzano come anguille.

I sopravvissuti, poi, ricorderanno il nome di un pescatore in particolare, Costantino. È lui a tirarne su tanti. Eppure non riesce a salvarli tutti. Sporto a mezzo busto dalla sua barca, vede un groviglio di braccia e mani che tentano di afferrarlo. Prova a prenderne qualcuna, ma l'attrito è inesistente. L'acqua mista a olio ha il sopravvento. Nella concitazione, quelli che riesce a sollevare li afferra dai vestiti o li stringe dalla vita, incastrando le braccia sotto le ascelle. Ma è un'impresa titanica.

Qualcuno, infine, riesce ad arrivare a nuoto fino alla spiaggia. Una ragazzina racconta di aver nuotato con un amico, si facevano coraggio a vicenda. Poi a un certo punto non l'ha più sentito.

6.

L'Eritrea è vicina

A raccontarmi i dettagli del grande naufragio di Lampedusa è stato Syoum, un eritreo che vive in Italia fin da quando era bambino, figlio di un'altra ondata migratoria, generatasi negli anni settanta del secolo scorso.

Syoum non è il suo nome reale: non vuole che si sappia la sua vera identità. Ha paura di subire ritorsioni da parte del regime che ancora governa l'Eritrea e dei suoi emissari in Italia.

Questo è un dato difficile da capire per gli europei, per chi vive in un continente avvezzo alla democrazia e alle libertà civili. È difficile comprendere il ruolo dei servizi segreti, e della cappa di controllo da essi esercitata, nella vita di chi fugge da dittature e a un certo punto decide di alzare la voce. Molti si intimoriscono, alcuni sono minacciati direttamente. Un'ombra si allunga al di là dei confini, al di là delle frontiere, e penetra in contesti apparentemente lontanissimi. Per l'Eritrea, il conflitto sotto traccia assume una dimensione particolare, perché il gruppo oggi al potere ad Asmara, stretto intorno al presidente Isaias Afewerki, si è formato nei decenni di lotta di liberazione nazionale che hanno preceduto la conquista dell'indipendenza nei primi anni novanta. Comprendere a migliaia di chilometri di distanza le frontiere della lealtà nei confronti di quella che fu la leadership rivoluzionaria, le storie individuali e famigliari davanti alla Storia, il

mito dell'indipendenza e la su...
molto complicato. Ma si tratta di c...

Il grande naufragio è stato un colp...
magine del dittatore Afewerki. Per la gen...
ha voluto dire la presa di coscienza di come ...
popolo, il proprio, che cerca disperatamente la ...
si o da anni. Con ogni mezzo.

Erano quasi tutti eritrei, il 3 ottobre. Su 366 vittime...
cialmente accertate, 360 provenivano dall'Eritrea, gli altri s...
erano etiopi. E sono quasi tutti eritrei i superstiti.

È per questo che Syoum, il giorno dopo il naufragio di cui
parlavano ormai tutte le tv, in Italia e nel mondo, ha vinto
l'indifferenza davanti a simili notizie, e si è diretto nell'ospedale della città siciliana dove è sempre vissuto. Aveva saputo
da un'amica che vi erano stati portati alcuni sopravvissuti.
Era impossibile assisterli tutti a Lampedusa.

"Appena sono arrivato, alcuni erano in terapia intensiva,
altri puzzavano ancora di gasolio," mi ha detto Syoum quando ne abbiamo parlato la prima volta. Due cose su tutte lo
hanno sconvolto: "La prima è che, mentre parlavano con
noi, parlavano anche tra di loro, si scambiavano informazioni sulle persone con cui avevano viaggiato. Per esempio, non
sapevano che fine avesse fatto una madre con due bambini.
Contavano chi ce l'aveva fatta e chi no".

E la seconda?

"C'era un ragazzino di sedici anni con cui ho fatto amicizia, uno scricciolo. Continuava a ripetere: 'Non volevo buttarlo in acqua, non volevo buttarlo in acqua'..."

Syoum parla tigrino perfettamente. In ospedale si rende
subito conto che è l'unica lingua che conoscono i sopravvissuti. Sono tutti ragazzi, alcuni molto giovani. Pochissimi sanno l'inglese, nessuno l'italiano.

Istintivamente si propone come mediatore. Capisce di
essere l'unico nell'ospedale a parlare le due lingue, l'italiano

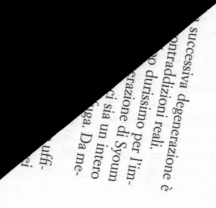

o due mondi così lon-
Lo farà per tutti i gior-
mane seguenti quando
anche molti famigliari
Europa per riconoscere

molti dettagli del viaggio.
, o quanto è successo in
'imbarco sul peschereccio
na, in Sudan, e ancora pri-
ea.

dai tre ai quattromila dolla-
dall'Eritrea, costa seicento
dollari; l'imbarco p...   sa costa mille e seicento dollari, il passaggio per Khartoum sono altri ottocento, e da
Khartoum alla Libia ancora altri ottocento: il totale è intorno ai quattromila."

Per questo il viaggio dura tanto. Al termine di ogni passaggio, c'è la necessità di raccogliere i soldi per la tappa successiva, ma poi ci sono anche gli inconvenienti, che ti co-
stringono a tornare indietro o a rimanere bloccato per mesi
in una delle tappe intermedie, contro la tua volontà.

"Il viaggio è molto lungo, per capire quello che è successo
devi sapere perché sono partiti," mi dice Syoum in una delle
nostre lunghe chiacchierate.

L'Eritrea è forse l'unico paese al mondo in cui è stato
istituito il servizio militare obbligatorio a tempo indeterminato. Chiunque, dai diciassette ai cinquant'anni, viene richiamato alle armi ed è sottratto a ogni altra attività per un
tempo impossibile da stabilire. È questa una delle principali
cause che spinge intere generazioni a partire. Il servizio permanente è motivato dal conflitto con l'Etiopia, ufficialmente
ancora in corso, ma di fatto si trasforma nella vita di tanti in
una sorta di reclusione, il cui unico fine è quello di poter

utilizzare un'enorme quantità di forza lavoro gratis. Così le caserme eritree si trasformano in carceri, e le carceri in veri e propri gulag in cui finiscono tutti gli oppositori e cioè, nella stragrande maggioranza dei casi, coloro i quali provano a sottrarsi al servizio permanente.

Si decide di partire, continua Syoum, perché lo fa un amico o un'amica, perché qualcuno del quartiere sta andando via, e ci si accoda. In genere si parte con un gruppetto di conoscenti della stessa zona, dello stesso quartiere: "Si viaggia quasi sempre di notte, a volte anche a piedi. In ogni caso si cerca di non passare per i percorsi battuti dai soldati. Si viene arrestati, torturati o stuprati... Insomma, può succedere qualsiasi cosa. Come essere rinchiusi nelle isole Dahlak, al largo di Massaua, dentro container di metallo con poco cibo e poca acqua, e la temperatura che arriva a cinquanta gradi".

Quando si raggiunge il confine che separa l'Eritrea occidentale dal Sudan, si cerca qualcuno che ti permetta di attraversarlo. Dall'altra parte, nei pressi di Kassala, c'è uno dei più grandi campi profughi dell'Africa. "A fare da mediatore in queste operazioni è sempre un eritreo, di cui i migranti spesso conoscono solo il numero di telefono. I trafficanti non si fanno mai vedere in faccia: si telefona e si ottiene un appuntamento per la partenza di un pick-up, di un pulmino o di una macchina, in un luogo solitamente al di fuori dei centri abitati. Così si viene trasportati verso un altro punto dove si è caricati da un altro pick-up diretto in Sudan. I trafficanti restano sempre anonimi. Una volta in Sudan, bisogna coprirsi il viso, è necessario cercare di sembrare sudanesi. Il problema è che se si viene riconosciuti come eritrei, i rashaida, i trafficanti di uomini che vivono al confine tra Eritrea e Sudan, possono catturarti e venderti ai sudanesi o allo stesso governo eritreo, in entrambi i casi incassando parecchi soldi."

Perché venderti ai sudanesi? Che interesse hanno?

"La polizia sudanese è quasi più pericolosa dei trafficanti di uomini. Questi in genere li paghi e ti lasciano andare, mentre i poliziotti sudanesi, che ufficialmente non hanno un ruolo da trafficante, ti mettono in prigione, ti portano via tutti i soldi e ti fanno telefonare a casa per chiederne altri prima di liberarti. A quanto mi dicevano, i ragazzi avevano innanzitutto paura dei poliziotti sudanesi."

Se passano indenni questo primo varco, rimangono nel campo profughi solo per pochi giorni. Qui si mettono d'accordo con altri trafficanti, anche loro di solito eritrei, che fanno da mediatori con quelli sudanesi, prendono un pickup e di notte partono alla volta di Khartoum, nel Nord. E qui il viaggio rallenta, si dilata, fino a occupare una parte rilevante della propria esistenza.

"A Khartoum stanno in genere un paio d'anni, per varie ragioni: prima di tutto cercano lavoro, per mettere da parte i soldi necessari ad affrontare il viaggio verso la Libia. Ma spesso, prima ancora di attraversare la Libia, cercano di uscire legalmente dal Sudan. Attraverso il sistema della *sponsorship* chiedono i visti per il Canada o per gli Stati Uniti. In molti, tramite internet, chiedono la possibilità di andare in America del Nord come rifugiati, vantando la presenza di un amico o di un parente che può mantenerli. Raramente qualcuno ci riesce; in genere questa via di fuga viene negata. Una volta in America, la loro richiesta viene accettata perché scappano da un regime dittatoriale, ma è difficilissimo che riescano a fare il primo passo: uscire legalmente dal Sudan. Questa è la ragione per cui nel paese ci sono moltissimi call center e internet point, e anche sudanesi con la cittadinanza canadese o statunitense che, in cambio di soldi, si offrono come sponsor, ma è un metodo che non funziona quasi mai. Di solito ci vogliono due anni per ottenere una risposta dalle ambasciate cui ci si rivolge, tutto avviene per via telematica. Per questo restano in Sudan così a lungo: quando questa strada fallisce, decidono di partire per la Libia. Sanno perfettamente cosa li attende, ma la risposta che danno è che è meglio tentare la sorte in Libia piuttosto che rimanere in Sudan o, peggio ancora, rischiare di tornare in patria."

I racconti peggiori riguardano sempre la Libia. Qui i trafficanti sembrano abbandonarsi a ogni delirio. I migranti vengono trattati come cani, picchiati per un nonnulla; alcuni ragazzi dicono di essere stati bastonati senza ragione. Violentare le donne di ogni età è la prassi. Uno dei racconti più agghiaccianti che Syoum mi ha riferito riguarda due ragazze prigioniere a Sebha, nel cuore del deserto. Le hanno portate in un magazzino, le hanno cosparse di benzina e le hanno costrette ad avere rapporti sessuali: una delle due l'hanno uccisa.

Nel nostro secondo incontro, Syoum mi parla dei giorni successivi al naufragio, di come si è mossa la macchina dei soccorsi e delle procedure di identificazione dei corpi recuperati dal mare.

Dopo un paio di settimane il centro delle operazioni viene spostato ad Agrigento, nei locali della questura. Ma mentre a Lampedusa, a detta di tanti, la macchina organizzativa era parsa molto efficiente, ad Agrigento quella stessa macchina sembra ingolfarsi. È lì che Syoum arriva come volontario, pensando che un interprete tigrino-italiano-inglese possa essere utile.

I parenti delle vittime vengono fatti accomodare nell'androne della questura e sono chiamati uno per uno a procedere all'identificazione dei congiunti tramite le fotografie scattate ai cadaveri. Ma la polizia è impreparata, gli interpreti sono di scarso livello, e i famigliari hanno paura di parlare con loro perché in gran parte sono stati forniti dall'ambasciata eritrea. Li vedono come uomini del regime, e hanno paura di essere identificati come parenti delle persone fuggite e poi morte in mare. Ciò non impedisce, però, che Lampedusa a un certo punto sia invasa da eritrei provenienti da tutto il mondo in cerca di notizie.

Mentre ascolto il racconto di Syoum, noto sul suo volto

un'espressione di disappunto. Versa un cucchiaino di zucchero nella tazzina di caffè sul tavolo davanti a noi e, dopo averlo girato con forza, lo ripone bruscamente nel piattino. Gli chiedo se, in questa fase, il recupero dei corpi dalla stiva fosse già stato ultimato.

"Era ancora in corso. I primi cadaveri a essere recuperati sono stati quelli in acqua. Erano centodieci, e i parenti accorsi a Lampedusa hanno potuto procedere immediatamente al riconoscimento dei corpi. Altri centodieci corpi sono stati recuperati nei quindici giorni successivi. I primi centodieci erano riconoscibili, gli altri centodieci non più, erano ormai in avanzato stato di decomposizione, troppo gonfi per essere riconosciuti immediatamente. Poi sono stati recuperati ancora altri cento-centoventi corpi, e quindi arriviamo a più di trecento cadaveri: di questi ultimi centoventi le foto non sono state mostrate ai parenti perché spesso mancavano le teste, i pesci avevano mangiato gli occhi e le orecchie."

Syoum non è entrato nella stanza in cui la polizia faceva vedere le foto scattate ai morti, ma è in grado di ricostruire cosa è accaduto giorno dopo giorno in questura.

"Il riconoscimento è individuale. Il parente arriva con la foto del proprio congiunto deceduto, un'immagine recuperata da Facebook o passata allo scanner, e si ritrova davanti quelle di centinaia di cadaveri, di fatto irriconoscibili. Le fotografie sono state inserite in un software che abbina l'immagine del corpo e del viso con quelle degli abiti che le persone indossavano e degli oggetti che avevano con sé. Quindi il riconoscimento fotografico parte innanzitutto dal viso, e poi, se il parente non lo riconosce, si passa a esaminare le foto degli oggetti e degli indumenti."

Ogni parente è stato chiamato a vedere tutte le immagini che scorrevano sul monitor del computer, una dopo l'altra fino a quando, seduto accanto a un poliziotto, non ha riconosciuto o creduto di riconoscere qualcuno. Tecnicamente, l'identificazione avviene solo se la persona afferma di riconoscere un parente: vede la fotografia, la confronta con quella portata con sé, riguarda il monitor, riguarda la foto, e afferma senza il minimo dubbio: questo è mio cugino, questo è mio fratello... Ma questo, dice Syoum con una smorfia, succede solo in pochi casi: "In realtà le cose sono molto più complicate".

Spesso, anche di fronte a una perfetta somiglianza tra la persona ritratta nella fotografia recuperata e quella registrata sul computer della questura, ci sono stati parenti, magari venuti in gruppo dalla Svezia o dalla Norvegia, che si sono rifiutati di completare il riconoscimento. Per loro, il fratello o il cugino non poteva essere morto. Non poteva essere lui. Anche se la persona ritratta nelle due foto era senza dubbio la stessa, e il corpo era solo relativamente sfigurato, continuavano a sostenere che loro quel tizio non l'avevano mai visto prima.

"Ci sono stati poi casi in cui le persone, al contrario, pur di avere un cadavere su cui piangere, pur di dire ai parenti in Eritrea che il proprio morto non era tra quelli non ancora identificati, hanno riconosciuto persone diverse, molto diverse da quelle ritratte nelle foto portate con sé. Insomma, è successo di tutto: padri che riconoscevano figli totalmente deformati, finti riconoscimenti, riconoscimenti mancati."

Due sorelle, una proveniente dalla Svezia e l'altra dalla Germania, che non avevano potuto riconoscere il viso del fratello scomparso, si sono accampate nei corridoi della questura finché non si sono convinte di aver individuato, tra le foto che scorrevano sul monitor, i suoi pantaloni gonfi d'acqua. Nient'altro che i pantaloni, identici a centinaia di altri recuperati tra le onde. La polizia, ovviamente, non ha potuto concedere loro il documento che attesta il riconoscimento del corpo, in quel momento il documento più importante al mondo, perché, unito alla prova del Dna, un domani potrà dare diritto alla riesumazione della salma, nel frattempo tumulata in un cimitero siciliano, e al suo trasferimento in Eritrea o altrove. E qui si apre un altro capitolo: per quanto possa apparire complicato, è proprio nel paese africano che la gran parte dei famigliari vorrebbe riportare i propri ragazzi e le proprie ragazze.

"C'erano solo due computer per decine di persone. Abbiamo chiesto che ne venissero messi a disposizione almeno altri due, per procedere più speditamente: ogni persona doveva vedere duecento foto di cadaveri, duecento foto di oggetti, e poi rivederle varie volte, ovviamente. Ogni persona stava lì almeno quattro ore, per cui si è cercato di suddividerle, chiedendo a molti di tornare il giorno seguente. C'era una disorganizzazione tremenda, che non ha fatto altro che alimentare lo stato di tensione."

Il problema, continua Syoum, è che mentre i primi centodieci corpi ripescati in acqua sono stati riconosciuti in modo relativamente veloce, per tutti gli altri i tempi si sono fatti più lunghi. "Dopo due settimane i corpi hanno cominciato a puzzare e si è dovuto procedere al trasferimento delle bare da Lampedusa al porto di Agrigento, ma questa operazione è stata decisa da un momento all'altro, senza preavviso."

Una mattina le gru hanno caricato le bare sulla nave militare *Cassiopea* perché venissero trasferite ad Agrigento, e da qui in tutta la Sicilia, ma i parenti accorsi a Lampedusa non sono stati avvisati. Gli è stato detto solo che le bare sarebbero state portate via per essere sepolte altrove, nei cimiteri più disparati. In molti casi non si è saputo il luogo esatto fino a dieci giorni dopo la sepoltura. "Molti parenti sono dovuti tornare nel paese in cui vivono per poi ritornare un'altra volta, perché non si sapeva dove fossero state sepolte le bare, anche quelle contenenti i corpi delle vittime già riconosciute."

I corpi del 3 ottobre sono stati sepolti in tutta la Sicilia. La maggior parte, ottanta, si trova nel cimitero Piano Gatta di Agrigento. Un'altra ottantina si trova invece in quello di Caltanissetta. Gli altri in vari comuni delle province di Agrigento, Messina, Caltanissetta, Palermo, Catania e Trapani. A

Castrofilippo, Porto Empedocle, Mazzarino, Gela, Menfi, Bivona, Canicattì, Montevago, Sambuca di Sicilia, Santo Stefano Quisquina…

Ai cadaveri riconosciuti è stato assegnato un numero, e ai parenti è stato detto che la bara X era sepolta nel cimitero Y.

"Ma la Sicilia," continua Syoum con voce pacata, "ha dei pessimi collegamenti, raggiungere i piccoli paesi dell'interno è difficile, e queste persone non parlano altro che il tigrino, fatta eccezione per qualche parola nella lingua del paese europeo in cui si sono stabiliti. Non gli è stata fornita nemmeno una mappa: gli è stato dato solo il nome del paese dicendo di andare a trovare lì i fratelli o i nipoti scomparsi. Tante persone sono state lasciate sole davanti alla disperazione. Mi è capitato di accompagnarne alcuni in macchina. Dopo molti chilometri di strada, arrivati al cimitero, c'era sempre una croce inscritta nella calce, con accanto una data e un numero, lo stesso numero di identificazione consegnato loro dalla polizia. Mai una volta che abbia visto un nome."

So cosa Syoum intende dire. Conosco bene quella sensazione di impotenza davanti all'indeterminatezza della morte, davanti al caos che segue a ogni strage, di fronte ai mille modi in cui la ricomposizione dei corpi o la semplice assegnazione di un nome vengono rallentate.

Lo so perché mi è capitato di raccontare altri naufragi, altri drammi dell'emigrazione. Mi è capitato di accompagnare altri famigliari di altri paesi in altri cimiteri. E di trovarmi, come Syoum, davanti a sigle o nomi appena abbozzati o parole come IGNOTO incise sulla nuda calce. Non su una lapide, ma sulla nuda calce, quando è ancora morbida, poco prima che si rapprenda, perché in genere le lapidi non vengono concesse a chi è soltanto un numero. Per mesi o anni, i vivi possono rimanere attaccati a una bara sepolta in un cimitero di provincia in un altro paese, perché si tratta dell'unico filo a cui aggrapparsi. L'unico che permette di rimanere attaccati a qualcosa di certo. Al di là di quel filo c'è solo un limbo confuso all'interno del quale rimangono imbrigliati tutti i dispersi, i cadaveri non identificati, quelli che giacciono in bare al cui numero di identificazione non corrisponde alcun riconoscimento, alcuna foto recuperata da chissà dove. Le fredde serie numeriche incise sulla calce nei cimiteri della Sicilia rimangono mute. E tali resteranno per anni, in attesa che qualcuno, nel tentativo di aggrapparsi a un nuovo filo, richieda un'identificazione o magari riesca a fornire una comparazione del Dna.

"Secondo me, l'unica cosa sensata da fare è individuare un luogo dove seppellire tutte le bare, sia quelle delle persone riconosciute sia quelle delle persone non ancora riconosciute, intitolarlo alle vittime del 3 ottobre e permettere ai famigliari di andare lì a piangere i propri parenti. È irrealistico pensare di riportare i corpi in Eritrea."

Syoum mi guarda, poi aggiunge: "Ti racconto un'altra storia che mi ha colpito. Riguarda un padre venuto in Italia due mesi dopo il naufragio per riconoscere il figlio. Prima è arrivata solo la moglie. È andata ad Agrigento, ha riconosciuto il figlio in una fotografia, le hanno dato il numero di identificazione e il luogo di sepoltura, ed è andata al cimitero. Poi è tornata a casa, convinta che fosse lui. Due mesi dopo è arrivato il padre. Mi ha contattato e l'ho portato subito alla tomba. Ha pianto tantissimo davanti a quel loculo disadorno, è stato straziante. Poi abbiamo fatto il percorso inverso: l'ho accompagnato ad Agrigento per esaminare la fotografia sul computer della questura. Ma qui, appena ha visto la foto, ha detto che non si trattava assolutamente del figlio. Non diceva proprio 'non è lui', continuava a dire 'non mi sembra lui, non lo riconosco, ma forse mi confondo…'. Alla fine si è convinto che la moglie aveva ragione e non ha avuto la forza di rimettere tutto in discussione. Sono persone molto semplici… Te ne potrei raccontare ancora tante di storie così, secondo me molti riconoscimenti non sono giusti".

Dopo la strage, in Eritrea è stata vietata l'affissione dei manifesti funebri con i nomi delle vittime. Quando ho intercettato la notizia in rete, mi è parsa francamente eccessiva, quasi una bufala. Ma poi Syoum mi ha confermato che è andata esattamente così: "I manifesti sono stati affissi ai muri, ma subito dopo è stato ordinato di toglierli. Trecentosessanta morti sono tantissimi, chiunque in Eritrea poteva conoscerne qualcuno".

E allora torniamo alla storia nella Storia, al rapporto di Syoum e della sua generazione con la strage di Lampedusa, allo smacco insopportabile per una dittatura nata da una guerra di liberazione nazionale. Io e Syoum ne abbiamo parlato in uno dei nostri incontri, anche se il solo parlarne lo rendeva più cupo.

"L'Europa è piena di agenti del regime. Ce ne sono ovunque siano presenti degli eritrei: è impossibile fare una riunione senza essere schedati. La strage di Lampedusa è stata un'occasione per mappare chi fa cosa nella diaspora, per capire chi è contro il regime e chi è a favore."

È accaduto anche durante il funerale senza bare organizzato in tutta fretta ad Agrigento alla fine di ottobre, sospira Syoum. Mentre il governo italiano ha voluto chiudere il capitolo della strage con una cerimonia funebre raffazzonata, mostrando scarso rispetto nei confronti dei famigliari delle vittime, che invece avrebbero voluto piangere davanti alle bare dei propri cari, una sottile tensione ha attraversato il mondo eritreo accorso nella città siciliana. Quel mondo non era affatto compatto. C'era chi piangeva e chi controllava. Chi provava a denunciare la dittatura rilasciando interviste ai giornalisti e chi invece intimava ai pochi coraggiosi di restare in silenzio.

Alle spalle della strage, la diaspora è solcata da profonde fratture. Per molti la lotta per l'indipendenza nazionale rappresenta ancora un forte mito. Capita di parlare con ragazzi della terza generazione di immigrati eritrei, nati e cresciuti in

Europa, che quando parlano della madrepatria si infervorano. E che, di fronte ai rapporti di Amnesty International sulla soppressione dei diritti umani nel paese d'origine, sostengono sprezzantemente che quelle cose sono solo il frutto di "un complotto degli americani". In fondo, credo di capire la tenaglia della fedeltà che scatta nelle loro teste. Credo di capirla perché la storia recente dell'Eritrea è anche la storia dell'involuzione di un governo che un tempo si è creduto rivoluzionario, e di almeno un paio di generazioni che hanno creduto fermamente nel suo percorso. Molti di quelli che hanno creduto nei vertici del Fronte, seppur a migliaia di chilometri di distanza, fanno fatica ad accettare che, salita al potere, quella forza che aveva liberato il paese dall'occupazione etiopica si sia trasformata in un regime totalitario.

Ma poi arriva il momento in cui qualcosa si spezza, e il castello di carte si affloscia improvvisamente su se stesso. Come in tutte le storie di boat people, la fuga in massa del proprio popolo è la principale fonte di delegittimazione di una dittatura. Puoi negare l'emorragia dei giovani, puoi negare il rifiuto della leva permanente da parte di un'intera generazione. Ma difficilmente riuscirai a nascondere che trecentosessanta persone sono morte in una sola notte alle porte dell'Italia, perché stavano scappando proprio da te, dal sistema che hai edificato.

"Mio zio Alan vive nel Nord Europa e va in Eritrea ogni due anni. Si rende conto della situazione: non c'è elettricità, tutti si lamentano, i giovani vogliono scappare. Comprende bene quello che sta accadendo, ma continua a sostenere il regime. Quelli come lui costituiscono lo zoccolo duro dei sostenitori del governo. Poi ci sono quelli che non ne fanno più parte, quelli che hanno aperto gli occhi, come i miei genitori: prima erano sostenitori del governo, ma adesso non più, anche se non lo manifestano apertamente. Insomma, la vecchia generazione non costituisce più un blocco compatto: c'è chi ragiona e chi vuol mantenere gli occhi chiusi di fronte alla realtà, chi vuole andare avanti e chi si accontenta di bugie pietose, come quella secondo cui i trecentosessanta morti erano migranti economici, scappati dall'Eritrea per soldi. È quello che ha sostenuto il telegiornale nazionale. All'inizio sono stati addirittura chiamati migranti africani, i media di regime hanno sostenuto che si trattava, genericamente, di africani morti al largo delle coste di Lampedusa nel tentativo di raggiungere l'Italia. Ma quando si è venuto a sapere che erano eritrei in fuga dal paese non hanno più potuto negare l'evidenza, e allora hanno iniziato a parlare di migranti economici."

Lo interrompo. Mi ricordo che una volta ho sentito dire che quelli che scappano vengono apostrofati in maniera sprezzante con il nomignolo "Libia". È questo, gli chiedo, il modo in cui gli eritrei della diaspora storica chiamano gli ultimi arrivati?

Syoum non batte ciglio. "Sì, è così. Gli eritrei che ce l'hanno fatta, in Italia o in Europa, guardano agli immigrati di nuova generazione, quelli che si affollano sulle coste libiche, con supponenza. Sembrano non capire che stanno rifacendo il loro stesso percorso, solo molti anni dopo."

7.

Come nasce una dittatura

C'è qualcosa che manca. Possiamo anche ricostruire tutte le fasi del naufragio, fare il conto dei vivi e dei morti, raccontare le loro storie. Ma c'è sempre qualcosa che manca. Manca il contesto. Più riduciamo il popolo del peschereccio affondato al rango di vittime, più allontaniamo il contesto. La domanda cruciale non è perché sia accaduta una tragedia del genere, dal momento che ne sono accadute tante altre nello stesso identico modo. La domanda cruciale è: perché erano quasi tutti eritrei?

Non si tratta di una semplice coincidenza. Ha ragione Syoum quando dice che la strage mette in discussione l'esistenza stessa del regime eritreo, il modo in cui si è sviluppato nei decenni, e il rapporto che ha intrattenuto con la diaspora.

Syoum... Lo chiamo ancora Syoum, e ho quasi dimenticato ormai che non è il suo vero nome. Quando mi ha detto che mi avrebbe raccontato tutto quello che volevo sapere, ma a patto di garantire il suo anonimato, ho pensato che fosse una precauzione eccessiva, che le sue paure fossero al limite della paranoia. Nei mesi successivi, però, mi sono accorto che me lo chiedevano tutti gli eritrei. Tutti avrebbero parlato, a patto di non segnare sul taccuino il loro nome, a patto di non annotarlo da nessuna parte. E ho capito che quella preoccupazione si fondava su un dato reale: la presenza in tutta Europa di agenti dei servizi eritrei. Non è che temano ripercussioni immediate. Hanno paura per le proprie famiglie, per chi è rimasto in Eritrea, ad Asmara o a Massaua o in altre città, e può finire in un centro di detenzione da un momento all'altro.

La minaccia è una morsa perfetta.

Così ho impiegato del tempo per conoscere Gabriel Tzeggai, uno dei pochi che mi abbia detto: il mio nome puoi scriverlo tranquillamente, non me ne frega niente di loro. Gabriel vive in Italia da molti anni. Abita a Sassari, in Sardegna, dopo essere stato a lungo a Roma. I capelli bianchi ricci, quasi crespi, formano una criniera leonina sul volto magro, le guance scavate, la pelle liscia, i baffi appena accennati. È uno di quei volti di cui ti risulta impossibile stabilire l'età a prima vista.

Ho conosciuto Gabriel tramite l'Archivio delle memorie migranti, un'associazione con cui collabora assiduamente, promossa da un nostro comune amico: lo storico dell'Africa Alessandro Triulzi, uno dei massimi esperti dei rivolgimenti che hanno segnato l'Etiopia e l'Eritrea nell'ultimo secolo.

Mi ha colpito un suo testo uscito in un libro a più voci. Gabriel parla del "sapore della libertà", come recita il titolo del suo saggio, e della degenerazione delle condizioni sociali e civili in Eritrea. Ma, più che le cose narrate, a colpirmi è stato il suo punto di vista: non quello di un rifugiato approdato in Italia dopo lunghe peripezie in tutto e per tutto simili a quelle di decine di migliaia di altre persone, ma quello di un ex militante del Fronte popolare di liberazione eritreo, che ha attraversato in prima linea la guerra con l'Etiopia e il dopoguerra, prima che il paese ripiombasse in uno stato indecifrabile di guerra-nonguerra.

Insomma, più che un rifugiato, Gabriel Tzeggai è un esule politico, un uomo che ha vissuto sulla propria pelle la stagione del marxismo africano – quel composito impasto di ideali socialisti, anticolonialismo e lotta nazionale – e poi ha assistito alla degenerazione del gruppo politico al quale ha dedicato la propria vita. Molti anni prima, come tanti, Gabriel aveva deciso di sacrificare la propria sfera individuale, i propri studi, i propri affetti, in nome di una lotta giusta e irrinunciabile, soprattutto perché condotta insieme ad altri uomini e altre donne a cui aveva dato il nome di "compagni".

Un bel giorno percepisci la somma ingiustizia dell'oppressione militare, decidi di partecipare alla guerra di liberazione, passi degli anni al fronte, vedi tanta gente morire attorno a te. E poi – una volta liberato il paese – assisti al tradimento del Caro Leader, alla nascita di una nuova burocrazia, alla creazione dei tribunali speciali contro i nemici del popolo. In poche parole: alla nascita di un nuovo sistema oppressivo, pronto a mutare le forme del precedente.

È una storia che mi sembra di riconoscere. Una storia dal sapore universale, simile ad altri drammi novecenteschi, che altri hanno vissuto in altre parti del globo.

Devo assolutamente incontrare Gabriel, mi sono detto un giorno mentre riordinavo le carte accumulate sulla mia scrivania, e sistemavo in una cartella del computer un'infinità di file riguardanti l'Eritrea contemporanea. Ci sono momenti in cui senti l'urgenza bruciante di vedere qualcuno e di chiedergli tantissime cose. Be', era uno di quei momenti.

Dopo esserci presentati in una riunione dell'Archivio delle memorie migranti, ci siamo dati appuntamento per l'indomani. Avremmo parlato della sua vita nel Fronte.

"Partiamo da molto lontano," mi dice Gabriel, mentre sorseggia il tè che il cameriere ha appena portato. Siamo a Monti, in un bar affollato a pochi passi dalla fermata metro Cavour, una zona di Roma che conosce bene per averla a lungo frequentata nei suoi primi anni in Italia.

"Bisogna partire da molto lontano," mi ripete. Siamo seduti a uno degli ultimi tavolini. Illuminato dalla luce fioca del bar, il suo volto è ancora più affilato della prima volta che ci siamo incontrati, e i suoi capelli quasi d'argento. Fisso le sue dita lunghe e affusolate, che si muovono intorno alla tazza, e le voci dei turisti che ci circondano sembrano scomparire. Il piattino con alcuni pasticcini, accanto alla teiera, è rimasto intatto.

"Il Fronte popolare di liberazione eritreo è nato negli anni settanta," attacca Gabriel, "un decennio dopo l'inizio della guerra di indipendenza. Nel 1961 l'Etiopia aveva annesso l'Eritrea, misconosciuto quello che sarebbe dovuto essere un sistema federale, con la relativa autonomia per entrambe le parti, e imposto un duro regime di polizia. Crescere negli anni sessanta ha voluto dire fare l'esperienza di una nuova occupazione che prendeva il posto di quella italiana: la presenza di spie e militari, i costanti massacri degli oppositori. Il Fronte popolare nasce da una costola del Fronte di liberazione eritreo, a sua volta fondato nel 1961. Questo era un fronte nazionalista, che rifletteva le contraddizioni della società eritrea, una società colonizzata che iniziava a muoversi verso la modernità, nonostante il fardello del passato. Il Fronte popolare è stato invece un fronte socialista fin dall'inizio. Era stato creato da studenti universitari e aveva tutte le caratteristiche dei fronti popolari dell'epoca. L'esercito etiopico era uno dei più numerosi e meglio equipaggiati dell'Africa, secondo solo all'esercito egiziano e a quello sudafricano. Combattere contro un esercito del genere richiedeva una strategia e una disciplina particolari. Strategia a parte, la miglior disciplina discende dall'avere una profonda convinzione."

Gabriel è entrato nel Fronte nel 1974. Nei primi anni di militanza è rimasto ad Asmara. Poi nel 1978 è stato trasferito in prima linea, e ci è rimasto fino al 1991. In quegli anni si consolida la leadership indiscussa di Isaias Afewerki.

Alto, i baffi scolpiti sul volto magro, gli occhi febbrili, il capo del Fronte indossa sempre un giaccone color verde militare. O almeno così appare nelle poche immagini che lo ritraggono in quegli anni di lotta rivoluzionaria. Nei discorsi parla lentamente. Più che incitare i militanti prova a dominarli con la forza del ragionamento, con il racconto di aneddoti, con l'utilizzo di ampie digressioni. Quel modo di parlare lento e articolato gli rimarrà anche in seguito, nei discorsi pronunciati in giacca e cravatta, davanti ai microfoni delle tv e a masse molto più numerose.

Con il passare del tempo le azioni di guerriglia, frequenti fino alla metà degli anni settanta, si esauriscono. Nel 1977, ammette Gabriel, gran parte del territorio eritreo era già stata liberata dal Fronte di liberazione o dal Fronte popolare. La maggior parte delle principali città era già sotto il controllo della guerriglia.

"Nel 1978, quando sono andato al fronte, Asmara era circondata. Eravamo già a pochi chilometri dalla periferia, gli etiopici erano ormai sulla difensiva. La nostra è sempre stata una guerra di trincea, ed è proseguita in questa forma fin quasi alla fine del conflitto. Il fatto che l'Etiopia sia stata appoggiata prima dagli Stati Uniti e poi dall'Unione Sovietica ha isolato l'Eritrea. Nessuno parlava di questa guerra nonostante la sua lunga durata."

D'altra parte, il Fronte popolare, di orientamento marxista, si è pian piano spostato su altre posizioni. La mentalità marxista era sempre presente, ma nel 1987, al secondo congresso del Fronte, viene annunciato apertamente il passaggio dal marxismo al realismo.

"Soffiava il vento della perestrojka. C'era un fitto dibattito su come sarebbe dovuta essere l'Eritrea del futuro, su quale tipo di governo darsi. Proprio in quel periodo Isaias Afewerki disse che l'ideologia, per come era stata concepita fino ad allora, non era più al centro delle nostre vite. L'Eritrea del futuro sarebbe stata neutrale. Sarebbe stata governata da principi di giustizia sociale e avremmo creato uno stato di diritto."

Alla fine degli anni ottanta, insomma, l'entusiasmo è ancora molto forte, nonostante le contraddizioni di tutti i conflitti. E tale rimane anche negli anni successivi, quando il Fronte può finalmente proclamare di aver portato a termine la propria lotta di liberazione, sconosciuta alla stragrande maggioranza degli europei.

"Durante la guerra c'erano tante cose che non ci piacevano, ma non c'era modo di opporsi individualmente. Così lasciavamo perdere e pensavamo al risultato finale, allo scopo ultimo. Dopo la liberazione del paese, ci aspettavamo dei cambiamenti. Certo, eravamo consapevoli che non potesse succedere tutto subito, che fosse necessario del tempo, ma eravamo convinti che quei cambiamenti sarebbero arrivati. Quando il governo provvisorio indisse un referendum per sancire l'indipendenza del paese, fu un successo. Oltre il 99 per cento degli eritrei votò a favore. Quello è stato il periodo più bello della mia vita. L'indipendenza venne dichiarata ufficialmente il 24 maggio 1993."

Ma poi lo scenario cambia rapidamente. Gabriel riempie di nuovo la tazza, versa altro tè scuro dalla teiera. Il suo viso mi sembra ancora più asciutto e le parole ancora più lente.

"Fu approvata la Costituzione, ma rimase solo sulla carta. Il comitato per la riscrittura della legge elettorale non produsse niente, e col senno di poi questa mi sembra una scelta precisa. Fu allora che emersero i primi contrasti nella dirigenza: una parte voleva il cambiamento, Isaias no. Tra quelli che volevano il cambiamento c'era il ministro delle Regioni, che rivestiva una carica simile a quella di vicepresidente."

Nel 1996, mentre si infervora il dibattito pubblico intorno alla Costituzione, il governo annuncia la formazione del Tribunale speciale. Anche se viene presentato come un'istituzione temporanea, creata appositamente per giudicare gravi casi di corruzione, il suo raggio d'azione si estende rapidamente.

I giudici che lo presiedono provengono dalle forze armate e le loro sentenze inappellabili non si basano sul codice penale esistente. Possono essere del tutto arbitrarie, anzi possono tranquillamente rovesciare sentenze emesse dai giudici ordinari. Inoltre, gli imputati non hanno diritto all'assistenza legale. Insomma, viene istituita una macchina infernale e viene depositata nelle mani del presidente, una macchina del tutto estranea alla legge e ai principi della Costituzione appena discussa, che può essere usata al momento opportuno contro qualsiasi oppositore, e per dare il via a una lunga serie di regolamenti di conti interni allo stesso gruppo dirigente.

Inoltre, le elezioni vere e proprie non vengono mai indette. Nel 1991, al momento dell'indipendenza, era stato formato un governo provvisorio, emanazione del comitato centrale del Fronte di liberazione, con l'aggiunta di alcuni rappresentanti regionali. Dopo due anni viene formata un'assemblea legislativa, ma non attraverso elezioni popolari, bensì su nomina governativa. Non si riunisce a cadenze regolari, ma solo su convocazione del presidente, che però non la convoca mai. La degenerazione parte da lì, e si dilata a causa della guerra che divampa nuovamente.

"Nel 1998 inizia la nuova guerra con l'Etiopia, e da quel momento le cose degenerano: Afewerki diventa il padrone assoluto della scena. Tutti gli altri ministri, benché siano stati comandanti nel conflitto precedente, vengono ignorati. Il presidente comunica gli ordini direttamente agli ufficiali nelle trincee."

A causa del nuovo conflitto, che farà decine di migliaia di morti, viene istituita la famigerata leva a tempo indeterminato. Non nasce dall'oggi al domani, è piuttosto il risultato dell'incancrenirsi dello stato di guerra. Sebbene la legge sul servizio militare del 1994 preveda che la leva duri solo diciotto mesi, sei mesi di addestramento e un anno di servizio, dopo la guerra di confine – che scoppia nel 1998 e si prolunga fino al 2000 – la situazione cambia. L'Etiopia occupa parte del territorio eritreo, penetrando per venticinque chilometri verso l'interno, e basta questo per rifiutare ogni soluzione negoziale e sostenere che il conflitto prosegue.

"Il ragionamento del governo è molto semplice: pur essendo sospesi i combattimenti, l'Eritrea è ancora in guerra. Tuttavia, dice Isaias, il paese deve proseguire nel suo sviluppo e per questo tutti devono dare il proprio contributo, tutti i giovani devono lavorare per il paese. Perciò appena terminato l'undicesimo anno scolastico i ragazzi devono presentarsi al distretto militare più vicino e partire per l'addestramento. Tutti, maschi e femmine. L'addestramento dura un tempo illimitato, che si prolunga ben oltre l'età della giovinezza. Nascono molti campi per i militari di leva. Il più grande è quello di Sawa, che può ospitare fino a venticinquemila persone."

Non so se Afewerki, che nel suo lungo discorso Gabriel chiama sempre Isaias, si sia reso perfettamente conto di cosa abbia voluto dire militarizzare un'intera società, decretando di fatto il suo ingresso in massa nell'esercito. Ma è quello che è accaduto: caserme per tutti, carcere per chi si oppone e centri di detenzione per coloro i quali si trovano in una confusa e indefinita terra di mezzo.

Intanto le epurazioni al vertice, che Gabriel non può non percepire come un regolamento di conti tra i dirigenti del movimento cui ha dedicato gran parte della propria vita, continuano nel più puro stile staliniano. Senza ritornare agli anni trenta del secolo scorso, alle purghe raccontate da Arthur Koestler in *Buio a mezzogiorno*, quelle di Afewerki ricordano nel dettaglio la strategia di mantenimento del potere messa in atto da Enver Hoxha in Albania in anni molto più recenti. Diciamo, fino alla fine degli anni settanta. Sarà strano, ma due paesi diversissimi tra loro, l'Albania e l'Eritrea, dopo essere stati entrambi soggetti all'occupazione italiana, hanno generato due modelli locali di iperstalinismo e sono diventati, sia pure in momenti differenti, due dei principali luoghi di partenza dei viaggi dei migranti verso l'Occidente.

Mentre le voci di alcuni turisti inglesi seduti intorno a un tavolino vicino al nostro si fanno più alte, penso a questa strana somiglianza tra il piccolo paese balcanico e il piccolo paese del Corno d'Africa. Penso al sovrapporsi della retorica fascista nei due paesi, ai brandelli di vita coloniale restituiti da pochi spezzoni di filmati in bianco e nero girati all'epoca. Penso ai due leader, Isaias Afewerki ed Enver Hoxha, al loro sguardo ora bonario ora feroce, ai loro lunghissimi discorsi, e le facce mi si confondono nella testa, gli slogan sul potere delle masse e sulla lungimiranza del capo si accavallano nelle due lingue. Gabriel intanto, con i suoi quindici anni di guerra di trincea sulle spalle, mi guarda in silenzio. Fuori dalla porta a vetri del bar è scesa la sera.

Gli chiedo che ne è stato dei vecchi componenti del comitato centrale del Fronte, in particolare di quello che costituiva una sorta di Politburo, e che raccoglieva gli uomini più vicini ad Afewerki.

"Quelli che facevano parte del Gruppo dei quindici, cioè i membri più influenti del comitato centrale, sono stati tutti arrestati, tranne uno che ha fatto marcia indietro e si è pentito pubblicamente per essersi opposto al presidente. Dopo di loro sono stati arrestati i giornalisti: le testate private sono state chiuse nel settembre 2001. Chi non è riuscito a scappare è stato arrestato. Non si sa neanche dove siano tutte le carceri. Per esempio, si sa di una prigione segreta nel deserto, dove sono rinchiusi i prigionieri più importanti, ma nessuno l'ha mai vista da libero. Chi l'ha vista non è mai uscito. Filtrano poche informazioni, qualcuno è morto, qualcun altro è riuscito a suicidarsi, non si sa esattamente chi sia rimasto in vita. Se proprio vuoi sapere la mia opinione, credo che oggi i prigionieri storici siano tutti morti. Una delle guardie che lavorava in un'altra prigione è fuggita nel 2010, e ha descritto il trattamento riservato ai carcerati: i detenuti rimangono ammanettati ventiquattro ore su ventiquattro, possono lavarsi solo un giorno alla settimana, e quello è l'unico momento in cui sono liberati dalle manette. Non c'è assistenza medica, benché soprattutto nei campi nel deserto il clima sia estremo, caldo di giorno e freddo di notte. Le sparizioni dopo gli arresti non sono una cosa nuova. Dopo il 2001 è diventato un fenomeno noto a tutti."

È in questo momento che Gabriel capisce che la situazione si è irrimediabilmente deteriorata. Certo, la situazione non era piacevole neanche prima dell'indipendenza, ma avevano tirato avanti. Non è che non si fossero accorti del forte autoritarismo interno al Fronte, nella vita di tutti i giorni, nel rapporto tra ufficiali e sottoposti, tra la leadership del partito e tutti gli altri, ma ritenevano questo modo di fare una necessità da tollerare. Dopo l'indipendenza hanno pensato che tutto ciò sarebbe potuto mutare in maniera pacifica, e invece le cose sono andate molto diversamente. Anzi, quel potere politico-militare è divenuto anche un potere economico.

"Il Fronte popolare di liberazione dell'Eritrea non ha mai ricevuto aiuti finanziari o militari, come nel caso di altri fronti. Economicamente ha dovuto essere autosufficiente, e su questo ha fondato la propria forza. Durante la lotta per l'indipendenza si è dato a vari tipi di commercio. Il Sudan era la principale base economica, ma ha saputo guardare anche a oriente. Essendo un fronte militare, era ovviamente coinvolto nel traffico d'armi. Ma non solo. Se una bottiglia di whisky in Arabia costa cento dollari, capisci che i margini di guadagno possono essere molto elevati. Oggi tutto è in mano al presidente. Afewerki ha saputo tessere una rete di relazioni internazionali. Ha trattato con gli stati più disparati, cambiando le modalità di rapporto da stato a stato. Dagli ultimi anni novanta in poi, per esempio, il regime ha avuto pochi contatti con il governo italiano, ma ha fatto molti affari con determinati personaggi politici e industriali. I suoi rapporti con la famiglia Berlusconi sono noti, ad esempio, così come la nutrita collaborazione economica stabilita con la Regione Lombardia."

Come in tutti i contesti totalitari, se Afewerki appare oggi più indebolito rispetto al passato è più per la povertà dilagante, per l'assenza di prospettive, e per il ricatto sulla vita di ognuno della leva permanente, che non per la bestiale mancanza di diritti civili. Se la gente si ribellerà, lo farà innanzitutto per questi disagi crescenti.

Quando si parla dell'Eritrea, e soprattutto di chi in Eritrea ci è rimasto, bisogna pensare a intere generazioni di uomini e donne che hanno vissuto in uno stato perenne di guerra, dagli anni quaranta in poi. Dalla fine del colonialismo italiano non c'è mai stata stabilità. Come dice ancora Gabriel, versando ciò che resta del tè ormai freddo nella sua tazza, se tu parli con un eritreo, pochi pensano ai diritti umani, non è a quel livello che si genera la discussione. La gente parla della mancanza del pane. I giovani se ne infischiano dell'indipendenza del paese, anche se magari sono cresciuti ammirando la sua generazione, quella che aveva lottato. Vogliono solo una vita normale.

Il bar si sta svuotando. Fuori è buio, e all'interno la luce si riflette sempre più fioca, quasi irreale, sui tavolini di legno uno accanto all'altro. I pasticcini sono rimasti nel piattino bianco accanto alla teiera ormai vuota. Né io né Gabriel li abbiamo sfiorati.

Vorrei chiedergli molte cose del colonialismo italiano, dell'urbanistica italiana, dei circoli e dei caffè italiani, dei giornali italiani di un tempo, ma è tardi. All'improvviso mi rendo conto che da ore ormai – definendo il contesto – stiamo girando come in un estenuante balletto intorno alla domanda che probabilmente Gabriel si aspetta che gli faccia fin dall'inizio: quando hai deciso di andare via? Quando ti sei detto: basta, non ne posso più?

Glielo chiedo, e Gabriel mi risponde con un filo di voce,

quasi con stanchezza, che la sua è la storia di tanti. "L'avrai capito ormai." Poi guarda fuori, controlla l'ora sull'orologio sotto il polsino della camicia abbottonato, e mi dice che prima di riprendere la metro, può dedicarmi un'altra ora.

Così prosegue: "Nel 1991, con la fine della guerra, tutti erano contenti di tornare a casa. Ognuno cominciava a pensare anche al proprio futuro, alla propria vita. Il mio desiderio era fare altro, non volevo lavorare per il governo, ma ci fu detto che nessuno sarebbe stato smobilitato. Avremmo dovuto continuare a lavorare per il Fronte, perché il paese era completamente distrutto e andava ricostruito. Alcuni di noi vennero assegnati ai servizi civili, agli ospedali, agli uffici, mentre la grande maggioranza rimase nell'esercito e continuò a fare la vita militare di sempre. Insieme a qualche migliaio di persone venni alloggiato ad Asmara, in una ex base militare americana, con la mensa e il dormitorio, e in più mi diedero qualche spicciolo per le sigarette e le spese ordinarie. Chi non voleva stare lì riceveva solo una piccola somma di 90 nacfa, che bastava a malapena a comprare qualche pacchetto di sigarette. Dopo due anni, Afewerki annunciò pubblicamente, senza aver consultato nessuno, che i militari rimasti senza stipendio per due anni avevano accettato di lavorare senza stipendio per altri due anni! Ciò provocò una sommossa di alcune unità dell'esercito, vennero occupati l'aeroporto, le banche, i principali luoghi nevralgici. Afewerki e gli altri capi vennero portati dentro lo stadio. Ci fu una discussione serrata e alla fine il presidente disse che aveva capito, che la situazione non era più sostenibile, che avrebbe preso provvedimenti, e quindi fu liberato. Ovviamente i capi della sommossa furono arrestati, alcuni sparirono, altri vennero processati e condannati. Non si registrò alcun cambiamento, e allora decisi che era giunto il momento di andare via, avevo anche un figlio che stava crescendo, adesso ha ventisette anni. Naturalmente pensi ai figli, a dove farli crescere, a quali opportunità dargli, e lì non c'era futuro. Cominciai a pensare di andarmene. I dubbi erano maturati già dal 1996, poi nel 2000 ho cominciato a organizzare il viaggio e nel 2006, subito dopo aver fatto uscire mio figlio, sono venuto via anch'io."

La sua è la storia di tanti, mi ripete schermendosi. Chiunque può pagare per uscire, e una volta fuori paga ancora per far uscire i famigliari. Le frontiere di uno stato totalitario alla deriva sono sempre un colabrodo, e la corruzione necessaria per attraversarle è massima. Tanto alti sono i rischi di finire nei centri di detenzione quanto ingenti le somme richieste da chi ha la possibilità di portarti dall'altra parte, e questo mercimonio continuo ai bordi dell'Eritrea è divenuto centrale per la sua economia malata.

Non solo. Poiché sono migliaia i giovani che scappano ogni mese, lo stesso governo ha cercato di stabilire una tassa sull'emigrazione che gli garantisce milioni di dollari ogni anno.

Il sistema è semplice: siccome molti degli espatriati non hanno documenti, il regime dà loro la possibilità di andare in un'ambasciata eritrea all'estero e compilare un modulo, che da quanto ho capito si chiama proprio "modulo di pentimento", con il quale è possibile richiedere il passaporto. Lo ottengono, ma ogni volta che devono rinnovarlo sono chiamati a dimostrare di aver pagato una tassa del 2 per cento sui propri introiti. Niente tassa, niente rinnovo.

"Ti racconto una storia," riprende Gabriel. "Un uomo che conosco è fuggito tanti anni fa ed è riuscito a ottenere l'asilo politico in un paese occidentale di cui non faccio il nome, lasciando moglie e figlia in Eritrea. Una volta sistematosi, ha deciso di farsi raggiungere."

Come?

"C'è una rete di contatti attraverso la quale, dall'estero, puoi pagare gli intermediari che riescono a far emigrare le persone. Questo tizio è riuscito ad avere i contatti giusti e ha fatto uscire la moglie e la figlia in un modo molto diverso dagli altri. Molti ragazzi seguono un percorso rocambolesco, partono di notte, di nascosto. Spesso camminano per giorni, in aperta campagna; mentre le due donne sono state prelevate da due uomini e hanno fatto il viaggio da Asmara a Khartoum in macchina, senza che nessuno le controllasse. Dal Sudan sarebbero poi dovute andare in Kenya, dove il marito le aspettava. A questo punto, però, avevano bisogno del passaporto. Sono andate all'ambasciata eritrea a Khartoum e lì hanno trovato proprio i due uomini che le avevano portate in auto in Sudan. Erano due funzionari dei servizi di sicurezza."

Fa una piccola sosta, poi continua: "La tassa del 2 per cento viene prelevata anche nelle ambasciate in Europa. Un ragazzo che ho incontrato qui in Italia mi ha raccontato che il padre è venuto fin da Asmara per implorarlo di richiedere il passaporto e pagare la tassa del 2 per cento, perché gli avevano tolto la licenza di commerciante. Alla fine il ragazzo si è deciso a firmare il modulo, ma lo ha fatto solo per il padre. Il regime esercita una pressione tremenda sui famigliari rimasti in patria come arma di ricatto sui rifugiati all'estero. È normale chiedere cinquantamila nacfa ai genitori dei ragazzi che sono scappati. Sono molti soldi, per un eritreo sono tantissimi. Considera che il mio stipendio era di duemila nacfa, e si trattava di uno stipendio medio-alto. Cinquantamila nacfa sono quattro o cinque anni di stipendio medio-basso, e se non paghi vai in prigione".

Per gli attivisti politici, invece, il rischio più concreto è che un famigliare sparisca dall'oggi al domani. È accaduto, per esempio, al ministro dell'Informazione Ali Abdu che, dopo aver condiviso molti dei segreti del regime, ha deciso di fuggire all'estero. Non si sa dove sia, c'è chi dice in Australia, chi in Canada, ma la verità è che nessuno lo sa di preciso. Dopo la fuga, il padre, il fratello e la figlia di quindici anni sono stati arrestati dai servizi segreti. Di loro si sono perse le tracce.

Ormai siamo rimasti solo noi, nel bar di Monti. Da un cenno del cameriere capisco che il locale sta per chiudere. Gli altri tavolini sono stati già liberati da tazze, piatti, coppe, boccali e puliti con uno strofinaccio. Paghiamo in fretta e usciamo all'aria aperta. Fa freddo, una ventata pungente spazza la piccola piazza. L'autunno sta cedendo il passo all'inverno.

Camminiamo sui sampietrini, schiviamo i passanti che, sempre più radi, si affrettano verso casa. Gabriel sotto il suo casco di capelli bianchi mi appare ancora più magro e più anziano di prima. Ha un passo cadenzato, elegante. Sento la sua voce spuntare all'improvviso quando mi dice: "Durante la guerra d'indipendenza si diceva che i profughi eritrei fossero sei-settecentomila. Adesso siamo arrivati a cifre simili. Scappano dai due ai tremila eritrei al mese".

La gente fugge perfino in Etiopia, aggiunge sfiorandomi il braccio. Fugge nel paese degli ex occupanti. Nel 2012 erano settantatremila i profughi eritrei presenti nel paese "nemico", e questo è uno smacco terribile per il regime che ha fondato la sua intera esistenza su una guerra senza fine contro lo stato limitrofo. "Nel Sudan ce ne sono molti di più, parecchi sono fuggiti anche in Uganda e Tanzania. E poi ovviamente c'è l'Europa, solo in Svizzera ci sono ventimila eritrei. In Italia sono di meno. Ormai solo i disperati si fermano qui, gli eritrei cercano di andare sempre da qualche altra parte."

Siamo arrivati alla fermata della metro A, che spunta come una grotta in piazza della Suburra, un budello incistato sotto via Cavour. Guardo la saracinesca ad angolo, quella di una vecchia sala da barba, proprio di fronte all'ingresso della metro. Inizia a piovere, e cerco in fretta l'ombrello che ho da qualche parte nella borsa.

Gabriel accenna un sorriso, il corpo magro stretto in un

cappotto scuro. Deve correre dall'altra parte della città. Ma prima di lasciarmi mi dice ancora, riprendendo il discorso da dove l'aveva lasciato: "Penso che si stia aprendo uno spiraglio, per chiunque voglia riprendere a fare opposizione. O il regime cade ora, o non cadrà più per molto tempo".

Annuisco. Ma come oppormi dall'interno a uno stato totalitario? Come mettere in piedi nuovi gruppi, quando tutti gli altri sono stati arrestati, torturati, seviziati, uccisi? E a che servono i gruppi della diaspora, i ragazzi come Syoum, se poi non puoi mettere piede in Eritrea?

Vorrei chiedere ancora tutto questo a Gabriel. Sentire ancora le sue risposte pacate. Ma ha già superato il tornello della metro e si è infilato in una delle ultime carrozze. Partito il treno, una folata d'aria malsana mi accarezza la faccia.

8.
Fantasmi coloniali

Mi dice Yvan Sagnet, camerunense che vive in Italia da una decina d'anni: "Questi viaggi sono una conseguenza del colonialismo italiano, anche se è finito molto tempo fa".

"Perché?" gli chiedo.

"Perché a differenza dell'Africa occidentale, dove c'erano i tedeschi e i francesi, gli italiani non hanno lasciato uno stato. Alla base delle tragedie del Corno d'Africa c'è il vuoto istituzionale creato in Somalia o in Eritrea. La decolonizzazione distorta, le nuove dittature, l'integralismo, l'emigrazione di massa nascono da qui. Le colpe italiane sono pari a quelle dei belgi."

Nell'agosto del 2011, Yvan è stato tra i portavoce del primo sciopero dei braccianti stranieri impiegati nelle campagne del Sud Italia nella raccolta di pomodori e angurie in condizioni prossime alla schiavitù. Per due settimane a Nardò, nel cuore del Salento, cinquecento lavoratori hanno incrociato le braccia e sfidato le minacce dei loro caporali. Si sono rifiutati di raccogliere frutta e verdura per una paga da fame, anche se questo voleva dire rimanere senza un soldo in tasca, e rischiare di non essere più chiamati a lavorare in tutta la zona.

Sono tra i pochi bianchi che hanno seguito la lotta dei braccianti africani fin dall'inizio. Mi ha sorpreso la loro determinazione: quegli uomini provenienti da diversi paesi africani erano pienamente consapevoli di condurre una battaglia che quasi sicuramente sarebbe finita con una sconfitta. Erano consapevoli che sarebbero andati a sbattere contro il muro di gomma delle complicità e delle connivenze che da sempre regolano lo sfruttamento del lavoro nei campi. Eppure lo hanno fatto per un sussulto di dignità. Prima di ogni altra cosa, a muoverli è stato un senso innato di giustizia.

Sulla calda estate del 2011 Yvan ha scritto un libro che ho avuto la fortuna di curare. Abbiamo trascorso insieme interminabili pomeriggi, intorno al tavolo della cucina della casa in cui allora abitava, per riordinare la sua esperienza e trovare le parole per narrarla.

Lavorando sul testo, che è stato poi pubblicato con il titolo *Ama il tuo sogno*, ci siamo spesso interrogati sulla percezione che hanno dell'Africa gli africani che vivono in Europa. È stato proprio lui a farmi capire quanto nella recente emigrazione siano importanti le figure di Nelson Mandela, Thomas Sankara e Patrice Lumumba. Lo sono state anche per i raccoglitori di angurie e pomodori di Nardò.

Quei lavoratori provenivano da paesi africani molto diversi tra loro. Parlavano lingue diverse, professavano religioni diverse. Un nucleo consistente proveniva dalla Tunisia, un altro dal Burkina Faso, un altro ancora dal Sudan. Gruppi più piccoli da almeno altri dieci paesi, tra cui il Camerun di Yvan. Non erano venuti in Italia tutti nello stesso istante. C'erano braccianti che lavorano in quelle stesse contrade agricole da almeno vent'anni. C'erano operai licenziati dalle fabbriche del Nord aggredite dalla crisi, che avevano deciso di ricominciare dal lavoro nei campi. E c'erano anche migranti arrivati a Lampedusa qualche settimana prima, dopo essere fuggiti dalla Libia dilaniata dalla guerra.

Per un popolo così frastagliato e diviso secondo molte linee di frattura, l'unica fonte di unità era costituita proprio da quei modelli: Nelson Mandela, Thomas Sankara, Patrice Lumumba.

Un pomeriggio, accovacciati davanti ai nostri appunti, Yvan mi ha ricordato il celebre discorso pronunciato da Lumumba il giorno in cui il Congo ottenne l'indipendenza. Era il 30 giugno 1960 e Lumumba disse: "Chi potrà mai dimenticare che a un nero ci si rivolgeva con il *tu*, non perché fosse un amico, ma perché il *voi* era riservato solo ai bianchi?".

La decolonizzazione si è nutrita di questi simboli che oggi vengono illuminati da una nuova luce. Eppure, visto dalla riva nord del Mediterraneo, il colonialismo è un mostro riposto con cura nello sgabuzzino. Ancora più degli altri, quello italiano è stato totalmente rimosso. Rimane un oggetto sconosciuto, sebbene quelle che un tempo furono le "nostre" colonie tornino a parlarci riempiendo di ragazzi e ragazze i barconi che solcano il Mediterraneo.

Dopo aver letto *Roma negata*, il libro di Igiaba Scego sui monumenti, le targhe, le lapidi e i palazzi della capitale che ricordano il colonialismo, sono andato a vedere l'obelisco di Dogali. Sorge in mezzo agli alberi di via delle Terme di Diocleziano, tra la stazione Termini e piazza della Repubblica. Ci sarò passato davanti migliaia di volte, eppure non ci avevo mai fatto caso. Capita, vivendo in una città densa di chiese, cippi, steli, statue e mosaici come Roma. Ma l'indifferenza nei confronti di quel tetro mausoleo che spunta in una delle zone più congestionate d'Europa e si allunga per diversi metri verso il cielo, è forse il risultato di qualcosa di più profondo, come scrive Igiaba. Il libro è un viaggio nelle pieghe di Roma alla ricerca delle tracce del passato coloniale. Igiaba è nata in Italia da genitori somali, Roma è la sua città. È la città in cui è cresciuta, ha studiato, è diventata una scrittrice e ha iniziato a riflettere su ciò a cui generalmente diamo il nome di identità. Ho parlato con lei un'infinità di volte di queste rimozioni, del loro peso, e di ciò che comportano per una città che sembra sprofondare in un eterno presente.

La dimenticanza dell'Africa orientale italiana, del colonialismo e dei crimini del fascismo, dei massacri perpetrati in Somalia, Etiopia ed Eritrea, oltre che in Libia, è alla base del mito posticcio degli "italiani brava gente". Come se solo gli italiani, a differenza degli altri popoli occidentali, non si fossero mai macchiati di efferatezze, stragi, torture...

Il paradosso è che la rimozione del passato coloniale riguarda esattamente quelle aree che a un certo punto hanno cominciato a rovesciare i propri figli verso l'Occidente. Sono le nostre ex colonie uno dei principali ventri aperti dell'Africa contemporanea. I luoghi di partenza di molti viaggi della speranza sono stati un tempo cantati ed esaltati come suolo italiano, sulle cui zolle far sorgere l'alba di un nuovo impero.

Così, un pomeriggio d'agosto, mi ritrovo davanti alla stele di Dogali, a cui Igiaba dedica diverse pagine del suo libro. Sono curioso di vederla per la prima volta con i miei occhi.

Fa caldo, l'asfalto delle strade è una melma incandescente. Roma appare svuotata, come se gli unici abitanti che si aggirano fra i palazzi, le fontane e le piazze fossero i turisti accaldati e gli immigrati che sostano nelle strade intorno alla stazione.

Fa caldo anche sotto il monumento costruito per commemorare l'eccidio di Dogali, una sorta di Little Big Horn italiana avvenuta in Eritrea il 26 gennaio 1887, quando una colonna di circa cinquecento soldati, con ascari al seguito, fu assaltata e sterminata dalle forze etiopiche. L'eccidio fu causato da un misto di pressapochismo, supponenza, impreparazione, cialtroneria, caratteristico dell'occupazione italiana del Corno d'Africa. I vertici militari non avevano dato il giusto peso alle forze locali, e queste colpirono, non appena ebbero l'occasione, un reparto distaccato guidato dal tenente colonnello Tommaso De Cristoforis che provava a raggiungere il forte italiano di Saati, già attaccato il giorno precedente. I soldati cercarono una via di fuga su una collina a venti chilometri da Massaua. Ma, asserragliati da tutti i lati, finirono presto le munizioni e vennero sterminati.

L'Italia aveva raggiunto da poco l'unità e l'indipendenza nazionale. Il Nord e il Sud erano due realtà sostanzialmente separate, il paese era ancora la somma di ex staterelli divisi tra loro, rimasti a lungo succubi delle potenze straniere. Ma mentre l'unione effettiva del paese era ancora tutta da costruire, il giovane stato si lanciò in una politica dissennata di penetrazione in Africa che era l'esatta negazione dello spirito originario del Risorgimento. I dominati di ieri, coloro i quali avevano impiegato ben tre guerre d'indipendenza, la Spedizione dei Mille e una serie infinita di moti repressi nel sangue per ottenere la propria libertà, ora volevano le loro colonie. Le volevano spasmodicamente per elevarsi al rango della Francia e dell'Inghilterra.

Dopo l'eccidio di Dogali, lo shock collettivo fu enorme. L'Italia trasformò quella brutta pagina di disorganizzazione politica e militare in un momento di alto eroismo nazionale, il lutto in revanscismo, e affidò al monumento che ora sorge in via delle Terme di Diocleziano il suo ricordo.

Anche a molti anni di distanza, nel pieno degli anni trenta in cui l'Etiopia fu gasata con l'iprite e l'Eritrea si riempì di campi di concentramento per gli oppositori, ricordare quella battaglia combattuta su una collina a pochi chilometri da Massaua voleva dire edulcorare i primi passi del colonialismo e fare dei conquistatori le vittime di un agguato, quali pure erano stati i soldati mandati al macello dal loro comando. Significava trasformare gli occupanti in eroi senza macchia, collocati a metà strada tra l'epopea garibaldina e le trincee della Prima guerra mondiale.

In realtà il mausoleo, realizzato già nel giugno 1887 dall'architetto Francesco Azzurri, fu inizialmente collocato nella vicina piazza dei Cinquecento, l'enorme capolinea degli autobus che sorge davanti alla stazione Termini e si chiama così in onore dei caduti di Dogali. Ma poi, nei primi anni del regime fascista, fu spostato qualche centinaio di metri in direzione nord-ovest, verso piazza della Repubblica. Ed è lì che è rimasto.

Sotto una stele egizia del Tredicesimo secolo avanti Cristo recuperata dagli archeologi a Campo Marzio è stato costruito un basamento funebre. Sopra la stele è stata montata una stella di bronzo. Sotto, nella parte più alta del basamento, c'è una lapide con la scritta "Agli eroi di Dogali". I nomi dei soldati italiani caduti nell'agguato sono incisi su lastre bronzee affisse ai quattro lati del mausoleo. Il nome del tenente colonnello Tommaso De Cristoforis è scritto con caratteri a stampatello, più grandi di quelli riservati agli altri. Il basamento poggia su quattro cubi di marmo da cui spuntano le facce di bronzo dei leoni. È circondato da una scalinata circolare che affonda nell'erba di un'aiuola spelacchiata. La distanza tra l'erba e la stella in cima è di diciassette metri esatti.

Francamente, se non avessi letto il libro di Igiaba, non mi sarei mai fermato a fissare l'obelisco di Dogali.

Lo esamino a lungo. È un monumento mortuario ed enfatico, grigio, marrone, nero, di un nero assoluto, reso ancora più lugubre dalla luce agostana. Ma ciò che più mi sorprende è la totale indifferenza della gente che vi cammina o vi staziona intorno. Un'indifferenza che, col passare dei minuti, mi appare paradossale.

Sdraiati sui gradoni alla base della stele ci sono sei, sette ragazzi africani. Sono molto giovani. Ingannano il tempo fumando, parlottando tra loro. In questo budello di verde tra due piazze trafficate del centro di Roma regna il degrado. Cartacce, tanfo di urina, aiuole malmesse, bottiglie di vetro e di plastica lanciate alla rinfusa. Alle spalle del monumento bancarelle vecchissime vendono vecchi libri e vecchi film, molti dei quali porno. Davanti alle aiuole, altri ragazzi, sempre stranieri, improvvisano una partita di pallone. Ma dopo tre, quattro calci sgraziati contro un Supertango blu che schizza da una parte all'altra smettono. L'afa è insopportabile. Così tornano a bivaccare ai bordi di una panchina.

Poco dopo, alla base del monumento si siedono tre ragazzini. Sembrano maghrebini, parlano arabo. Uno dei tre rolla una canna. Via delle Terme di Diocleziano è uno di quei sottomondi che gravitano intorno alla stazione Termini, in cui si mescolano varie marginalità. O meglio, in cui tante vite sembrano precipitare verso una fluida, plurale marginalità sociale. Sembra un luogo senza tempo in cui si bighellona e si contratta, si litiga e si beve... Nessuna delle persone che si è arenata davanti ai leoni e alle lapidi sa qualcosa della storia del monumento, di ciò che commemora, di ciò che nega, di ciò che rimuove.

Mi chiedo se in questa indifferenza ci sia una forma di nemesi, una sorta di compensazione dei torti del passato, mentre risalgo verso piazza dei Cinquecento. Ho parcheggiato la macchina in una traversa di via Giolitti.

Sotto i portici a lato della piazza la vita scorre frenetica. Ci sono tanti negozietti di immigrati, kebabberie, phonecenter, tabaccai, baretti. Questo angolo a ridosso di Termini è un punto di ritrovo fondamentale per le tante comunità di migranti della metropoli. Punto di incontro, di passaggio, di arrivo. Molti provengono proprio dal Corno d'Africa, dall'Eritrea, dalla Somalia, dall'Etiopia, da quell'angolo di mondo rimosso dal nostro passato.

Ma qui c'è vita, tanto quanto ai bordi della stele di Dogali c'è apatia e degrado, come se gli effluvi del colonialismo italiano liberassero nell'aria qualcosa di velenoso e di purulento che si estende alle aiuole circostanti.

Il legame tra Roma e l'Eritrea, tra l'Italia e l'Eritrea nasce molto prima della strage del 3 ottobre 2013. Ma pochi, nel frastuono di parole e immagini, interviste e notizie, hanno stabilito il nesso tra ieri e oggi, tra ex colonie e immigrazione recente, tra i mille volti dell'Africa italiana, di ciò che si pensava e raccontava come Africa italiana e in parte serba ancora il ricordo del passaggio dei colonizzatori, e i figli della lunga stagione del post-colonialismo.

Ora, davanti ai miei occhi, la rimozione oscilla tra un monumento sinistro di cui pochissimi intendono il significato e l'indolente frenesia che prende Roma ai fianchi. Ma forse è meglio così. A volte è meglio così, ripeto tra me e me, mentre il sole feroce d'agosto infuoca le macchine, l'asfalto, le bancarelle, il bianco sporco della facciata della stazione. Roma è talmente carica di cose, persone, fiumi e rigagnoli del proprio passato da assorbire e anestetizzare ogni trauma. Anche le pagine nere della sua storia. L'oblio è un brutto virus. Ma a volte è meglio l'oblio generato da questo limbo in cui si mescolano cinismo e innocenza che il ritorno della vecchia retorica e delle vecchie canzoni che celebrano la conquista di un posto al sole.

Si è acceso qualcosa dentro di me quando ho scoperto che alcuni dei campi di concentramento eretti negli ultimi anni da Isaias Afewerki per reprimere gli oppositori sorgono negli stessi luoghi dove erano disposti i vecchi campi di concentramento del colonialismo italiano.

In particolare nelle isole Dahlak, cinquanta chilometri al largo di Massaua, dove le galere italiane sono state prima riutilizzate dagli occupanti etiopici e in seguito dallo stesso regime militare del Fronte.

Il penitenziario di Nocra, una delle isole dell'arcipelago, fu attivo dal 1887 (proprio l'anno dell'eccidio di Dogali) al 1941, come ricorda Angelo Del Boca in *Italiani, brava gente?* Vi furono rinchiusi prigionieri comuni, ascari da punire, detenuti politici, oppositori e, dopo l'inizio della campagna d'Etiopia nel 1935, ufficiali e funzionari dell'impero di Hailé Selassié, perfino preti e monaci.

Sono pochissime le testimonianze sulle condizioni di vita carceraria nelle colonie, se si eccettua quella di un capitano della Marina militare, Eugenio Finzi, che le visitò nel 1902 e redasse un accurato rapporto destinato al ministero a Roma. La sua descrizione è impietosa: "I detenuti, coperti di piaghe e di insetti, muoiono lentamente di fame, scorbuto, e di altre malattie. Non un medico per curarli, 30 centesimi pel loro sostentamento, ischeletriti, luridi, in gran parte han perduto l'uso delle gambe ridotti come sono a vivere costantemente incatenati sul tavolato alto un metro dal suolo".

Con ogni probabilità, negli anni successivi, le condizioni si sono ulteriormente aggravate. Chiunque provasse a fuggire da un tale inferno veniva immediatamente fucilato.

Quando ho letto il rapporto del capitano Finzi, ho pensato a quello a cui mi aveva accennato Syoum, nel corso di una delle nostre chiacchierate, sulla detenzione che oggi subisce nelle isole Dahlak chi si sottrae alla leva permanente e viene sorpreso a fuggire dal paese. Oltre un secolo dopo il rapporto del capitano, i detenuti sono lasciati a marcire in container sotto il sole cocente. Ischeletriti, luridi, affamati. L'idea di fare di Nocra e delle isole limitrofe una gabbia infernale si è tramandata nel tempo, da regime a regime.

Ma non è l'unica prigione del regime di Afewerki. Non ci sono solo i campi dei vecchi occupanti riutilizzati dal nuovo governo. L'Eritrea contemporanea è una sorta di arcipelago gulag. Lo diceva anche Gabriel. Una società il cui parametro è il carcere finisce presto per aver bisogno dei gulag come i canali di scolo in cui far defluire tutte le vite scomode. È accaduto in Unione Sovietica. È accaduto in molte dittature che volevano creare un nuovo ordine.

Tra i campi più frequentemente menzionati dai rifugiati ci sono Wi'a, Adi Abeto, Eiraeiro, Ala Bazit, Mai Dima, Track B, oltre alle solite isole Dahlak, alle tante prigioni di Asmara e ai grandi centri per le reclute come Sawa, un luogo di contenimento a metà strada tra una caserma e un carcere.

Tuttavia, i gulag veri e propri sono soprattutto i primi, in particolare Track B e Wi'a. Il primo sorge vicino all'aeroporto, oltre la periferia di Asmara, e può arrivare a contenere migliaia di detenuti: veterani del Fronte popolare passati all'opposizione, coscritti, militanti islamisti, gente accusata di aver voluto abbandonare il paese. La metà delle celle è costituita da container di metallo lasciati ad arroventarsi sotto il sole, le altre sono scavate sotto terra. Il gulag di Wi'a sorge invece a una trentina di chilometri a sud di Massaua, in uno dei luoghi più caldi del pianeta, e anche questo in passato era stato un campo di concentramento del colonialismo italiano. Ora vi sono rinchiusi i disertori e gli appartenenti a sette religiose non riconosciute ufficialmente dal regime. Nel giugno del 2005, centosessantuno detenuti che avevano tentato di evadere dal campo sono stati giustiziati.

Recupero queste informazioni da uno dei rarissimi libri che sono stati scritti sull'Eritrea contemporanea: *The Lasting Struggle for Freedom in Eritrea* del norvegese Kjetil Tronvoll.

Oltre alle condizioni di vita nei gulag, non dissimili da quelle narrate dal capitano Finzi, Tronvoll racconta nel dettaglio tutte le forme di tortura praticate dagli aguzzini di Afewerki: i vari modi di legare e appendere un detenuto fino a fargli perdere coscienza, i vari modi di percuotere con una mazza le membra e frustare con i cavi elettrici i corpi nudi. A ogni pratica corrisponde un nome.

Molti di questi nomi coincidono tristemente con quelli che mi ha elencato un ex torturato delle prigioni eritree. Non immaginavo che il sadismo dei carcerieri potesse arrivare a tanto. Non lo immaginavo fino a quando alla pratica e al nome relativo non si è aggiunto, nelle mie orecchie, il racconto sommesso di chi quelle pratiche le aveva subite. Me le ha raccontate con uno strano sorriso all'angolo della bocca, quasi provasse imbarazzo per tutto quello che erano stati capaci di infliggergli.

Ho conosciuto R. quasi per caso, quando ho iniziato a cercare in giro per Roma gli eritrei arrivati da poco che volessero raccontare qualcosa degli sbarchi più recenti. R. era arrivato dalla Libia nell'agosto 2013, due mesi prima del grande naufragio, su una nave altrettanto carica di connazionali, ma meno affollata di quella che si è rovesciata al largo dell'Isola dei Conigli. È stato lui a parlarmi della detenzione e delle torture subìte.

Molti degli eritrei che sbarcano in Europa hanno subìto lunghi periodi di detenzione e torture. Ma in genere non ne vogliono parlare. È difficile che un ex carcerato racconti cosa ha vissuto.

R. invece aveva bisogno di farlo, come se ripetere tutto, ripercorrere ogni momento passato in cella, potesse essere una forma di redenzione. Voleva svuotarsi, a patto che – cosa che ormai non mi meravigliava più – il suo nome non venisse menzionato per esteso. L'ho incontrato in un posto che mi ha pregato di non rivelare. E io manterrò la promessa.

R. è un evangelico, ma appartiene a una chiesa minore, non riconosciuta dal governo eritreo, e da un certo punto in poi perseguitata per la sua ostilità al regime. Lui e un altro centinaio di persone sono stati arrestati direttamente in chiesa, ad Asmara, e portati nel famigerato Track B. Nel ricordo di R. il Track B è un posto tremendamente caldo, all'interno del quale i corpi reclusi non hanno alcuna possibilità di refrigerarsi. La cella in cui è stato rinchiuso per la prima volta era dieci metri sotto terra. "La finestra era chiusa, non si vedeva la luce fuori. C'era solo un piccolo gabinetto, e basta."

Lì R. è stato legato "come una palla": i polsi annodati tra loro dietro la schiena, e a loro volta uniti alle caviglie, dopo avergli fatto piegare le ginocchia. In questa assurda posizione, riverso sul pavimento, il terrore sul volto, è stato percosso con i fili elettrici e con l'acqua bollente.

R. parla un inglese scolastico, molto comprensibile, ma il suo racconto è fatto di continui rimandi, di continui squarci che si aprono, di frasi che si interrompono per lasciare il posto ad altre frasi, e magari riprendere quando meno te lo aspetti dopo parecchi minuti. È un fiume che scorre lentamente e si dipana in mille rivoli. Indossa una giacca a vento color verde oliva, su una camicia di lana chiusa fino all'ultimo bottone del colletto, e pantaloni chiari. Avrà quarant'anni, non di più. Basso, stempiato, i baffi ben tagliati. Tutto sembra curato in lui, dall'abbigliamento alla parlata, fino al modo in cui intervalla con pause ricercate il flusso dei ricordi, provando a dare ordine alle sue diramazioni.

Il principale guaio delle prigioni eritree, dice subito, è che non sai quando esci. Sei detenuto senza processo, senza sapere precisamente perché sei lì dentro, e non sai quando potrai venirne fuori. Nel bene e nel male sei soggetto all'arbitrio dei tuoi carcerieri.

La prima volta che è finito nel Track B, R. è rimasto dentro solo sei mesi. Era il 2000. Ma poi c'è tornato altre tre volte. Durante uno dei periodi di detenzione successivi è stato trasferito nella prigione di Port Assab.

Il fatto di essere stato schedato una volta come appartenente a una confessione invisa ha fatto di lui un soggetto in perenne libertà vigilata. La cosa paradossale è che R. ha continuato a essere un cittadino sospetto, e quindi soggetto a innumerevoli ricatti, anche nei mesi e negli anni in cui come soldato è stato costretto alla leva perenne. Difatti è da soldato che è stato arrestato le volte successive, passando direttamente dalla caserma a un centro di detenzione militare, e da qui a un carcere vero e proprio.

Le cose si aggravano quando, dopo essere stato trasferito ad Assab, decide di evadere insieme a un amico. Preparano la fuga nei minimi dettagli. Una sera comprimono i polmoni, si rinsecchiscono come contorsionisti e riescono a passare attraverso la piccola finestra della cella che dà sul cortile interno. Eludono il controllo delle guardie e scavalcano il muro di cinta, ma una volta fuori non sanno come fare ritorno ad Asmara. Hanno paura di essere scoperti, non sanno di chi possono fidarsi. Dopo aver camminato per chilometri nel buio della notte, chiedono un passaggio a un camionista che li vende alla pattuglia del primo posto di blocco lungo la strada.

Riportato al Track B, da evaso riacciuffato, le sue condizioni di prigionia si fanno subito molto più dure.

"Mi hanno pestato per ore. Poi mi hanno ordinato di chiamare al telefono i miei più cari amici. Chi rispondeva veniva subito arrestato e portato al Track B. Hanno subìto il mio stesso trattamento."

Nel corso del nuovo arresto, R. sperimenta altri due tipi di tortura. Il primo prevede di essere tirato su con una corda annodata ai piedi e appeso a un albero a testa in giù, fino a sfiorare il terreno con le dita. È una posizione insostenibile, il sangue ti gonfia la testa e dopo un po' non riesci più a respirare. A quel punto allentano la presa e ti lasciano cadere faccia a terra, giusto il tempo di farti rifiatare e di ritirarti su per i piedi.

La seconda forma di tortura si chiama *Gesù Cristo*. Prevede di attaccare la corda all'altezza dei bicipiti dopo aver unito le braccia dietro la schiena e di sollevarla fissandola al ramo del solito albero. Le braccia vengono strattonate da dietro, ma non è tanto il dolore dei muscoli a spaccarti in due, quanto la pressione esercitata sui polmoni. In breve non riesci più a respirare, e questo riproduce una lenta agonia simile alla crocefissione. Da qui il nome sinistro.

Tuttavia non vogliono ammazzarti, dice R. Vogliono solo piegarti, vogliono ucciderti dentro, sottometterti completamente al loro volere. Anche in questo caso, prima di farti stramazzare, allentano la presa e ti fanno cadere sul terreno con la bocca spalancata.

Nel flusso di parole in inglese del suo racconto compaiono di colpo alcuni termini in italiano. *Ferro. Otto.* E allora capisco che nel gergo carcerario eritreo ci sono delle pratiche di tortura che hanno ancora il nome dato loro dai vecchi occupanti.

Le parole della colonia non sono mai innocue, anche quando a prima vista lo sembrano.

Ferro. Otto.

Ferro sono le manette. E indicano, per estensione, una pratica in cui le mani sono bloccate con i "ferri" dietro le spalle, fino a indolenzirsi, e il corpo lasciato in balia delle percosse.

Otto indica invece la forma che assume il corpo nel momento in cui le braccia sono legate dietro la spalla all'altezza dei gomiti. Per quanto l'abbia chiesto più volte a R., non sono riuscito a capire la differenza con l'altra pratica chiamata *Gesù Cristo*. Probabilmente in questo caso non si viene issati fino a soffocare. Le guardie del regime si limitano, ancora una volta, a pestare con forza un corpo immobilizzato.

Ascoltando R. mi sono tornati in mente gli occhi di Shorsh mentre accennava agli anni di detenzione nelle carceri irachene. Le carceri e i carcerieri, in fondo, si somigliano tutti. Ciò che cambia da paese a paese, spesso con incredibili variazioni e sfumature, sono i metodi escogitati dagli aguzzini per imporre le proprie sofferenze. Più quei metodi sono economici, facendosi prassi del dolore, più l'ingegno che li elabora insegue forme ritualizzate.

È quello che è avvenuto, e continua ad avvenire, nelle prigioni eritree.

L'ultima volta che è stato rilasciato, R. ha capito che doveva abbandonare il paese. Se non fosse scappato, sarebbe rimasto a vita una pedina nelle mani della polizia e dei servizi: costretto a denunciare questo o quell'altro tra i suoi conoscenti, per evitare di tornare in cella; o magari costretto a vendersi questo o quel nome senza avere neanche la certezza di sfuggire alla detenzione nelle celle a dieci metri sotto terra del Track B.

Così ha pagato tremila euro per raggiungere il Sudan nascosto nel bagagliaio di un'auto. Ha vissuto per alcune settimane in un campo profughi, poi ha capito che anche lì era poco sicuro. Anche il campo era pieno di agenti eritrei che facevano il doppio gioco. Meglio girare alla larga, meglio andare via un'altra volta.

Approdato a Khartoum, vi rimane alcuni anni, ma poi decide di raggiungere la Libia per imbarcarsi verso l'Europa. Nel frattempo le sue condizioni di salute si aggravano. Anni di prigione in mezzo al caldo, la polvere e le privazioni gli hanno causato un'asma bronchiale.

"Sono arrivato il 7 agosto 2014. Se guardi il video della barca arrivata quel giorno, ci sono anch'io. L'asma non mi lasciava in pace. Per due giorni in mare avevo usato lo spray, ma poi è finito ed è stata dura. E allora l'asma ha vinto. Quando sono arrivato mi hanno portato subito in ospedale. Non ricordo precisamente dove. Ricordo solo che mi hanno trasferito lì di notte. Non ragionavo più."

A differenza della gran parte degli eritrei che decidono di proseguire il viaggio verso il Nord Europa, R. ha deciso di fermarsi a Roma per un po'.

Un pomeriggio, alcune settimane dopo il nostro primo incontro, gli ho proposto di andare a vedere insieme la stele di Dogali. Di andare insieme a vedere il monumento che ricorda l'Eritrea italiana, le origini del colonialismo.

È rimasto sorpreso dalla mia richiesta, non sapeva neanche ci fosse una cosa del genere a Roma. Ma i racconti di suo nonno, che leggeva quasi ogni giorno i quotidiani scritti in italiano, se li ricordava bene. Non erano sempre aneddoti piacevoli: era stato lui, per esempio, a dirgli che le donne di servizio impiegate nelle case dei bianchi erano costrette a prostrarsi fino a terra davanti ai loro padroni. Ed era stato sempre lui a parlargli degli ascari, i neri che avevano combattuto al fianco degli italiani nelle guerre coloniali, disprezzati dai popoli su cui avevano sparato, e disprezzati dallo stesso esercito in cui avevano prestato servizio.

Il passato italiano si era insinuato come un serpente nei palazzi, nelle strade, nei caffè di Asmara. Gli italiani più simpatici erano quelli rimasti arenati lì per anni, senza avere più rapporti con le loro città di origine. Sospesi, incantati, insabbiati. Testimoni di un crollo, quello del fascismo, di cui in fondo gli importava poco: erano rimasti a vivere là perché non avevano un altro posto in cui trasferire il proprio piccolo guscio. Camionisti, barbieri, piccoli commercianti... Benché non abbiano mai imparato una parola di tigrino, molti sono rimasti ad Asmara e Massaua fino a farsi assorbire dal territorio. Alcuni hanno trovato una nuova compagna e si sono costruiti una nuova famiglia, altri sono rimasti soli fino a spegnersi nella vecchiaia. Altri ancora non hanno lasciato alcuna traccia del proprio passaggio. La colonia è anche un intreccio di echi lontani, appena percettibili.

Loro erano simpatici, mi ha detto R. Simpatici perché apparivano totalmente sconfitti. Ho insistito allora affinché vedesse uno dei simboli dei vincitori, perché vedesse la stele di Dogali, e commentassimo insieme quello strambo monumento che non interessa più a nessuno, ma R. ha declinato più volte la mia richiesta, adducendo innumerevoli impegni. Poi è scomparso, tanto che non ho avuto più modo di ricontattarlo.

Non ho mai capito perché non sia voluto andare a via delle Terme di Diocleziano, perché non l'abbia voluta vedere. Forse non gliene fregava niente, la percepiva come una storia del tutto estranea. O forse quella stele gli riportava alla mente una versione distorta delle cose del passato con cui non voleva avere più niente a che fare. O forse, più semplicemente, aveva davvero innumerevoli impegni, come magari organizzare il viaggio per lasciare l'Italia e ripartire ancora una volta per un Nord ancora più a nord, benché per un momento mi avesse confidato che Roma poteva diventare davvero la sua casa.

La stele è ancora lì. L'ultima volta che ci sono passato davanti, sui gradoni erano sedute delle giovani turiste, i capelli biondi, la pelle bianchissima, i sandali di cuoio ai piedi.

Il mondo coloniale è un mondo scisso in due, scriveva

Frantz Fanon. Il confine è indicato dalle caserme e dai commissariati di polizia. Ma poi la Storia si è messa in moto. I campi lasciati vuoti dai colonizzatori sono stati occupati dagli ex colonizzati che hanno assimilato le tecniche dei precedenti conquistatori. Spesso le hanno estremizzate, le hanno estese. L'Eritrea non fa eccezione: dapprima l'occupante etiopico, poi i militari del Fronte hanno costituito un nuovo potere spietato.

Come se la Storia fosse davvero un enorme banco da macellaio in cui si finiscono per riprodurre gesti, tic mentali, azioni, rituali, già segnati dai vincitori di ieri. Come se ogni liberazione, alla fine, non conducesse ad altro che a impugnare un coltello e a stare dalla solita parte del banco.

Il colonizzato è un perseguitato che sogna continuamente di diventare persecutore, scriveva ancora Fanon. Forse lo diceva con uno spirito diverso dal mio, giustificando la violenza che inevitabilmente sgorga da ogni rivoluzione, ma aveva ragione su un punto essenziale: l'odio è un sentimento mimetico. Tuttavia, passato l'istante della rivolta, esauritasi l'euforia del tumulto e della lotta, quella violenza diventa istituzione, guscio chiuso, ansia di potere, e finisce per stritolare o espellere da sé gente come Gabriel, Syoum o R. Come i ragazzi e le ragazze che affollano i barconi.

I viaggi continueranno. Non possono che continuare se le cose non cambiano. A volte mi sembra di comprendere la diffidenza di R. verso l'obelisco di Dogali. Il suo non è un desiderio indistinto di oblio, ma una sorta di rifiuto. Rifiuto dei fantasmi coloniali, sia nostri sia suoi. Rifiuto di una storia che si ripete e della retorica che la celebra. Rifiuto della morte. Chi non ha gli occhi, il corpo e la mente sgombri, difficilmente potrà guardare con leggerezza quel brutto monumento che sprofonda tra i rifiuti e le aiuole spelacchiate.

9.

Le leggi del viaggio

1. Non mettersi mai in viaggio con fratelli, mogli, fidanzate, genitori.

2. Condividere solo con gli amici più stretti, una o due persone, l'intenzione di partire.

3. Il giorno della partenza non salutare le persone care per non rendere ancora più dura, se non impossibile, la partenza.

4. Avere disponibilità di soldi, dal proprio paese o da altri parenti all'estero.

5. Avere una forte motivazione che ti spinge a partire.

6. Avere un forte autocontrollo durante il viaggio.

7. Avere molta pazienza soprattutto con le altre persone, nelle lunghe attese, negli imprevisti.

8. Saper scegliere, quando è possibile, gli intermediari.

9. Sapersi mettere nelle mani di qualcuno senza mai fidarsi ciecamente.

10. Poter contare sull'aiuto di un amico speciale con cui si è partiti, o di cui si è fatta la conoscenza durante il viaggio, e sulla cooperazione all'interno di un ristretto gruppo di persone che si affratellano.

11. Essere molto cauti e non interferire in nessuna faccenda che ti possa mettere in pericolo.

12. Avere fortuna.

13. Avere la forza di decidere, la capacità di fare una scelta e seguirla. Non essere indeciso davanti alle scelte fatte.

14. Avere determinazione e volontà.

15. Saper prevedere quello che può succedere.

16. Essere pronto a qualsiasi eventualità, anche la più terribile.

17. Mantenere viva la convinzione del *perché* del proprio viaggio.

18. Non lasciarsi intrappolare e confondere dai *perché* nelle situazioni disperate: "perché proprio a me?", "perché questa ingiustizia?", "perché questa violenza?", "perché non posso vivere in pace?", "perché sono finito qui?".

19. Avere immediatamente chiara la risposta a questi *perché*: "perché non potevo più restare", "perché non posso tornare", "perché ho cominciato e devo andare fino in fondo", "perché forse questo tempo passerà".

20. Mantenere saldo il proprio obiettivo finale per non perdersi nelle difficoltà.

21. Avere coraggio.

22. Mantenere viva non la speranza, ché in tante situazioni è persa, ma la capacità di uscire fuori dalle situazioni, passo dopo passo, momento per momento.

23. Per chi ha fede: pregare ogni notte per ritrovare un po' di pace interiore.

24. Non avere paura di chiedere, essere consapevoli dei propri diritti anche quando vengono brutalmente negati, mantenere la propria dignità a tutti i costi.

25. Per chi è timido, pauroso, riservato: sconfiggere la paura di prendersi con determinazione, e anche con rabbia, ciò che gli spetta.

26. Diventare saggiamente egoisti per aiutare se stessi, non necessariamente contro gli altri, ma per darsi una chance di sopravvivenza in più.

27. Adattare il proprio carattere e spirito alla situazione, sapersi imporre quando è necessario.

28. Non guardarsi indietro.

Le ventotto "leggi del viaggio" sono state scritte da Sinti e Dag, due etiopi rifugiati che vivono a Roma. Prima di partire da Addis Abeba non sapevano che avrebbero dovuto sottostarvi. Lo hanno scoperto solo in seguito, settimana dopo settimana, mese dopo mese, frontiera dopo frontiera, e quando hanno avuto la tranquillità per farlo, dopo il loro arrivo in Europa, le hanno appuntate sulle pagine di un quaderno a righe. Hanno pensato che fosse la cosa più importante da fare per mettere in guardia quelli che sarebbero partiti dopo di loro.

È stato Marco a farmele leggere, un giorno che ci siamo incontrati. Volevo raccontare anche a lui la storia della stele, e di R. che non aveva voluto vederla. Sinti e Dag le avevano scritte qualche giorno prima.

10.

Il grado zero della violenza

Il 3 ottobre 2013 Behran si salva dal naufragio dell'Isola dei Conigli. Una volta in acqua non può fare altro che nuotare, mentre intorno tutto il mondo sembra essere avvolto dal gasolio. Ci mette più di due ore per raggiungere a nuoto la costa dell'isola. È tra i pochi che ci riescono, mentre tanti altri affondano tra le onde rese visciede dal carburante, o si lasciano andare aspettando i soccorsi.

Anche Behran è eritreo. Ha soli diciassette anni, ma se si guarda indietro, se guarda a ciò che ha passato negli ultimi tempi, se prova a intravedere il modo in cui il bandolo dei suoi giorni è andato dipanandosi fino a sfilacciarsi in mille punti, tutto appare offuscato. Le urla, le voci, il buio, il caldo, l'aria avvizzita si stringono in un unico vortice dai confini imprecisati.

Il suo viaggio è iniziato due anni prima, nel 2011. Ma appena uscito dall'Eritrea, appena approdato in Sudan, Behran non è rimasto in un campo profughi, non è andato a Khartoum, né si è messo in marcia per la Libia.

È stato subito sequestrato da una banda di rashaida, una tribù nomade di lingua araba, e rivenduto ad altri trafficanti di uomini. Di mano in mano, di sequestro in sequestro, Behran è stato portato in Sinai, al confine con Israele, insieme ad altri ragazzi e ragazzini eritrei con i quali era riuscito a lasciare il paese, e qui è stato vittima di atroci violenze. Abusi sessuali, sevizie, frustate, bruciature, ustioni, scosse elettriche, soffocamenti, finte esecuzioni…

Almeno dieci persone tra i sopravvissuti della strage del 3 ottobre erano state sequestrate e deportate in Sinai prima di approdare in Libia, e da qui fatte salire sul peschereccio stracarico che poi si è rovesciato davanti all'Isola dei Conigli. Sicuramente ce n'erano altre tra i morti.

Fino a qualche anno fa non avevo mai sentito parlare di quella che l'Unhcr, l'Alto commissariato dell'Onu per i rifugiati, ha definito "una delle crisi umanitarie meno documentate al mondo". Come tanti, non sapevo niente di quello che accade in Sinai. Salvo poche eccezioni, i giornali e le tv non se ne erano occupati.

Poi, all'improvviso, tramite le parole degli ostaggi che sono riusciti a scappare dai propri aguzzini, o a far pagare il riscatto da loro preteso, qualche frammento di quel rosario degli orrori è arrivato anche in Europa.

La prima persona a raccontarmi nel dettaglio come funziona l'industria dei sequestri nel Sinai è stata don Mussie Zerai, un prete cattolico che ha lasciato l'Eritrea più di vent'anni fa.

Don Mussie è un punto di riferimento per tantissimi eritrei, somali, etiopi che partono dal Corno d'Africa e cercano di raggiungere l'Italia dalla Libia sui barconi. Responsabile della pastorale per gli etiopi e gli eritrei in Italia e Svizzera, don Mussie è un'antenna sensibilissima delle continue e repentine trasformazioni dei flussi. Il suo numero di telefono è scritto sui muri delle prigioni libiche, nei capannoni dei trafficanti, sulle pareti dei cassoni dei camion che attraversano in lungo e in largo il deserto. C'è il suo numero, e accanto a esso – nelle lingue più svariate – il suggerimento di chiamarlo in caso di problemi.

Quando ho sentito per la prima volta la storia del numero di telefono scritto sulle pareti di mezza Africa e memorizzato su un numero indefinito di cellulari in viaggio, ho pensato che fosse un'esagerazione, quasi una fiaba, una delle tante che fioriscono in mezzo al disastro, al margine di viaggi finiti in un vicolo cieco. Invece, col tempo, ho toccato con mano che era una storia vera. Non solo don Mussie viene chiamato da gente appena sbarcata, o da chi si trova in mezzo al deserto o nel fondo di una prigione e decide di giocarsi in questo modo i propri contatti con il mondo esterno. Si calcola che, dal 2003, migliaia di persone siano state salvate a bordo di barconi alla deriva, per il semplice fatto che qualcuno dei migranti imbarcati aveva con sé il numero di don Mussie. Quando lo chiamano, avvisa immediatamente la Guardia costiera. E i barconi vengono intercettati prima di rovesciarsi.

Don Mussie accorre subito a Lampedusa dopo il naufragio del 3 ottobre e segue tutte le fasi successive, fino al trasferimento delle bare sulla terraferma, quando nessuno dei sopravvissuti o dei famigliari arrivato nell'isola è informato dalle autorità italiane sul modo in cui intendono procedere con le tumulazioni.

È tra i primi a capire che tra i sopravvissuti ci sono anche alcuni ex ostaggi del Sinai. Quella storia, la storia di Behran e di tanti come lui, la conosce da tempo. E da tempo ha deciso di impiegare gran parte delle proprie energie a denunciarla su un blog da lui fondato, zeppo di notizie, fonti, informazioni. Questa finestra su un mondo nascosto si chiama "Habeshia", ed è tra le migliori agenzie di stampa nate intorno ai flussi migratori.

Per lo stesso motivo per cui è un'antenna sulle mutazioni dei viaggi, e sulle cause che le generano, don Mussie è inviso a molti. È inviso ai neofascisti italiani: per CasaPound è una sorta di trafficante protetto dal Vaticano che ha come unica missione quella di far invadere l'Italia da milioni di profughi. Ma soprattutto è inviso al regime eritreo e ai suoi agenti sguinzagliati in Europa. Da quando le cause della fuga di migliaia di eritrei coincidono con l'involuzione della dittatura e lo sfasciume sociale generato dal malgoverno, non fa altro che ripetere che l'Eritrea è diventata una prigione a cielo aperto.

Zerai è continuamente oggetto di minacce, ed essere additato come suo amico, essere amico del "pretaccio", è fonte di rogne per molti eritrei della diaspora. Per questo motivo ha lasciato Roma e ora abita in Svizzera. Torna spesso qui, dal momento che non può non occuparsi dell'Italia, ma non ci vive più.

Ci siamo incontrati nel Vaticano, uno dei pochi luoghi che – immagino – ritiene protetto. Quando mi ha chiesto di vederci lì, gli ho confessato che, come la stragrande maggioranza delle persone che vivono a Roma, non sono mai stato alle spalle della basilica di San Pietro. Non sono mai entrato nello stato della Città del Vaticano.

"Fatti trovare alle tre davanti alla Porta di Sant'Anna in via di Porta Angelica," mi ha detto al telefono la mattina prima del nostro incontro.

Arrivo con qualche minuto di anticipo.

Don Mussie è già lì. Vestito di nero, la testa pelata e lo sguardo vigile, la barba folta sulle guance piene, prive di rughe, mi attende al varco tra i due mondi, mentre uno sciame di turisti si dirige verso i Musei Vaticani.

Oltrepassiamo velocemente il posto di controllo sotto le mura e saliamo a bordo di una vecchia macchina. Il motore è già acceso, al volante c'è un autista dall'età indefinibile con cui don Mussie scambia due parole in tigrino.

Costeggiamo il Palazzo apostolico, percorriamo una serie di cunicoli sotto gli edifici sedimentati nei secoli e spuntiamo alle spalle della basilica di San Pietro, tra giardini curatissimi. Visto dall'interno, il Vaticano sembra una cittadella seicentesca fortificata, la cui vita è regolata dalla timida presenza delle guardie svizzere. Un piccolo mondo ordinato, pulito, silenzioso, fuori dal tempo, lontano anni luce dalla Babilonia aggrovigliata, insofferente, trasandata, caotica che le sorge attorno e cinge le sue porte d'accesso.

Nel mezzo dei giardini prendiamo una stradina in salita e parcheggiamo nel cortile antistante il Collegio etiopico. Don Mussie mi dice che è stato fondato alla fine del Quattrocento per la formazione dei sacerdoti provenienti dal Corno d'Africa. Nella sede attuale, che sembra essere stata ristrutturata, ci sono una trentina di seminaristi. Solo due sono eritrei, gli altri sono etiopi.

Quando è a Roma, don Mussie alloggia qui. Nelle ore del primo pomeriggio il Collegio è privo di vita. Il sacerdote mi conduce nel refettorio a piano terra. Ci sono tre tavoloni di legno scuro disposti a staffa di cavallo e lunghe panche accostate alle pareti. Un ritratto del pontefice è affisso al muro accanto a una vecchia credenza.

Mi offre una tazza di tè e, senza perdere tempo, mi mostra una foto di Behran. Magro, i capelli folti, le braccia che spuntano scarne da una T-shirt bianca di qualche taglia più grande, Behran guarda fisso in macchina. La foto è stata scattata a Lampedusa ed è finita sulla copertina di un rapporto dettagliato sul traffico di esseri umani intitolato *The Human Trafficking Cycle: Sinai and Beyond*. Prima di Behran sono state migliaia le vittime di questo assurdo gorgo di angherie e soprusi.

Don Mussie squadra la foto insieme a me. Poi mi dice: "I primi a parlarmi dei rapimenti in Sinai sono stati dei ragazzi respinti dall'Italia nel 2010. Erano un gruppo di duecentocinquanta persone, erano stati rimandati in Libia. Hanno cercato altre vie e allora alcuni trafficanti gli hanno paventato la possibilità di emigrare in Israele. Si sono detti: se non possiamo entrare in Europa, almeno possiamo provare a raggiungere Israele. Ma arrivati in Sinai sono stati sequestrati. Ero in contatto con alcuni di loro dal momento del loro respingimento. Quando mi avevano chiamato dalla Libia, avevo cercato di tranquillizzarli. Poi mi hanno chiamato dal Sinai, non mi capacitavo del perché fossero finiti là. Quando hanno iniziato a raccontare le sevizie subite non riuscivo a crederci".

Come tanti, come me quando ne ho letto per la prima volta, anche Zerai ha pensato che i ragazzi che urlano e piangono al telefono stiano esagerando. Invece è tutto vero. Presto capisce che quanto accade in Sinai rasenta il grado zero della violenza, quello in cui l'orrore si sprigiona assoluto, indifferente, banale sui nudi corpi, a migliaia di chilometri di distanza dai riflettori che possano illuminarlo.

Negli ultimi anni, si è creato un indotto dei sequestri nella penisola alle porte di Israele. Le prime vittime sono i respinti da Israele o coloro i quali, provenendo dal Corno d'Africa, provano a entrarvi. Davanti al muro eretto dalle politiche di respingimento dello stato israeliano vengono catturati dalle bande criminali locali che adottano su larga scala un meccanismo semplice: chiamare i loro famigliari, in particolare i parenti già in Europa, e chiedere un riscatto. Quasi sempre si tratta degli stessi trafficanti che in passato li hanno fatti entrare in Israele. Sono loro i signori del nuovo traffico. Quando capiscono che il flusso di ingresso si sta riducendo a seguito delle politiche restrittive, e che il loro guadagno di *middle men* sarebbe diminuito, pensano di trarre profitto dalla nuova stagione.

Via via il metodo si affina. In poco tempo, almeno trentamila persone finiscono nella rete di una tratta che vale seicento milioni di dollari. Una cifra enorme, che si ottiene sommando uno per uno tutti i riscatti pagati: nel momento in cui il barcone stracolmo di eritrei si rovescia a poche miglia da Lampedusa, viene sfiorata la somma di quarantamila dollari a persona per i riscatti. Chi non può pagare non ha molte alternative: o viene ucciso o rimane in schiavitù. I casi di fuga o di liberazione costituiscono solo una ristretta minoranza, benché sia proprio grazie a questi casi che si riesce a capire qualcosa di quanto sta accadendo.

Anche in Sinai emerge una "questione eritrea". A differenza dei somali o degli etiopi, gli eritrei non hanno un posto in cui tornare, un paese disposto a riaccoglierli, né tanto meno uno stato pronto a trattare per loro. In queste condizioni, come nella più classica logica dei sequestri, dilaga la trattativa privata.

Oltre a far lievitare le somme dei riscatti, ciò rende gli eritrei una merce ambita per gli schiavisti. Tanto ambita che non finiscono nel gorgo dei sequestri solo quelli che vogliono raggiungere Israele: il traffico si allarga, la materia prima viene cercata anche altrove.

Chiunque esca dall'Eritrea e sosti nei campi nel Sudan può essere catturato dai predoni legati al traffico. Anche se diretto in Europa, viene caricato come un pacco nel doppiofondo di un camion e portato in Sinai.

Don Mussie mi fa vedere alcune foto raccapriccianti scattate per denunciare il traffico di esseri umani nella penisola. Ci sono schiene bruciate, piedi ustionati, toraci segnati da profonde ferite, gambe scempiate. E poi cadaveri, tanti cadaveri stranamente ricuciti lungo il torace. Non ce la faccio a guardare. Quei corpi, vivi o inanimati, sono ridotti a cose, nient'altro che cose. Non è la barbarie a nauseare, ma la sua gratuità. Tra le foto dei vivi ciò che più mi sconvolge sono le facce imbarazzate delle vittime, come se la violenza subita sia innanzitutto impudica.

"Molte di queste sevizie sono state commesse in diretta telefonica per far cedere i famigliari a migliaia di chilometri di distanza. È il loro metodo per ottenere i soldi."

Sfoglio il rapporto con la foto di Behran in copertina lasciato sul tavolo del refettorio e, fra le tante testimonianze raccolte, una colpisce la mia attenzione. Inizio a leggere le prime righe. Poco alla volta il grado zero della violenza si mette a fuoco: "Ho dodici anni e ho avuto un litigio con mio fratello. Lui ne ha quattordici. Vivo in un campo di tortura insieme a molte persone, ci tengono incatenati. Sono sempre affamato. Se piango mi picchiano".

Don Mussie si accorge che la sto leggendo e mi chiede di continuare insieme. La cosa incredibile è il modo in cui i sequestratori gestiscono i contatti con l'esterno, il modo in cui fanno riemergere le proprie vittime dagli abissi, dosando le loro riapparizioni. In questo caso, per esempio, la testimonianza del ragazzino pare essere stata raccolta quando questi era ancora sotto sequestro.

"Leggi," mi dice don Mussie. E io vado avanti, quasi meccanicamente, seguendo le righe successive: "Ci dicono che l'unico modo per essere liberati è raccogliere denaro. Ci danno i telefoni e ci dicono di chiamare i nostri genitori, ma è difficile parlare con loro. Mi hanno rovesciato addosso della plastica bruciata e mi hanno urlato contro così forte che i miei genitori non capivano ciò che dicevo. A volte ci appendono al soffitto e fa molto male.

"Non è facile per i miei genitori trovare così tanti soldi, sono molto poveri. Questi qui vogliono un sacco di soldi, ma un giorno ci hanno detto che era arrivato del denaro e uno di noi poteva andare via. Eravamo così felici! Ma poi è iniziata la lotta. Pregai mio fratello di farmi andare via. Io sono il più piccolo. Per favore, lasciami andare... Mio fratello ha detto no, voleva andare lui. Era stanco di questo posto. Ha detto che era il più grande e che doveva andare lui per primo.

"Le guardie hanno lasciato a noi la scelta. Così abbiamo lottato e combattuto, e alla fine ha vinto lui.

"Ora mi sento molto male. Non parlo con i miei genitori da tanto tempo. Non ho notizie. Quando mi manca mio fratello, gli parlo nella mia testa. Gli dico che sto bene. Gli dico che lo amo. Spero che lui stia bene".

Perché in Sinai? Perché continuano a portarli in Sinai, dopo la trasformazione del traffico? Perché far attraversare tutto il Sudan e tutto l'Egitto a ostaggi catturati poco al di fuori dell'Eritrea? "Sono i percorsi dei beduini," continua don Mussie, ordinando le foto sul tavolo. "Prima facevano avanti e indietro con armi e droga, adesso caricano le persone. I loro camion sono carichi di merci di ogni tipo, sotto la mercanzia vengono sistemate delle tavole di legno, e sotto le tavole vengono accatastate le persone. Alcuni sono morti così, soffocati. Ai controlli viene esaminata la merce, la polizia non smonta il carico per controllare cosa ci sia sotto, e se qualcuno vuole proprio controllare gli danno dei soldi per chiudere un occhio."

Negli anni la filiera si è irrobustita.

Come già mi aveva detto Syoum, i pericoli per gli eritrei iniziano in Sudan. Poiché sono considerati merce pregiata ai fini di questo traffico, vengono catturati dai rashaida, o dalla polizia corrotta che li vende ai rashaida anziché portarli nei campi dell'Unhcr. I rashaida poi li vendono ai trafficanti egiziani; varcato il confine, gli ostaggi passano attraverso cinque clan diversi. Vengono comprati e rivenduti, e ogni volta il loro prezzo lievita: tremila, cinquemila, diecimila dollari, finché non raggiunge una cifra intorno ai quindici-ventimila dollari. Giunti in Sinai i trafficanti li smistano nelle prigioni che hanno appositamente costruito. Solo a questo punto vengono stabiliti i prezzi da chiedere alle famiglie: dai trenta ai quarantamila dollari.

C'è chi si vende tutto per liberarli. Chi contrae debiti. Chi si dispera. Con i somali e gli etiopi il ricatto è durato poco. All'inizio sono state sacrificate delle vite umane – ammette don Mussie – ma poi i sequestri sono finiti. Con gli eritrei è stato diverso: molte famiglie, indebitandosi, hanno pagato. E poi, oggettivamente, l'indotto dei sequestri ha un complice: il terrore di Isaias Afewerki. Se li rimandano indietro, i sequestrati finiranno rinchiusi come traditori al Track B o nelle isole Dahlak. E allora rimangono lì. Dal Sinai si può uscire solo per andare avanti.

Con la caduta del governo dei Fratelli musulmani, nel Sinai iniziano i bombardamenti contro le cellule islamiste. L'area diventa incandescente proprio nel momento in cui molti ostaggi trovano la forza di denunciare i loro sequestratori, e altri vengono liberati grazie alla mediazione di Ong impegnate sul fronte dei diritti umani. Ma il traffico non si interrompe, semplicemente si sposta nel Sud dell'Egitto.

"Mi hanno detto che le persone vengono tenute nei container sotto il sole. Ho conosciuto un ragazzo sopravvissuto ai container perché il padre è riuscito a pagare il riscatto. Adesso vive in Olanda. Grazie a lui si è avviato un processo: ha fatto arrestare due persone che, dai Paesi Bassi, collaboravano con i rapitori, riscuotendo i soldi per conto loro. Il processo è in corso, e spero che la magistratura olandese non si fermi a quei due ma cerchi di far luce sull'intera rete alle loro spalle."

Si è scoperto che i due sono uomini vicini al regime, e questo fa sospettare che ci siano pezzi dello stato coinvolti nel traffico. Del resto, molti di quelli che hanno pagato confermano di aver versato i soldi del riscatto non in Egitto, ma direttamente su conti registrati in alcune banche in Eritrea.

Mentre parliamo, la cucina alle spalle del refettorio si popola di seminaristi. Molti hanno il breviario in mano, altri scaldano l'acqua per il tè.

Don Mussie li guarda di sfuggita e ammette che ormai è impossibile far uscire i novizi dall'Eritrea. È molto difficile farli studiare a Roma: il regime nega i visti, adducendo l'obbligo della leva permanente a causa del perdurare della guerra con l'Etiopia. Ma è chiaro, dice il sacerdote, che vogliono isolare il clero e impedire la sua crescita culturale. Tutte le chiese che non si sottomettono sono a rischio, e lui non è stato solo minacciato più volte: a un certo punto gli hanno anche ritirato il passaporto. Così, pur volendo sfidare apertamente il regime, non potrebbe far ritorno nel paese in cui è nato.

Nel frattempo due novizi entrano nel refettorio alla ricerca di una zuccheriera. Zerai viene quasi distratto dai loro movimenti goffi. Poi, come riprendendo un discorso iniziato molto tempo prima, mi dice che tutti i sopravvissuti della strage del 3 ottobre sono ormai nel Nord Europa. Nessuno di loro è rimasto in Italia, nessuno voleva rimanerci. Tutti stanno cercando di rifarsi una vita, e anche per questo hanno poca voglia di ricordare quello che è accaduto.

Diversa è invece la posizione dei famigliari. Quasi seguendo un movimento opposto e contrario, sono stati loro a raggiungere l'Italia dai quattro bordi dell'Europa e a pretendere l'accertamento del Dna e la restituzione dei corpi. Due fiumi sotterranei corrono l'uno contro l'altro: chi fugge dall'Italia, luogo del disastro, e chi vi accorre per lo stesso identico motivo.

Behran e gli altri ex ostaggi nel Sinai sopravvissuti all'ecatombe non hanno fatto eccezione. Il ragazzo in maglietta bianca che sorride triste nella foto stampata sulla copertina del rapporto sul Sinai ora è da qualche parte in Svezia.

11.

In Sinai

Siamo in Sinai, in un luogo imprecisato, vicino al confine tra Egitto e Israele. La terra è arsa, talmente arsa da farsi sabbia. Solo qualche arbusto si alza dal suolo, picchia un sole impietoso.

Dalla pianura infuocata, battuta dal vento e dalla polvere, si ergono due pagode cinesi. I tetti rossi a punta, le pareti concave conficcate nel cielo sembrano il frutto di un'allucinazione, quanto di più lontano possa esserci da questo angolo di deserto. Eppure, quei tetti orientali, in cima a un'abitazione di due piani dalle mura bianche, sono uno status symbol preciso. Così costruiscono le proprie case i trafficanti di uomini. Le pagode sono il simbolo del loro potere, l'emblema del loro gusto estetico.

Negli scantinati è tenuta la merce in ostaggio. I ragazzi come Behran. Le ragazze stuprate. Le famiglie smembrate. I carcerieri, fucile in spalla, li sorvegliano. Seguono dei turni regolari, si danno il cambio a orari precisi. Non si sente fiatare nessuno. Da sotto la pagoda possono controllare la terra brulla circostante per chilometri e chilometri: almeno di giorno, neanche il minimo movimento di uomini, macchine o animali sfugge al loro sguardo. Ma di notte si apre un varco. Il controllo si attenua. Il buio rende indistinti i movimenti. La luce dei potenti fari piazzati sotto il tetto giunge solo fino a un certo punto. E allora si può agire, si può intervenire. Proprio allora, in quel momento, calano sulle pagode coloro i quali provano a liberare gli ostaggi.

Li guida una donna minuta. Un velo nero, lungo e spesso, le copre la testa e il volto. Scende sulle spalle, lungo tutto il corpo fino a nascondere la tunica verde che indossa. A stento le si vedono gli occhi e la pelle scura che li circonda.

Con lei ci sono diversi uomini, tutti giovani, alcuni dei quali armati. Ce n'è anche uno più alto degli altri. Sembra essere il capo. Magrissimo nella tunica bianca che arriva fino alle scarpe, la barba arricciata sul collo, una kefiah bianca e rossa sul capo, li guida con cenni veloci. È un imam.

Negli istanti che precedono l'aurora, quando sotto le pagode regna il silenzio, e il caldo della giornata precedente è ormai solo un ricordo, la donna pronuncia due, tre frasi in tigrino.

È il segnale che i torturati attendono. Lo attendono da giorni, settimane, mesi. La donna parla e loro balzano verso l'uscita. Vengono raccolti dagli uomini in armi e fatti salire sui loro pick-up che immediatamente si lanciano nel deserto. A quel punto i carcerieri non possono fare più niente. Provano a fermarne qualcuno, sparano in aria, inveiscono contro la donna, vorrebbero ucciderla proprio là, davanti ai loro occhi. Ma non fanno niente. L'imam vestito di bianco li osserva. Contro di lui e i suoi protetti non possono alzare un dito. I loro capi erano stati avvertiti di finirla con il traffico, ora devono lasciare andar via la merce mentre l'aurora getta la sua luce sulla terra riarsa del Sinai, gli arbusti, le moschee, le pagode.

L'imam, in silenzio, segue con gli occhi la loro fuga, ormai indifferente alla rabbia degli ex torturatori. La donna col velo nero gli è accanto.

La donna minuta che libera gli ostaggi si chiama Alganesh Fessaha.

È stato don Mussie a consigliarmi di incontrarla.

Mentre leggevo rapporti e relazioni sul traffico di ostaggi nel Sinai, mi risultava difficile comprendere quei casi in cui i salvati erano riusciti a tirarsi fuori da un inferno del genere. Certo, c'è chi paga. C'è chi trova il modo di far versare ingenti somme di denaro ai propri parenti. Ma tutti quelli che non riescono a pagare o che non trovano qualcuno disposto a farlo? È possibile uscire da quell'inferno senza versare un dollaro? Ci sono casi del genere? "Sì," mi aveva detto don Mussie, "ma devi sentire Alganesh. È lei che va a salvarli."

Alganesh vive a Milano e coordina il lavoro di un'organizzazione non governativa che si occupa di eritrei in fuga dal regime. L'associazione si chiama Gandhi e si occupa anche del traffico di esseri umani nel Sinai.

"Tutto è iniziato per caso," mi dice Alganesh quando ci incontriamo per parlare del suo lavoro. Riesco a trovarla e a fissare un appuntamento solo dopo aver telefonato per diverse settimane alla sede dell'associazione. Alganesh è una di quelle persone perennemente in viaggio e perennemente occupate, che sviluppano una singolare capacità di non apparire mai stanche, non alzano la voce, né si lasciano sopraffare dall'ansia o dallo sconforto, benché siano chiamate costantemente a risolvere un'infinità di problemi.

A un certo punto le capita di ricevere richieste di aiuto sempre più insistenti. Alcune provengono direttamente dalle carceri sotto le pagode o da quelle sperdute nel deserto del Sinai. "Gli aguzzini danno i telefoni satellitari ai sequestrati per farli chiamare ai parenti e chiedere i soldi per il riscatto. Ma molti sanno che non riusciranno mai a raggranellare la cifra necessaria, e allora chiamano direttamente me."

La chiamano perché il suo nome e il suo numero di telefono, proprio come quelli di don Mussie Zerai, sono scritti sui muri di vari luoghi di transito toccati dall'esodo eritreo. Sulle pareti delle carceri, nei capannoni degli intermediari, nelle stesse celle e nelle stesse baracche dei campi dei sequestratori. "Le persone mi chiamano con i telefoni satellitari fingendo che io sia una loro parente e mi chiedono di pagare il riscatto. Parliamo nella nostra lingua, ci scambiamo le informazioni necessarie. Il guaio è che anche i beduini a volte la capiscono e quindi sorgono degli imprevisti."

Alganesh è molto chiara con i sequestrati che la chiamano, anche se sono stati torturati con la plastica bruciata, sodomizzati con un paletto, privati con forza delle unghie, dilaniati dai coltelli, stuprati più volte, attaccati ai cavi elettrici scoperti. Lei non pagherà mai, dice con fermezza, l'associazione Gandhi non pagherà mai. La loro azione sarà diversa.

Questa donna minuta dai lunghi capelli neri, gli occhi sempre vigili sull'interlocutore, l'accento perfettamente milanese, raccoglie quante più informazioni necessarie. Chiede loro cosa vedono dalla finestra o nei rari momenti in cui sono portati fuori. Se riescono a riconoscere una moschea, una costruzione, un'automobile o una targa, come è fatto il posto in cui sono rinchiusi.

Conduce una sorta di inchiesta informale, batte le piste dei trafficanti. A questo punto diventa cruciale il ruolo dello sceicco, l'uomo magro dalla barba arricciata.

Si chiama Mohammed Abu Bilal, e Alganesh lo ha conosciuto qualche anno fa. Aveva sentito dire da alcuni ragazzi che erano scappati dall'inferno del Sinai di essere stati liberati da un signore musulmano, dai modi cortesi e l'aspetto distinto. Era stato proprio lui, insieme ad altri uomini, a caricarli su un furgone e a lasciarli alla periferia del Cairo. Non era un militare, né un uomo d'azione. Era piuttosto una specie di guida spirituale.

Alganesh decide di volare in Egitto per conoscerlo. All'inizio pensa che sia legato ai trafficanti, che si faccia passare per il volto buono della banda, ma che non sia molto diverso dagli aguzzini. Teme anche di poter essere imbrogliata da Mohammed. Ma poi, quando lo incontra, capisce che fa sul serio. E che è mosso da un furore mistico.

Nel mondo rovesciato del Sinai, Mohammed Abu Bilal è un imam salafita che appartiene a una delle famiglie beduine più potenti della penisola, una famiglia conosciuta in tutta la regione. Anche il padre è un'autorità religiosa.

Per lui il traffico di esseri umani è semplicemente contrario ai precetti del Corano, che intende seguire alla lettera, una cosa immonda che rende immondi tutti coloro che vi sono coinvolti. Così ha deciso di muoversi, all'interno del suo mondo che conosce molto bene, per fermare la spirale di violenza e bloccarne i lauti guadagni. Con le buone o con le cattive.

Tuttavia, la sua azione non sarebbe stata tanto determinante se non avesse incrociato sulla sua strada Alganesh, la donna minuta venuta da Milano che gira per il Sinai avvolta in un velo nero. Lei conosce il mondo delle vittime, la loro lingua, le loro storie, quanto lui conosce il mondo degli aguzzini, i loro codici, le loro leggi, le loro alleanze.

Insieme ai suoi uomini, sono una macchina d'azione perfetta. Stando ai calcoli di Alganesh, che snocciola come se stesse parlando della cosa più ovvia del mondo, in pochi anni sono riusciti a liberare 550 ostaggi.

In realtà, mi spiega quasi schermendosi, le azioni con i fucili nel cuore della notte costituiscono solo l'ultimo stadio delle "maniere forti". Finora nessun ostaggio è stato ucciso in quei frangenti, né ci sono stati scontri a fuoco prolungati. Nessuno ha osato sparare contro lo sceicco e i suoi famigliari. Al massimo hanno bruciato qualche camion delle sue aziende per ritorsione. Ma nulla di più. Nel reticolo di poteri e alleanze che lega tra loro le famiglie del Sinai, Mohammed Abu Bilal è un intoccabile. Ancora più intoccabile, perché interprete rigoroso dell'ideologia salafita. Lui lo sa bene, e conosce perfettamente il punto estremo fin dove può spingersi. Semmai è Alganesh a essere in pericolo. I trafficanti ormai sanno chi è e cosa fa, conoscono il suo volto e perfino la sua voce, e non aspettano altro che il momento giusto per colpirla: "Mi faranno fuori quando sarò lontana da lui, così mi hanno detto. Mi hanno minacciato per telefono anche in Italia. Per la verità non solo loro, non solo i sequestratori. Anche alcuni agenti legati al governo eritreo".

Ho incontrato nuovamente Alganesh, a Roma, quando è venuta per un incontro sul Sinai organizzato presso la Camera dei deputati. Le ho chiesto di raccontarmi nel dettaglio come organizzano le loro azioni, anche molto prima di arrivare alle "maniere forti". Dopo l'iniziale diffidenza, ha deciso di parlarmene.

Appena riceve qualche telefonata e raccoglie tutte le informazioni necessarie va da Mohammed. Confrontano le notizie in loro possesso, stabiliscono le priorità del loro intervento. Subito dopo partono i primi sopralluoghi degli uomini dello sceicco.

"Quando hanno scovato la prigione, entriamo in azione. Nella prima fase proviamo sempre a parlare con il proprietario della casa. Gli diciamo che sappiamo che ha catturato delle persone e che le tiene sotto sequestro. Ma quasi sempre lui, o quelli che lavorano per lui, negano. Mohammed torna più volte, discute a lungo, cerca di convincerli a liberare gli ostaggi ricordando il Corano e ciò che prescrive. Nella trattativa non vengono mai offerti soldi, benché i sequestratori alle volte, messi alle strette, provino a vendere quella che chiamano merce. Le discussioni possono durare ore, anche giorni. Quando si capisce che non c'è proprio niente da fare, pianifichiamo la nostra azione successiva."

In genere ci mettono qualche giorno prima di piombare sulle case con il tetto a pagoda nel cuore della notte. Il blitz viene preparato in ogni dettaglio. Si appostano fuori lei, lo sceicco e altri dieci o quindici uomini armati e, al segnale convenuto con i prigionieri nelle telefonate precedenti, urlano ai ragazzi e alle ragazze sequestrati di scappare fuori.

A raccontarla così, sembra facile. Eppure immagino che gli scontri, le colluttazioni, le tensioni non manchino. Il rischio che qualcuno perda la testa, davanti alla fuga della "merce", è sempre dietro l'angolo.

Alganesh sa bene che liberare gli ostaggi in questo modo è come svuotare il mare con un secchiello. Tuttavia, è l'unica cosa da fare in certi frangenti. Ed è per questo che almeno una volta al mese lascia la sede della sua associazione a Milano e va nel Sinai per mettersi al servizio delle azioni di Mohammed Abu Bilal. Grazie alla loro missione, il traffico di esseri umani nel Sinai è uscito dal guscio del silenzio più assoluto.

Per quanto in questa storia ci siano anche dei salvati, i sommersi sono tantissimi. Impossibile stabilire quante persone siano morte in questi anni, uccise come bestie dai sequestratori, nel momento in cui hanno capito che nessuno avrebbe pagato per loro. C'è chi dice cinquemila, chi addirittura ottomila. Alganesh tende a pensare che la giusta cifra sia nel mezzo.

Anche lei, come don Mussie Zerai, conserva le foto dei corpi torturati, dei piedi scorticati, delle braccia spezzate, delle schiene vergate dalle frustate, delle dita senza unghie, degli occhi tumefatti... Conserva anche quelle dei cadaveri abbandonati nel deserto, spesso a pochi chilometri dalle pagode cinesi che si ergono dalla terra brulla, e stranamente tagliati, incisi e poi malamente ricuciti.

Alganesh è convinta che il Sinai sia diventato l'epicentro di un vasto traffico di organi e che i corpi non reclamati da nessuno siano la materia prima di questo traffico. Lo testimoniano non solo le foto che ha raccolto, ma anche i racconti di alcuni ostaggi liberati.

Uno in particolare. Si tratta di un ex militare dell'esercito eritreo, un sottufficiale che è scappato dal paese sottraendosi al servizio militare a vita. Appena ha lasciato l'Eritrea, è stato sequestrato dai rashaida e poi venduto di banda in banda, come un pacco, fino a quando non è stato trasportato nel Sinai. Qui è finito in un campo di prigionia vicino a El Arish, nel Nord della penisola al confine con Israele, uno di quei posti in cui troneggiano le case con tetto a pagoda dei trafficanti.

Come la gran parte degli eritrei, anche l'ex militare non aveva i soldi sufficienti per pagare il riscatto, né era in grado di racimolarli chiamando al telefono i parenti. Semplicemente non poteva tirarsi fuori da sé. Così, insieme a un ragazzo di ventisette anni, anch'egli eritreo, ha dovuto subire tutto il catalogo di violenze dei campi nel Sinai.

"Una volta capito che non possono ricavarci niente, le bande si accaniscono sui corpi inermi, li spremono come limoni, per rabbia, sadismo o frustrazione," conferma Alganesh, mentre il suo volto assume un'espressione angustiata. Ma forse anche in quei casi la violenza bruta ha sempre un fine economico: arrivare alla proposta estrema, quella che prevede di pagare il riscatto da sé, con il proprio corpo, vendendo un organo.

Al militare propongono di farsi asportare un rene in cambio della sua liberazione. Ma questi rifiuta, qualcosa lo blocca. Non ha il coraggio o, più prosaicamente, la disperazione necessaria per farlo. Il ragazzo invece, dopo il solito pestaggio in cui viene ridotto in fin di vita, è tradotto in un'altra stanza. In una stanza diversa da quella in cui sono incatenati i prigionieri.

Ma prima di essere trasportato, racconta il militare, succede qualcosa di strano. In quel luogo di torture e sevizie estraneo al consesso umano arriva un medico che impugna una borsa frigo. Controlla il corpo del ragazzo esanime, lo tasta, poi tira fuori una siringa e gli inietta qualcosa.

Solo allora il militare capisce che lo stanno anestetizzando. Ma ormai è troppo tardi per opporsi, e comunque non avrebbe la forza necessaria per farlo: il medico ha già detto ai guardiani di trasportarlo nell'altra stanza.

Del ragazzo il militare non ha saputo più niente. Ha solo visto il suo corpo inerme, malamente ricucito, che veniva portato via dai guardiani. Nel frattempo, il medico era già andato via con la sua borsa frigo.

Storie come questa sembrano incredibili. Ma poi si moltiplicano le foto dei cadaveri ritrovati nel deserto, abbandonati come carcasse dopo essere stati ricuciti alla meno peggio. Lunghi squarci sulla schiena o ai fianchi appaiono rimessi insieme velocemente.

Alganesh mi fa vedere alcune di queste foto, ed effettivamente i punti di sutura segnano delle righe precise lungo il torace dei cadaveri, tanto da far pensare che non si tratti di un puro caso.

"Devi pensare al loro numero," mi squadra severamente Alganesh. I corpi ricuciti nelle foto sono tanti. Ad alcuni mancano i reni, ad altri il fegato, ad altri ancora le cornee.

Dopo la diffusione delle foto dei cadaveri, si intensificano le voci sui camper speciali che all'improvviso, nel Sinai assolato e spazzato dal vento, piombano alla ricerca della merce contenuta nei campi di prigionia. Stando al racconto di alcuni sopravvissuti, sono vere e proprie sale operatorie su quattro ruote, dotate di attrezzature sofisticate, monitor, lettini, ferri chirurgici, frigo portatili.

È evidente, dice Alganesh, che a mettere in piedi un sistema del genere non possono essere stati solo i clan di beduini dediti al traffico e alle sevizie. Sono coinvolti dei medici, è stata costruita una struttura efficiente. Soprattutto, esiste una rete ben collegata ai sequestratori.

Ma per confermare una notizia del genere – le chiedo con un po' di scetticismo che immagino traspaia nella mia voce – non bisognerebbe stabilire se ci sono collegamenti con il mercato clandestino degli organi nei paesi ricchi?

"Non c'è solo la forte domanda di trapianti proveniente dall'Europa e dal Nord America," mi risponde mentre ha ancora in mano una delle foto dei cadaveri recuperati. "Il Cairo è diventata negli ultimi anni uno dei fulcri mondiali del traffico di organi."

La conferma arriva nel febbraio 2014, quando una vasta operazione dell'esercito egiziano, in cui vengono impiegati persino degli elicotteri Apache, colpisce la casa sormontata dalla pagoda. I militari bombardano la villa senza fare troppe distinzioni tra vittime e carnefici, e gli ostaggi che ci riescono si mettono in salvo.

È allora che i militari egiziani individuano il punto esatto in cui sorge il centro di prigionia: si trova ad Al Mahdia, nei pressi di Rafah, proprio al confine con la Striscia di Gaza.

L'operazione è stata pensata contro Abu Abdallah della tribù di Sawarka, una delle menti del traffico di esseri umani insieme a Abu Khaled, Abu Ahmed e Abu Hitler (non sono riuscito a capire se si chiama proprio così o se si tratta di un soprannome).

Abu Abdallah diventa un obiettivo per i militari quando decide di investire i proventi del traffico, che per anni è stato tollerato dalle stesse autorità egiziane, nella compravendita di armi in favore dei terroristi qaedisti che infestano la penisola del Sinai. Quando il governo dei militari annuncia di voler ripulire la penisola, anche il nome di Abu Abdallah rientra nella lista dei nemici da eliminare.

Una volta entrati nella casa dal tetto rosso, i militari impegnati nell'operazione scoprono le celle per la detenzione e le torture, incredibilmente sporche, polverose, prive di luce. Poi scovano una scala che conduce nei sotterranei e qui, dopo aver percorso un corridoio stretto, si ritrovano di fronte una sala operatoria per l'espianto di organi.

Non riescono a crederci. I dettagli più surreali e fantasiosi, quelli ripetuti in decine di testimonianze fornite dai salvati, e afferrati da persone come Alganesh, sono disposti in ordine davanti ai loro occhi. C'è una sala operatoria con tutti gli strumenti necessari, i lettini e i monitor. Una sala asettica, tanto quanto sozze sono le prigioni da cui veniva prelevata la "merce".

Si credeva che a espiantare organi fossero équipe mediche a bordo di camper attrezzati per ogni evenienza. Giungevano nel cortile della villa-prigione, prendevano il necessario e ripartivano subito, lasciando nel deserto i corpi inermi privi di fegato, reni o cornee. Invece ora c'è la prova che ci sono state anche strutture ospedaliere rudimentali all'interno delle quali operare, proprio come ha rivelato il sottufficiale che non se l'è sentita di farsi togliere un rene.

Appresa la notizia, Alganesh non si scompone. Secondo lei il traffico di organi, così come quello di esseri umani, è troppo ramificato e redditizio per essere soppresso da un semplice assalto delle forze speciali, come quello contro la casa con il tetto a pagoda.

Abu Abdallah è riuscito a scappare. Pare che abbia trovato rifugio a Gaza e che, una volta lì, abbia fatto perdere le proprie tracce. Ma non si tratta solo di questo. "Il traffico si sposterà verso sud, verso il Sudan. Come quello degli ostaggi, anche quello dei loro organi migrerà verso sud." Bande di rashaida hanno già preso in mano la situazione: "Da qualche parte in Sudan ci deve essere un centro di smistamento".

Chi è invece soddisfatto del lavoro svolto, e di tutte le azioni portate a termine in prima persona, prima che i militari si dessero una mossa, è proprio lo sceicco. Ora che sono state distrutte molte delle prigioni informali e molte delle ville che rappresentavano il potere sfacciato dei trafficanti, Bilal guarda fiero quelle macerie. Ora ama ripetere ad Alganesh frasi tipo: "La mano di Dio arriva dove noi non arriviamo". Oppure: "Questi che fino a ieri facevano i signori con la vita degli altri adesso chiedono l'elemosina agli angoli delle strade".

Un ruolo decisivo per individuare i covi e sgretolare la cappa di omertà eretta intorno a essi è stato svolto da alcuni "pentiti". Sono emersi non tanto tra i capi, ma tra i manovali del traffico, i guardiani delle prigioni, quelli che eseguivano le torture per conto dei superiori. Alcuni di essi si sono fatti convincere dalle parole di Mohammed e hanno deciso di fare il doppio gioco, magari senza farsi scoprire fino all'ultimo. Sono stati loro, in alcuni casi, a non sparare alla schiena dei fuggiaschi o a evitare che le colluttazioni degenerassero in una mattanza o, ancora, a far parlare al telefono le vittime qualche secondo in più dello stretto consentito. Sono stati loro ad aprire degli spiragli nella cappa, tanto quanto altri, solerti, hanno fatto di tutto per richiuderli. Continuando a stuprare, picchiare, seviziare, tagliare le carni come al mattatoio. Ciechi, totalmente ciechi, nella loro obbedienza agli ordini ricevuti.

"È anche un problema di ignoranza," mi dice Alganesh, facendo ricorso a una parola che mi è sempre parsa troppo vasta per dissezionare le miserie umane. "Quando finirà tutto questo, costruirò una scuola per i figli dei beduini. Stiamo parlando di bambini di cinque o sei anni che vanno in giro con dei coltellacci e che guidano i fuoristrada senza riuscire a vedere niente al di là del parabrezza. Se questi bambini andassero a scuola, non direbbero mai di un altro essere umano che è inferiore al loro cammello, non aiuterebbero mai a spostare dei corpi da una stanza all'altra come se fossero giocattoli. Vanno aiutati, devono sapere che la vita non è quella. La scuola, ti ripeto, sarà il mio primo progetto. Molte persone sono contrarie, mi dicono: ma come, dopo che hanno massacrato il tuo popolo, vuoi fare una cosa del genere?"

Alganesh ci crede. Crede in quel lavoro certosino, un passo dopo l'altro, che nasce dalla dedizione e dalla perseveranza. Crede che ci sia un tempo dell'azione e uno della ricostruzione, e che se non ci si preoccupa della seconda, della fatica quotidiana che la seconda richiede, la prima è del tutto vana. Anche quando assume le forme spettacolari dei raid nel deserto rischia di essere illusoria.

Guardo Alganesh, il corpo gracile sommerso dai lunghi capelli neri raccolti alla sommità in un foulard, gli occhi compassati sul cui fondo si è depositata un'immane pazienza e un'infinita pietà verso le infinite, inutili sofferenze del mondo, e penso per un attimo a quanto sia strampalata la sua amicizia con lo sceicco Mohammed. Quando glielo faccio notare, Alganesh accenna un sorriso dai denti bianchissimi: "Da cinque anni mangio e dormo a casa sua, ormai sono quasi di famiglia. Ma in tutto questo tempo non mi ha mai stretto la mano".

12.

Ancora sangue

Alla fine di settembre del 2014 mi giunge un'email scritta da don Mussie Zerai e girata a molte associazioni che si occupano di immigrazione. La leggo velocemente sullo schermo del computer:

Ho ricevuto ora una testimonianza da un ragazzo eritreo a dir poco agghiacciante. Questo ragazzo, insieme ad altri centodieci africani, di cui quattro eritrei, è partito a bordo di un gommone il 20 settembre. Era notte fonda. Dopo quattro ore di viaggio hanno un problema. Il gommone comincia a sgonfiarsi, ma continuano il loro viaggio. Lanciano un SOS, gli dicono tra poco veniamo, ma non arriva nessuno. Il 21 settembre, intorno alle 14, vedono una grande nave con la scritta *Malta*. Dapprima la superano, vanno oltre, poi visto il rischio concreto di affondare tornano indietro. Tra le 15 e le 16, dalla nave gli dicono di avvicinarsi, così accostano. Qualcuno dalla nave getta una corda, ma nel tentativo di prenderla il gommone si rovescia, anche a causa delle onde che produce la nave in movimento. Tutti finiscono in acqua. Il personale della nave maltese resta a guardare e a fotografare la scena senza intervenire per circa un'ora e mezza. In questo lasso di tempo muoiono cinquantacinque persone tra cui uno dei quattro eritrei. Dopodiché il personale a bordo decide di trarre in salvo quelli che sono riusciti a resistere, mettendo giù delle scialuppe con motore veloce. Hanno raccolto i superstiti, solo cinquantacinque persone, quindi la metà sono morti sotto gli occhi di tutti. Su questa nave c'erano molte persone in divisa rossa, una specie di camice da medico, ma rosso. Uno dei superstiti è il fratello dell'unico ragazzo eritreo morto di questo gruppo. Con lui ci chiediamo perché il personale a bordo ha voluto mettere in pericolo la vita di queste persone chiedendo di avvicinarsi alla nave, pur sapendo che l'onda provocata avrebbe ribaltato il gommone. Avevano delle scialuppe ben equipaggiate: perché non le hanno mandate subito a soccorrere le persone? Perché, una volta che il gommone si è rovesciato, hanno atteso un'ora e mezza prima di intervenire e si sono limitati a guardare chi riusciva a stare a galla o a fare foto? Bisogna chiedere spiegazioni alle autorità maltesi, chissà quanti altri casi simili ci sono stati nel Mediterraneo. Questa è omissione di soccorso. Cinquantacinque persone morte perché qualcuno ha preferito stare a guardare per un'ora e mezza mentre i poveri annegavano. Il testimone di questa tragica vicenda ora è in Germania. Cercherà di rintracciare anche gli altri due eritrei sopravvissuti, perché diano la loro testimonianza.

La lettera è firmata "Fr. Mussie Zerai. Chairman of Habeshia Agency – Cooperation for Development".

Mi chiedo quanti casi del genere si siano susseguiti in questi anni, specie in quelle settimane, in quei mesi in cui l'emergenza degli sbarchi passava in secondo piano, lasciata in un angolo da altre emergenze.

Quante mattanze silenziose si sono consumate. Quanti piccoli atti di ignavia o omissione si sono sommati gli uni agli altri. Quante ferite insanabili sono state prodotte, laddove in alto mare le competenze delle rispettive marine nazionali sfumano, e l'intervento viene spesso colpevolmente rimandato. Quante lettere come queste si sarebbero potute scrivere, e colpevolmente non sono state scritte. Quanti casi rimarranno privi di accertamento, tanto da far apparire anche i cinquantacinque morti di quella sera simili a tanti altri mai presi in considerazione.

La violenza muta non riguarda solo il Sinai o le prigioni di Afewerki da cui in molti provano a scappare. Poiché tra i popoli che solcano il Mediterraneo gli eritrei sono gli ultimi tra gli ultimi, i loro viaggi più recenti sono una spia delle brutalità commesse nella Libia del dopo-Gheddafi.

Anche in questo caso, l'agenzia Habeshia è un'antenna puntata sulle nuove frontiere dell'orrore. Le telefonate dalla Libia verso i cellulari di don Mussie e di alcuni esponenti della diaspora eritrea in Europa si sono moltiplicate. Sono telefonate di aiuto. Chi chiama urla, piange, implora di essere salvato, esattamente come nelle più angosciose telefonate dalle prigioni del Sinai.

Nella Libia dilaniata dalla guerra per bande e tribù, i migranti eritrei sono spesso impiegati come bestie da soma al fronte.

Prelevati dai *passeurs* che dovrebbero condurli in Europa, sono picchiati e costretti a trasportare armi lungo la prima linea, a portare munizioni, mine ai combattenti. Stretti tra due fuochi: quello nemico davanti e quello degli aguzzini dietro la schiena.

Quando sento don Mussie per chiedergli conferma di queste notizie, mi dice che è impossibile stabilire quanti siano già morti.

Un precedente c'era già stato a Cufra nel 2012, quando le milizie dei ribelli avevano iniziato a combattere tra loro per spartirsi la nuova Libia. In quel guazzabuglio generato dalla fine ingloriosa del vecchio rais, alcuni miliziani avevano fatto irruzione in quello che, fin dai tempi dei respingimenti in alto mare, era diventato il più grande gulag nel deserto per i migranti rigettati verso sud, e avevano catturato decine di prigionieri. In seguito, li avevano costretti a trasportare granate e casse di proiettili sotto i colpi di mortaio delle formazioni rivali.

Una scena simile si è poi riprodotta anche a Sirte, nel 2013. In questo caso i profughi reclusi nel campo di prigionia della città sono stati addirittura costretti a improvvisarsi sminatori. Picchiati dalle milizie, sono stati obbligati a recuperare a mani nude le vecchie mine piantate dagli avversari.

Anche in questo caso, chi si è rifiutato di avanzare contro le mine a mani nude, è stato immediatamente passato per le armi. Fuoco davanti, fuoco alle spalle.

Oggi il ricorso ai portatori di armi lungo le varie linee del fronte della guerra civile è divenuto sistematico. Si sa poco del caos libico successivo alla caduta di Gheddafi. Eppure basta puntare lo sguardo sugli ultimi degli ultimi, provare a immaginare un ragazzino che individua una mina tra la sabbia e tenta di disinnescarla con le dita, senza averne la minima competenza; provare a immaginare il suo sguardo sotto il sole cocente, la sabbia finissima che si conficca nella pelle alla minima folata, i proiettili che sibilano intorno, e le esplosioni sullo sfondo; provare a immaginare le urla e le minacce dietro la schiena, e provare allo stesso tempo a immaginare lei, la mina tra le sue mani, e il fatto che quasi sicuramente esploderà... Basta fare questo piccolo esercizio mentale per comprendere cosa accade lungo i fronti della nuova Libia e il filo invisibile che lega tutto ciò all'Eritrea e all'Europa.

L'agenzia Habeshia li chiama "ausiliari forzati". Il loro numero è aumentato da quando si sono intensificati gli scontri nella guerra di tutti contro tutti che rischia di cancellare il paese. "La prima segnalazione," si legge in una nota sul loro sito, "è stata fatta verso la fine di luglio a Tripoli, durante i combattimenti per il controllo della zona aeroportuale. Diversi testimoni hanno telefonato all'agenzia Habeshia raccontando che decine di giovani erano stati prelevati nelle loro case o bloccati per strada, mentre cercavano di fuggire dalle zone a rischio, da uomini armati che li hanno obbligati a seguirli in battaglia come ausiliari forzati."

Il caso più grave è stato segnalato a Misurata, lungo la costa. "Nella zona periferica di Bilkaria, nella ex scuola di Kalelarim, è stato allestito un centro di detenzione provvisorio dove sono rinchiusi centinaia tra uomini, donne e bambini, quasi tutti eritrei, sorpresi nel deserto mentre cercavano di raggiungere Tripoli, circa duecento chilometri più a ovest.

Sono stati catturati in circostanze drammatiche: per bloccarli la polizia o i miliziani non hanno esitato a sparare, tanto che ci sono stati due morti e diversi feriti. I primi prigionieri sono arrivati due mesi e mezzo fa e il flusso non si è mai interrotto." Si è così formato un nucleo di 405 uomini, 103 donne e 18 bambini, che si è ingrandito con i nuovi arrivi, fino a raggiungere le 700 unità.

Il campo ha continuato a riempirsi di uomini e donne imprigionati e così i miliziani ne hanno fatto una riserva di ausiliari forzati, costretti a portare armi e munizioni negli scontri che sconvolgono la regione. Tutto è cominciato con un gruppo di 225 ragazzi. "Li hanno prelevati asserendo che sarebbero stati portati a lavorare: sono finiti, invece, in mezzo alla guerra. Per settimane non se ne è saputo più nulla, fino a che sono tornati al campo sette ragazzi feriti, i quali hanno raccontato l'orrore vissuto, riferendo anche che diversi loro compagni erano rimasti uccisi. Ma non è finita: i miliziani hanno sostituito i sette feriti con altri sessantuno prigionieri. Di loro non si ha più notizia da quando hanno lasciato il carcere."

Potrebbe bastare, mi dico. La misura è colma. E invece la mattanza continua anche in altre, innumerevoli forme, lontane dal Mediterraneo, come nel caso di una strage di tredici ragazzini, uccisi a raffiche di mitra dalla polizia di frontiera eritrea mentre cercavano di attraversare il confine con il Sudan. La strage è avvenuta più o meno negli stessi giorni in cui il barcone si rovesciava alle porte di Malta e don Mussie scriveva la sua lettera. È avvenuta nei pressi della piccola città di Karora, però è stata scoperta soltanto tre mesi dopo, quasi alla vigilia di Natale.

Non sono del tutto chiare le circostanze del massacro. Si sa per certo che le vittime, di età compresa fra i tredici e i vent'anni, sei maschi e sette femmine, facevano parte di un gruppo di sedici coetanei che, nascosti su un camion, si stavano dirigendo verso il Sudan, accompagnati da un *passeur* ingaggiato dalle loro famiglie. Avevano scelto, per la fuga, una delle vie più battute dai profughi, la Ghindae-Port Sudan Route, che parte dal centro agricolo di Ghindae, nella regione eritrea del Mar Rosso Settentrionale, e termina appunto a Porto Sudan, centinaia di chilometri più a nord.

I soldati hanno aperto il fuoco non appena si sono resi conto che il camion stava per varcare la frontiera, intuendo che a bordo dovevano esserci dei profughi.

I corpi delle tredici vittime sono stati recuperati dagli stessi militari e sepolti in segreto in una fossa comune. L'obiettivo era chiaro: cancellare ogni traccia del crimine, evitare che venisse rinvenuto l'oggetto di possibili future proteste dei famigliari, i corpi dei desaparecidos.

Tuttavia la strage è stata smascherata da uno dei padri dei ragazzini scomparsi, Tesfahanes Hagos, che nei mesi successivi non si è dato pace.

Hagos è un ex colonnello dell'esercito che ha combattuto la guerra di liberazione contro l'Etiopia ed è rimasto invalido. Nella strage che i militari hanno provato a nascondere ha perso tre figlie: Arian di diciannove anni, Rita di sedici e Hossana, la più piccola, di appena tredici. Tutte e tre stavano cercando di raggiungere la madre in Canada prima che la raffica di mitra le colpisse insieme agli altri.

A un mese dalla loro scomparsa, l'ex ufficiale ha cominciato a indagare, ha ripercorso più volte la via di fuga scelta dalle sue ragazze e ha bussato ostinatamente a mille porte. Non si è arreso di fronte agli ostacoli e al muro di silenzio eretto dalla polizia, fino a che le sue ricerche non hanno portato a galla il massacro perpetrato.

Anche gli altri adolescenti trucidati erano figli di ex militari: la maggior parte di loro veniva infatti dal Denden Camp, un quartiere residenziale di Asmara costruito appositamente per i reduci e gli invalidi dell'esercito e per le loro famiglie. Forse anche per questo intorno alla strage è stato posto fin da subito il più rigoroso silenzio: è la prova che a scappare sono anche i pargoli delle famiglie un tempo più fedeli al regime.

Nonostante gli sforzi di Hagos la fossa comune nel deserto non è ancora stata trovata. Né si sa che fine abbiano fatto i tre ragazzini sopravvissuti alla strage.

13.

Le parole del papa

Di fronte all'anonima carneficina di ragazzini ai confini con il Sudan mi sono tornate in mente le parole di papa Francesco. Non quelle pronunciate a poche ore dal naufragio del 3 ottobre 2013, quando ha detto che quell'enorme mattanza era una vergogna. Ma quelle pronunciate tre mesi prima, l'8 luglio, a Lampedusa, nel corso del primo viaggio apostolico del suo pontificato.

Mi sono venute in mente proprio ora, benché abbiano accompagnato in realtà questi mesi di incontri e ricerche come una sorta di basso in sottofondo, per un dettaglio raccolto in un pugno di frasi.

Quel giorno assolato, Bergoglio è arrivato nella piccola isola a sud di Tunisi e di Malta, per piangere i migranti scomparsi in tutti i viaggi finiti male. In tutti i naufragi che hanno fatto del Mediterraneo un grande cimitero, il teatro di una guerra globale a bassa intensità, che centellina giorno dopo giorno i suoi morti.

La messa del papa è stata celebrata nel piccolo campo sportivo dell'isola. Per costruire l'altare sono stati montati insieme i resti di uno dei tanti barconi approdati sulla costa. Per l'ambone, semplice e disadorno, collocato a pochi metri di distanza dall'altare, è stato utilizzato un timone di legno marrone, retto a sua volta da due assi di colore diverso.

Da lì il papa, con una stola viola sulle spalle, ha pronunciato una delle omelie più belle del suo pontificato. Lo ha fatto con parole talmente forti, chiare e inusuali da ricordare l'anatema di Wojtyla rivolto ai mafiosi nella Valle dei Templi di Agrigento vent'anni prima. A differenza di Wojtyla, però, Bergoglio non ha urlato. Ha soppesato le parole una per una. E poi, di colpo, ha fatto una citazione letteraria spiazzante.

Ho recuperato il testo integrale del suo discorso in rete e mi sono soffermato a lungo su questo passaggio:

Nella letteratura spagnola c'è una commedia di Lope de Vega che narra come gli abitanti della città di Fuente Ovejuna uccidono il Governatore perché è un tiranno, e lo fanno in modo che non si sappia chi ha compiuto l'esecuzione. Quando il giudice del re chiede: "Chi ha ucciso il Governatore?", tutti rispondono: "Fuente Ovejuna, Signore". Tutti e nessuno! Anche oggi questa domanda emerge con forza: Chi è il responsabile del sangue di questi fratelli e sorelle? Nessuno! Tutti noi rispondiamo così: non sono io, io non c'entro, saranno altri, non certo io. Ma Dio chiede a ciascuno di noi: "Dov'è il sangue di tuo fratello che grida fino a me?". Oggi nessuno nel mondo si sente responsabile di questo; abbiamo perso il senso della responsabilità fraterna; siamo caduti nell'atteggiamento ipocrita del sacerdote e del servitore dell'altare, di cui parlava Gesù nella parabola del buon samaritano: guardiamo il fratello mezzo morto sul ciglio della strada, forse pensiamo "poverino", e continuiamo per la nostra strada, non è compito nostro; e con questo ci tranquillizziamo, ci sentiamo a posto. La cultura del benessere, che ci porta a pensare a noi stessi, ci rende insensibili alle grida degli altri, ci fa vivere in bolle di sapone, che sono belle, ma non sono nulla, sono l'illusione del futile, del provvisorio, che porta all'indifferenza verso gli altri, anzi porta alla globalizzazione dell'indifferenza. In questo mondo della globalizzazione siamo caduti nella globalizzazione dell'indifferenza. Ci siamo abituati alla sofferenza dell'altro, non ci riguarda, non ci interessa, non è affare nostro.

Per Bergoglio l'uomo riverso sul ciglio della strada non è una metafora. È proprio lì, davanti ai nostri occhi. La violenza che ha patito non è frutto del caso o della natura, è davanti ai nostri occhi. Benché debba essere la pietra di paragone di ogni nostro ragionamento, l'unica cosa che davvero conti per separare ciò che si deve fare da ciò che non si deve fare, riusciamo ad annacquare l'impatto della sua visione. Riusciamo a non guardare il corpo riverso sul ciglio della strada. Lo releghiamo in un angolo della nostra mente, e lì lo seppelliamo.

In fondo ci siamo talmente abituati alla sofferenza, da aver anestetizzato le stesse parole del papa, le stesse frasi di un'omelia in cui il pontefice ha volutamente mescolato il Vangelo con una commedia di Lope de Vega scritta all'inizio del Seicento.

Ho seguito la diretta del viaggio apostolico in televisione. Vedendo i volti dei lampedusani che ascoltavano il papa in silenzio, ho immaginato che un velo si stesse strappando rovinosamente. Ho pensato, per un istante, che Francesco lo stesse squarciando con forza. Ma purtroppo nei giorni successivi lo squarcio si è richiuso.

Tanto radicali sono state le parole pronunciate davanti al timone di legno, quanto solerte e immediato il tentativo di depotenziarle.

Quel giorno Bergoglio non ha parlato dei flussi migratori e delle leggi che dovrebbero regolarli. In un certo senso, non ha parlato neanche degli sbarchi. Ha parlato dei morti. Degli uomini, delle donne, dei bambini morti in mare. Di quelli che non ce l'hanno fatta ad arrivare. Delle decine di migliaia di vite spezzate che nessuno vuole nominare, ricordare, ricostruire. Dei volti deturpati e cancellati che nessuno vuole ridisegnare. Dei corpi non ancora sotterrati che nessuno vuole seppellire. Del dolore che permane in tutti coloro che riescono a sopravvivere.

Ho conosciuto e frequentato alcuni sopravvissuti al naufragio della *Katër i Radës*, una piccola motovedetta albanese speronata nel marzo del 1997 da una corvetta della nostra Marina militare impegnata nelle operazioni di respingimento dei profughi nel Canale d'Otranto. Morirono ottantuno persone, in gran parte donne e bambini.

Se c'è una cosa che ho imparato dalla loro amicizia è che chi sopravvive a un naufragio in cui ha assistito impotente alla morte dei propri cari, dei propri amici, dei propri compagni, dei propri figli, non riesce più a liberarsi da quell'immenso dolore. Ne rimangono impregnati il volto, la voce, la vita. Quel dolore è inscalfibile e intraducibile, ancor più inscalfibile e intraducibile quando non incontra altro che silenzio e indifferenza.

Nella tradizione teologica latino-americana c'è una relazione strettissima tra la povertà e la morte. I poveri non sono solo quelli che vivono in uno stato di indigenza. I poveri sono quelli che muoiono prima del tempo, e la frase "Beati voi poveri, perché vostro è il regno di Dio" vuol dire che le porte del regno sono aperte innanzitutto a loro, a tutti quelli che hanno visto la propria vita calpestata, spezzata, recisa anticipatamente oppure relegata a una condizione prossima alle tenebre dell'Ade precristiano.

Il regno è innanzitutto loro.

Molti si sono affrettati a dire: "Se si facesse come vuole il papa, allora dovremmo accoglierli tutti...". Oppure: "Le parole del papa sono solo una metafora". Ma la morte di cui parla Bergoglio non è una metafora, così come non è una metafora la parabola del buon samaritano.

Prima di lui nessun papa era mai stato a Lampedusa, nessun pontefice si era mai recato su questo scoglio in mezzo al Mediterraneo. Tre mesi dopo la messa celebrata nel campo sportivo, più di trecentosessanta persone sono morte a poche centinaia di metri dall'isola.

14

A un anno dalla strage

Appena arrivato a Lampedusa vedo il cimitero delle barche. Dall'alto, dalla strada che si inerpica verso il centro del paese, sembra un ammasso confuso di colori, ferraglia, pezzi di legno. Gli scafi sono accatastati gli uni sugli altri, si fondono in un'unica indistinta discarica a cielo aperto. Il colore prevalente è l'azzurro, come il cielo, come le onde che si infrangono sulla costa. Qui sono concentrati gli ultimi scarti dei viaggi dei migranti, i vecchi relitti, quella che in molte città del Mediterraneo chiamano la schiuma del mare.

Il cimitero delle barche sorge a pochi metri dal porto. Accanto ci sono due palme spelacchiate e una bancarella. Sotto il tetto di alluminio due uomini vendono frutta, verdura e bibite. Di fronte sono ormeggiate le imbarcazioni dei pescatori, che ogni mattina lasciano l'isola prima dell'alba.

Mi avvicino al cimitero per guardare meglio quell'ammasso confuso. Alcune barche sono qui da diversi anni. Da quando, in uno dei momenti in cui gli arrivi hanno raggiunto il loro picco, si è deciso di accatastarle in questo quadrilatero di terra brulla per impedire che tornassero in mano agli scafisti. Sotto il sole che fa odorare ogni cosa di umido e di salmastro, distinguo le sigle, le scritte in arabo, i disegni. Scorgo un pesce disegnato proprio sotto la cabina senza vetri di uno dei pescherecci. È un tonno.

Alle spalle del cimitero delle barche si distende un campo da calcio di terra battuta, privo del minimo ciuffo d'erba. Una delle porte è stata issata a ridosso degli ultimi pescherecci accatastati. Dista solo pochi metri. A ogni azione, a ogni passaggio, a ogni capovolgimento di fronte si alza un gran polverone. Giocano anche ora, benché siano le due di pomeriggio. Osservo i componenti delle due squadre, mentre inseguono il pallone sudati e accaldati, ma non vedo segnare nessuno. Né nella porta vicina alle barche né in quella sul lato opposto.

Qualche mese prima del mio arrivo, proprio nel momento in cui stava prendendo forma l'idea di farne un museo per le migrazioni, nel cimitero è divampato un incendio doloso. Poi, con alcuni dei resti accumulati, è stato costruito l'altare per la messa del papa.

Sono arrivato a Lampedusa a un anno esatto dal naufragio del 3 ottobre 2013, per seguire le commemorazioni che ci sarebbero state. Già in aereo mi capita di incontrare alcuni dei ragazzi sopravvissuti alla strage avvenuta davanti all'isola. Vengono dalla Norvegia e dalla Svezia, hanno poco più di vent'anni. Si sono fermati una notte a Roma e hanno preso il mio stesso aereo per Palermo. Il loro viaggio è stato pagato da una rete di associazioni.

Per arrivare a Lampedusa non c'è un volo diretto. Gli organizzatori di "Sabir", un festival concomitante con le celebrazioni, hanno predisposto un charter, ma tutti i posti a bordo risultavano occupati. Così, per arrivare sull'isola, tocca fare scalo a Palermo, per poi imbarcarsi su un piccolo aereo delle Poste italiane dalla fusoliera gialla che rifornisce l'isola quotidianamente. Lasciata alle spalle la costa della Sicilia meridionale, ci vuole ancora un bel po' per arrivare in questa piccola fetta di terra riemersa nel cuore del Mediterraneo. Dal finestrino, il mare sembra una lastra di pietra azzurra. Immobile, imponente, assoluta. Mare davanti, mare alle spalle. Mare a destra. Mare a sinistra. Poi, all'improvviso, da questa lastra che unisce l'Africa all'Europa senza soluzione di continuità, senza la minima crepa che intacchi la sua superficie, si eleva la piccola isola di Lampedusa.

Mentre atterriamo sulla breve pista dell'aeroporto, guardo gli scogli e la terra ai bordi dell'asfalto. È rossa, o meglio color arancio, un arancio acceso, fatto di granelli finissimi, che mi fa immediatamente ricordare ciò che credo di aver letto molti anni fa su qualche libro di geografia: Lampedusa appartiene alla placca africana, a differenza di Linosa, l'isola vicina, che appartiene alla placca europea.

Ci abbiamo messo mezz'ora in più per arrivare. Per evitare una forte turbolenza in volo, il comandante ha deciso di compiere un ampio giro sui cieli della Tunisia.

Tra i ragazzi giunti dalla Scandinavia c'è anche Adhanom. Nella strage del 3 ottobre 2013 ha perso il fratello e lo zio. Mi dice subito che Asmara, la città in cui è nato e cresciuto, assomiglia a "una piccola Roma".

Alto, le spalle larghe, i capelli crespi e la barba appena accennata sulla pelle liscia, anche Adhanom ha una ventina d'anni come i suoi compagni di viaggio. Parla poco, e le rare parole che utilizza le impiega soprattutto per raccontare la sua vita in Svezia.

Lo incontrerò più volte, nel corso dei giorni trascorsi sull'isola. Ma già poche ore dopo essere approdati a Lampedusa mi racconta tutto quello che ha fatto dopo il naufragio, il modo in cui è riuscito ad arrivare fin lassù, dall'altra parte del continente.

"Mi sono mosso in treno," dice, "dopo essere stato trasferito da Lampedusa a Roma insieme agli altri sopravvissuti." Adhanom era tra quelli che, una volta portati nella capitale dopo i soccorsi, la prima accoglienza e il funerale senza bare ad Agrigento, avevano fatto perdere le proprie tracce in poche ore.

Formato un piccolo gruppo, hanno raggiunto Milano in

treno. Poi, da qui, sono riusciti ad arrivare a Francoforte. Lasciare l'Italia è stato facilissimo, nessuno li ha controllati, né ha chiesto loro i documenti. Ma in Germania le verifiche sono subito aumentate. Hanno dovuto viaggiare di notte per non essere scoperti dalla polizia. La meta era chiara fin dall'inizio: arrivare in Svezia e chiedere il permesso di soggiorno, sebbene il Regolamento di Dublino obblighi i rifugiati a richiedere l'asilo politico nel primo paese in cui sono sbarcati. Ma per lui e gli altri le cose sono andate diversamente: lo hanno ottenuto perché sono riusciti a non farsi prendere le impronte digitali in Italia, e quindi non possono essere rispediti indietro.

Adhanom è uno di quei rifugiati risucchiati in una sorta di nonsenso legislativo: è un sopravvissuto della strage del 3 ottobre, identificato come tale, ma grazie all'assenza di impronte nei computer della polizia italiana, può arrivare in Svezia e fare lì la richiesta come se fosse piovuto dal cielo. È una delle profonde contraddizioni dell'attuale legge che regola la vita dei rifugiati in Europa, ma è anche l'unico pertugio in cui infilarsi. Per questo era importantissimo non farsi scoprire in Germania, eludere la sorveglianza di giorno e viaggiare di notte. Il loro unico obiettivo era proseguire verso nord: andare da Francoforte ad Amburgo, da qui a Flensburg e poi in Danimarca.

Dalla Danimarca alla Svezia è stato tutto più facile. Un gioco da ragazzi, mi dice sorridendo, mentre si massaggia con le dita il naso a punta.

In Svezia i rifugiati ricevono un assegno mensile e frequentano un corso di due anni per imparare la lingua. Nei racconti di Adhanom e degli altri ragazzi appare come il regno della pace, la cosa più distante che si possa concepire dall'Eritrea e dal suo torrido sfacelo. Una terra benedetta dalla neve, e da essa resa pura.

Immagino che per loro tornare a Lampedusa a un anno esatto dalla tragedia, facendo in aereo il percorso inverso da nord a sud, sia una forma di riscatto. Ne parlo con Sandro Triulzi, lo storico dell'Italia coloniale, animatore dell'Archivio delle memorie migranti, che viaggia con noi. Ma poi penso subito, e Sandro è d'accordo, che metterla così è troppo facile. In ognuno di loro traspare una sorta di ombra. Annebbia i loro sguardi, inasprisce i loro pensieri.

Il giorno dopo Adhanom mi dirà che è troppo duro ricordare. È troppo duro pensare a quei giorni, al fratello morto accanto a lui, alle urla avvertite nell'acqua, alla sensazione di vuoto sotto i piedi. Eppure, proprio per questo, è venuto a pregare. Non a manifestare o a chiedere qualcosa in particolare. È venuto solo a pregare insieme a tutti gli altri. L'Italia è ormai un fantasma lontano. Ma almeno per una volta voleva rivedere con occhi diversi l'isola e il mare che la cinge.

"I'm afraid," ripete spesso. "I'm afraid."

A Lampedusa c'è un liceo ma non c'è un ospedale, c'è solo il pronto soccorso. La parte abitata si concentra nell'area sud-orientale dell'isola, intorno alle due cale del Porto Vecchio e del Porto Nuovo, e alla via centrale del paese, via Roma, ai cui bordi si concentrano i bar e i negozietti di souvenir.

Lungo le banchine del porto annoto i nomi delle barche dei pescatori ormeggiate: *Sciatu mia*, *Pina*, *Santuzza*... D'inverno l'economia dell'isola e dei suoi seimila abitanti ruota intorno alla pesca. D'estate, un'estate molto lunga, che arriva tranquillamente fino alla prima settimana di ottobre, si aggiunge il turismo. Eppure quello dell'isola non sembra avere i numeri elevati di altri luoghi del Mezzogiorno, dal Salento alla stessa Sicilia. È un turismo fatto di pensioncine, alberghetti a tre stelle dalle stanze spartane, case affittate per una settimana. Sono poche le strutture alberghiere più grandi, così come i ristoranti.

Visto dai due porticcioli, il cuore urbano di Lampedusa è un grumo denso di cemento, all'interno del quale si sono costruite case a ridosso di altre case, l'una accanto all'altra, senza un criterio razionale. A tratti ricorda certi angoli del Sud abbandonati al calcestruzzo e alle palazzine sgraziate, spesso non ultimate, come sulla costa jonica calabrese.

Ciò che poi fa ricordare di essere a Lampedusa è il sole che picchia senza scampo sulla testa di ogni essere vivente e che non permette di rimanere esposti a lungo: nonostante siano i primi di ottobre, all'ombra fanno ancora trenta gradi.

Appena ti lasci alle spalle il cemento, le case bianche e gialle dai tetti bassi che affacciano direttamente sulle viuzze d'asfalto nero, e imbocchi la strada che gira attorno all'isola e si snoda per curve armoniose ricavate a poche decine di metri dalla costa frastagliata, la natura prende il sopravvento. Lampedusa appare ora un'isola di sassi, rupi e arbusti selvatici, scavata da calanchi scoscesi e priva di acqua dolce. Un paesaggio brullo, appena interrotto da vecchissimi tralicci della luce, travi oblique di legno marcio che sembrano essere perennemente sul punto di cadere.

L'odore del timo è fortissimo, entra nelle narici insieme alla salsedine del mare. Il vento caldo accarezza i visi.

Alcune settimane dopo il 3 ottobre 2013 gli sbarchi sull'isola si sono praticamente ridotti a zero. Dopo la strage, il governo italiano ha varato l'operazione Mare nostrum volta a recuperare in alto mare, anche in acque internazionali, le imbarcazioni cariche di migranti alla deriva. Così a Lampedusa non ci sono stati più sbarchi, almeno fino ai giorni della commemorazione. La frontiera è stata spostata ancora più a sud, a bordo delle navi militari, che nell'operazione di aiuto e controllo costituiscono una forma di confine estremo, mobile e variabile, dell'Europa.

A gennaio è stato poi chiuso anche il centro per immigrati dell'isola, a seguito delle vibranti polemiche sui criteri di accoglienza. È stato diffuso un video, girato di nascosto con il cellulare da un rifugiato siriano, in cui sono riconoscibili dei corpi nudi lavati con gli idranti all'aperto, nel cortile del centro, in pieno inverno. I corpi nudi e intirizziti dal freddo sono quelli dei rifugiati e dei richiedenti asilo ospitati nella struttura; i loro guardiani, indolenti e strafottenti come tutti i burocrati intenti a portare a termine anche la routine più assurda, indossano guanti e mascherine bianche. Bastano pochi secondi di video per scatenare la polemica. Dopo poche settimane il centro di prima accoglienza viene chiuso. Ufficialmente, in attesa di ristrutturazione.

Nei mesi successivi le decine di migliaia di migranti intercettate nel Mediterraneo sono portate direttamente in Sicilia o in Puglia, dopo lunghe ore di viaggio a bordo delle navi militari, e trasferite in strutture non molto più grandi o accoglienti di quelle di Lampedusa. Ma almeno, queste, sono sulla terraferma, e non a otto ore di traghetto dal porto più vicino della Sicilia meridionale.

Ci metto poco a capire che tutto ciò costituisce una sorta di paradosso. La Lampedusa che accoglie i sopravvissuti della strage dell'anno prima, i famigliari di molte vittime e tanti attivisti europei e non europei, per commemorare l'immane mattanza, non è più la porta concreta di ingresso nel Vecchio Continente. Almeno in questo frangente, si presenta come un'isola della memoria, quasi chetata, posta al riparo dalla pressione del presente. Un'isola stretta tra il ricordo degli approdi e delle tante stragi silenziose e la riflessione sulla propria posizione e il proprio ruolo nel Mediterraneo.

In realtà non esiste una sola Lampedusa. Ne esistono due, tre, quattro, cinque, forse anche di più. L'isola è un microcosmo complesso che riflette la pluralità delle posizioni europee davanti all'arrivo di uomini, donne e bambini dal Sud del mondo. Su uno dei negozi di alimentari di via Roma, in pieno centro, scorgo un piccolo manifesto scritto a mano, con un pennarello blu. Più che di un manifesto, si tratta di un foglio bianco attaccato col nastro adesivo sotto l'insegna del negozio. Sopra c'è scritto: "Non sono lampedusana (doc come i prosciutti), ma sono italiana. E forse non sapete che Lampedusa è Italia. Sciacquatevi la bocca con l'accoglienza!!!".

Lungo la costa spunta il santuario della Madonna di Porto Salvo. In altre epoche è stato un luogo di rifugio; nel fresco dei suoi locali si conservavano l'acqua, il bene più prezioso per un'isola sempre assetata, e le derrate alimentari. In altre epoche, ancora più remote, è stato un luogo di guerra e di pace, di scontro, ma anche di incontro, tra cristiani e musulmani. La chiesetta dalle pareti bianche e celesti spicca in mezzo a una macchia compatta di alberi. Un rosone coloratissimo sovrasta il portone di ingresso.

Il pomeriggio del 2 ottobre, nello spiazzo davanti alla facciata del santuario, si tiene una preghiera interconfessionale cui partecipano quasi tutte le chiese e realtà religiose siciliane.

Dal mare giunge una piacevole brezza. In un angolo ci sono tutti gli eritrei sopravvissuti al naufragio. Ci sono Adhanom e gli altri ragazzi incontrati in aereo. E ci sono anche don Mussie Zerai e Alganesh Fessaha, venuti sull'isola per accompagnare i famigliari. Don Mussie indossa una lunga tunica nera e un cappello cilindrico senza tesa che ricorda il kamilavkion degli ortodossi. Alganesh, come sempre, ha raccolto i lunghi capelli in un foulard avvolto sul capo.

Verso la fine della cerimonia tutti gli eritrei presenti intonano un canto in ge'ez, l'antica lingua dei testi sacri sopravvissuta nella liturgia copta. Con le mani giunte, pregano rivolti verso il quadro della Madonna di Porto Salvo che si scorge all'interno della piccola chiesetta. È un canto lungo, suadente, dalle parole aguzze che si sciolgono in una metrica rigorosa. Un canto fatto di versi che procedono a onde, si inseguono, si allungano, si mescolano con la brezza del mare.

La sera incontro Syoum. Ci diamo appuntamento su via Roma e mangiamo insieme in una rosticceria nel centro dell'isola. È venuto qui per incontrare alcuni dei sopravvissuti, che non vede dall'anno precedente.

Negli ultimi mesi, mi dice, ha continuato ad aiutare i famigliari delle vittime a orientarsi nella battaglia del Dna. Lui e i volontari di un gruppo di associazioni si battono perché venga coinvolto nei riconoscimenti il Labanof di Milano, il Laboratorio di antropologia e odontologia forense, all'avanguardia nelle pratiche di identificazione dei cadaveri.

Capisco che il Labanof adotta un metodo molto più efficace di quello standard, inizialmente preso in considerazione dal ministero dell'Interno.

"Il Labanof," mi spiega, "ha acquisito tutti i materiali dalla polizia scientifica di Palermo. I parenti che vogliono procedere al riconoscimento dovranno portare prove di vario tipo: dalle foto di Facebook agli esami medici della persona deceduta. A differenza di quello che è successo a Lampedusa, l'identificazione ora può essere fatta su basi scientifiche: prima la comparazione dei documenti e delle prove, e poi il riscontro del Dna. Bisogna però capire che il Dna è solo uno dei metodi per accertare l'identità dei corpi non ancora identificati. Per esempio, per un medico legale la comparazione della corona dentale ha lo stesso valore di una prova genetica."

Syoum e gli altri non parlano d'altro da settimane. Ma non lo fanno solo per le vittime della strage del 3 ottobre, mi dice. Lo fanno anche per le vittime del naufragio dell'11 ottobre, di poco successivo, che nessuno ricorda, benché anche in quel caso morirono duecentocinquanta persone in una sola notte.

Per Syoum, che parla veloce mentre addenta il polpo che fino ad allora ha rigirato con una forchetta nel piatto di plastica, l'idea è semplice: fare della strage del 3 ottobre una pietra di paragone per tutti i naufragi precedenti e per quelli successivi; creare cioè le condizioni per un riconoscimento efficace, anche per gli altri casi meno noti. Mi sembra un'operazione titanica, ma non glielo dico. Non lo interrompo, continuo ad ascoltarlo.

"Per quanto riguarda la comparazione dei profili genetici, è possibile eseguirla anche tra fratelli. Certo, sarebbe meglio quella tra genitori e figli, ma come sai in molti casi questo non è possibile, per il semplice fatto che i genitori sono in Eritrea e che è impensabile raccogliere lì i campioni del Dna, a meno che l'ambasciata italiana e la Croce Rossa non offrano la loro protezione."

Il pericolo di ritorsioni da parte delle autorità è ancora troppo alto. Tuttavia, alcuni parenti si sono già presentati in commissariato a Roma con pacchetti di unghie e capelli provenienti dall'Eritrea, e il laboratorio ha accettato di incamerarli come prove per estrarre il campione del Dna. "Certo, il materiale raccolto in questo modo potrebbe causare qualche problema. A ogni modo, loro consigliano di portare le unghie, non i capelli."

Syoum continua a parlare, ma non lo ascolto più. Penso a quello che ha appena detto. Penso a decine di uomini e donne, di età varia, ognuna delle quali è seduta davanti al tavolo della cucina di casa. Ognuna di loro si taglia meticolosamente le unghie con una tronchesina, le ammonticchia sull'incerata a scacchi che copre il tavolo di legno. Poi le raccoglie con un foglio di carta e le versa con estrema attenzione in una bustina di plastica trasparente. Quella è la prova. L'unica prova che permetta di ristabilire un flebile legame con i parenti scomparsi in mezzo al Mediterraneo, a poche centinaia di metri in linea d'aria da dove stiamo consumando la nostra cena.

Fisso i piatti ormai vuoti sul tavolino di plastica rosso e la bottiglia di birra ancora mezza piena. Syoum prosegue: "Finora sono state fatte 184 identificazioni. Ci sono ancora 182 corpi da identificare, 197 se consideriamo anche quelli non ancora identificati del naufragio dell'11 ottobre. Insomma, c'è ancora molto lavoro da fare".

L'indomani io e Syoum andiamo a vedere l'Isola dei Conigli.

Non c'ero mai stato. La prima cosa che salta agli occhi, mentre scendiamo per il sentiero lastricato di pietre che si addentra nella riserva protetta davanti al piccolo isolotto, è che le foto recuperate in rete non riescono minimamente a restituire la bellezza del luogo, la luce, i colori, il contrasto fra la terra rossastra e il mare che cinge la costa. L'Isola dei Conigli è interamente coperta da un manto verde, ed è circondata da acqua cristallina, resa ancora più limpida dal fondale chiaro. Solo pochi metri la separano dall'isola principale. Fa molto caldo, e la spiaggia accanto alla riserva che abbiamo attraversato, riparata dall'insenatura naturale creata dall'isolotto, è piena di bagnanti. Benché siamo in ottobre, molti sono a mollo, altri prendono il sole distesi sugli asciugamani colorati. Il vociare è coperto dai venti della costa. La sabbia è bianca, lucente, finissima.

Come indicato su molti siti turistici, è davvero una delle spiagge più belle al mondo, un paradiso incontaminato avvolto dalla luce e dal silenzio. Un paradiso davanti al quale almeno 366 persone sono morte affogate. Il peschereccio si è rovesciato a poche centinaia di metri dalla costa, tra l'Isola dei Conigli e Cala Galera, nello stesso spicchio di mare riprodotto su un'infinità di dépliant.

Non poteva esserci contrasto più netto. È incommensurabile, semplicemente incommensurabile, la frattura tra la tragedia avvenuta qui davanti e la calma piatta dell'acqua limpida, un vetro sotto al sole feroce, appena inscurito dagli scogli che sul basso fondale venano la sabbia.

Nel momento in cui arriviamo io e Syoum, due piccole imbarcazioni della Capitaneria di porto hanno già raggiunto il punto esatto del naufragio per deporre in mare delle corone di fiori. Sono seguite da alcune barche di pescatori, uscite a stormo dal Porto Vecchio dell'isola. A bordo ci sono anche gli eritrei sopravvissuti. È la prima volta che tornano sul luogo del disastro. Tra loro c'è Adhanom, che più tardi mi racconterà nei dettagli la mattinata trascorsa in mare e il peso crescente della commemorazione. Me ne ha parlato con una voce spossata, come se quel gesto, il buttare una corona nel punto esatto in cui lui si è salvato mentre il fratello è morto, lo avesse privato di ogni forza residua.

Accanto a noi un gruppo di svedesi si fotografa con le imbarcazioni della Capitaneria di porto sullo sfondo. Syoum sbotta: "Va bene la memoria, ma qui si rischia una replica della *Costa Concordia*. I selfie, le foto in posa… prima o poi prenderà piede anche qui il turismo dell'orrore con le guide".

Torniamo in paese per la solita strada che costeggia l'isola spazzata dall'odore di timo e dal vento caldo che viene da sud. Due turisti ci danno un passaggio con la loro auto piena di teli da mare, borse di cotone, maschere e pinne di gomma. Syoum guarda silenzioso i tralicci della luce fuori dal finestrino. Io rifletto sulle sue ultime parole, e presto mi accorgo di essere sommerso da un fuoco di fila di domande.

Come maneggiare la memoria e il dolore che indubbiamente attraversano queste commemorazioni?

Dove si colloca il confine tra il ricordo e la sua pietrificazione, o peggio: la sua monumentalizzazione?

Fino a che punto è lecito scavare, porre e porsi domande, interrogare i superstiti?

Qual è il punto esatto in cui il dovere della memoria sconfina nella morbosità?

Come evitare di essere parte di un enorme processo di spettacolarizzazione?

Cosa raccontare, su cosa fissare davvero lo sguardo, per sottrarsi a tale rischio?

Come scansare il rischio di dire il già detto, di scivolare nella reiterazione delle tragedie che, viste da una certa distanza, come dalla costa in mezzo ai bagnanti, possono apparire tutte uguali?

Come farsi testimone dell'unicità di ogni ferita?

No, non è "testimone" la parola adatta. È ormai un termine talmente affettato, talmente convenzionale, da apparire soffocato dalla retorica e dal macigno dell'ufficialità. Ogni testimone evoca sempre un alone di seriosa istituzionalizzazione...

La frenata mi ridesta dal torpore.

Non mi ero accorto che siamo già arrivati su via Roma. Salutiamo i turisti e usciamo dall'auto piena di borse e attrezzi per la spiaggia.

La strada è deserta, ai tavolini dei bar è seduta pochissima gente. Ora Lampedusa è un accampamento privo di vita. Accecata dal sole, con le sue case moderne e aggrumate l'una sull'altra, tanto da farla apparire una piccola Gaza, l'isola sembra un piccolo villaggio di pescatori che aspettano l'arrivo dell'apatia dei mesi invernali.

Defluita la presenza umana, i cani randagi sono rimasti i suoi unici custodi. Sono tantissimi, i cani di Lampedusa. Il pelo sporco e reso ispido dal sale del mare, gli occhi arrossati dal vento, paiono essere qui da secoli. Si riuniscono in branco e vegliano sul corso principale, le orecchie tese a ogni minimo movimento, al più impercettibile dei rumori.

Sanno dosare le forze davanti alla natura. Hanno imparato a non sfidare apertamente quello che Albert Camus chiamava il sole nero, il sole assoluto e violento del Mediterraneo, che getta una patina sottile, scura e inossidabile su ogni essere animato e inanimato. Come gli umani, aspettano che cali l'intensità dei suoi raggi, stravaccati nei ritagli d'ombra ai bordi delle strade. Ma, a differenza di loro, sembrano rimanere vigili. Sempre vigili.

Il pomeriggio del 3 ottobre nella parrocchia dell'isola si tiene un altro momento di preghiera.

Nello spiazzo davanti alla parrocchia, una lunga fila di cartelli bianchi ricorda i naufragi degli ultimi mesi. Non solo quelli più noti, ma anche quelli minori, quelli dimenticati, quelli mai narrati. A ottobre sono già duemilacinquecento i migranti morti dall'inizio del 2014 nel tentativo di raggiungere l'Europa. A fine anno saranno oltre tremila.

Mi rigiro tra le mani il piccolo breviario che hanno distribuito fuori dalla chiesa. Sulla copertina, sopra il titolo *Morire di speranza*, c'è l'immagine di una piccola barca in balia delle onde. A bordo ci sono gli apostoli e Gesù. A prima vista sembra la riproduzione di un antico quadro copto: le onde azzurrissime, le tuniche colorate di giallo, verdone, arancio, i volti scuri degli uomini a bordo, le barbe nere che si mescolano ai capelli lunghi e ricci... Ma poi capisco, da una nota in fondo alla seconda pagina del breviario, che si tratta della riproduzione di una tela moderna di Laura James, una pittrice che ha rielaborato nelle sue opere l'iconografia religiosa del Corno d'Africa.

Mi siedo su una panca accanto ad Adhanom. I canti eritrei rimbombano sotto l'unica navata. Davanti all'altare hanno disposto un pannello con le foto degli scomparsi. Adhanom riconosce subito la faccia del fratello. I canti si susseguono per gran parte della celebrazione, anche quando vengono ricordati, in un lunghissimo elenco, tutti i morti del 3 ottobre. I loro nomi vengono letti da don Mussie e Alganesh. I due si alternano davanti al leggio, la voce ferma, gli occhi puntati sulla gente.

L'elenco è talmente lungo che ascoltare uno per uno tutti i nomi e cognomi risulta straniante. Sembra non avere mai fine, ed è qui che apprendo che per i famigliari delle vittime la cifra esatta è di 368 morti, non 366. 360 eritrei e 8 etiopi, quattro uomini e quattro donne.

Adhanom canta insieme agli altri. Battono le mani, segnano il tempo e, nei momenti in cui non cantano, seguono attenti le parole del cardinale che guida la preghiera. Poi, a celebrazione conclusa, escono tutti insieme sul sagrato. Ci sono i sopravvissuti, i famigliari delle vittime, i membri delle associazioni riunite a Lampedusa, molti abitanti dell'isola. Ci siamo anche io e Syoum. Prendiamo dei fiori a stelo lungo da tre enormi cesti posti davanti all'ingresso della chiesa e ci incamminiamo sul corso principale. Mentre il cielo si fa livido, si forma un corteo lungo via Roma.

Gli eritrei riprendono a cantare. Ed è qui, tra la gente che si dispone per una lunga marcia attraverso il paese, che conosco Costantino. Quel Costantino di Lampedusa di cui Syoum mi ha parlato a lungo.

Costantino, in realtà, non è di Lampedusa. È nato a Trani e ha conservato, nonostante i quasi quarant'anni vissuti sull'isola, una leggera inflessione pugliese. Per tutta la vita ha fatto il muratore. È venuto a Lampedusa negli anni settanta per costruire una casa e ci è rimasto. Si è trovato bene e ha messo radici. Ora vive solo con la moglie.

Camminiamo uno accanto all'altro; intanto Syoum ha raggiunto alcuni ragazzi eritrei. Mentre stringe tra le mani il fiore che ha preso da uno dei cesti, inizia a raccontare del 3 ottobre.

Costantino non è un pescatore di professione. Ciononostante, la mattina del 3 ottobre ha deciso di uscire in mare intorno alle sei e mezzo con il suo amico Onder, un emiliano che passa qui i mesi estivi, per pescare le palamite, i tonnetti. "Guardo il cielo e mi rendo conto che c'era il tempo giusto per pescare le palamite, proprio come oggi." Lui e Onder le pescano e le conservano sott'olio. Non le vendono ai negozi di pesce, fanno semplicemente le scorte per tutto l'anno.

"Siamo arrivati sul luogo del naufragio intorno alle sette e dieci e abbiamo raccolto i superstiti dal mare fino alle otto. Ne abbiamo presi undici. A galla non c'erano molti morti, in parte li avevano già recuperati, in parte erano rimasti intrappolati nella stiva. Ma noi in quel momento non sapevamo che il barcone era affondato proprio lì sotto, non avevamo la minima idea della tragedia che c'era stata."

Costantino e Onder non sono i primi a giungere nel punto in cui, a ottocento metri dall'Isola dei Conigli, si è rovesciata una barca con a bordo più di cinquecento persone. Quella mattina i primi ad arrivare sono Grazia, una donna di origini catanesi che ha un negozio di bigiotteria sull'isola, e il suo compagno Alessandro.

"Erano fuori, stavano dormendo in barca. Erano in otto e all'improvviso hanno sentito dei lamenti. Cioè, per la verità li ha sentiti Alessandro. Si è svegliato e ha sentito delle urla... In quel periodo però ci sono le berte. Le berte di prima mattina stridono, fanno dei versi particolari che a volte è possibile scambiare per il lamento di una persona. Gli altri gli dicevano: 'vai a dormire, non sai che ci sono le berte?'.

"Ma lui aveva uno strano presentimento. Allora si è alzato, è andato a prua, ha preso in mano il timone della barca e si è diretto lentamente verso quelle strane strida. Sentiva le voci, e alcune sembravano umane. Gli sembrava di riconoscere delle parole.

"Appena ha albeggiato, ha visto delle macchie di colore in mare e si è accorto che erano corpi umani. Allora ha dato l'allarme. Sono riusciti a prenderne quarantacinque, poi si è fermato un altro peschereccio. E subito dopo siamo arrivati noi. Per loro era più difficile tirarli su perché avevano le murate alte, mentre io e Onder avevamo una barca da pesca molto più bassa e molto più piccola, di solo cinque metri e venti. Potevamo prenderli dall'acqua con più facilità. Ma non tantissimi, però, se no andavamo a fondo pure noi."

Costantino li tira su con un braccio solo. E questa facilità di presa resterà impressa nella mente dei salvati oltre che nei racconti dei bar dell'isola. "Li tiravo su come sacchi di patate, prendendoli dai pantaloni, dalla cintola." Mentre lo dice guardo i suoi polsi spessi come polpacci, lasciati scoperti dalle maniche corte della camicia beige. Lo dice con fierezza. Un sorriso taglia il volto massiccio, un volto da antico bracciante pugliese, con le mascelle forti e gli occhi serrati come spicchi d'aglio, piazzato su un collo largo. "Li tiravo su con un braccio solo," ripete ancora una volta mentre fissa le barche bianche ormeggiate nel porto.

Il corteo risale per il Porto Vecchio. Gli eritrei continuano a intonare un lungo canto funebre, il cui giro armonico ripetitivo, quasi ossessivo, risulta a tratti addirittura gioioso. Incomincia a piovere, qualcuno tira fuori un ombrello, ma i più non si scompongono. Il corteo sfila per l'isola a pochi passi dal mare in direzione del monumento Porta d'Europa, realizzato qualche anno fa da Mimmo Paladino: un arco rettangolare di ferro e ceramica refrattaria alto oltre cinque metri, eretto nel punto più a sud dell'isola. Visto dalla terraferma, sembra una porta aperta sul vasto mare, privo di punti di riferimento. Visto dal mare, sembra una porta aperta sull'interno dell'isola, con il suo fitto abitato di case basse.

"Allora succede una specie di miracolo," prosegue Costantino. Almeno lui ne è convinto, e me lo ripete guardandomi negli occhi, attraverso gli occhiali da vista bagnati dalla pioggia.

"Dopo che ho raccolto i primi dieci, ce ne stavamo andando. Quelli della Capitaneria ci avevano detto di lasciare stare i morti, di non toccarli e andare via. Abbiamo dato un ultimo sguardo al mare, e ci è sembrato di vedere solo corpi immobili, riversi a testa in giù, privi di vita. Avevamo data per morta anche lei…"

Lei è Luam, una ragazzina che sembra dimostrare sedici, diciassette anni benché probabilmente ne abbia di più. I capelli ricci bagnati dalla pioggia, un piercing grande quanto una pietruzza sul naso piccolo, affilato, cammina a pochi metri da Costantino. Una maglietta nera a mo' di casacca copre il suo corpo esile. "L'avevamo data per morta," ripete Costantino indicandola.

"Poi all'improvviso ho sentito un lamento. Luam ha avuto la forza di alzare il braccio e di dire *help me, help me* con un filo di voce. Non so spiegarmelo come io e Onder l'abbiamo sentita. Il motore acceso faceva un gran rumore... Però ho visto la mano."

Continuiamo a camminare sotto la pioggia, i fiori in mano. Luam è l'ultima persona a essere salvata quel giorno, una delle poche donne. Come se la infastidisse sentire parlare di lei, si è allontanata, ha raggiunto un'altra ragazza. Si salutano, sorridendo.

Costantino prosegue nel suo racconto. "Dopo averli salvati, io e Onder ce ne siamo tornati piano piano. A mezzogiorno ho chiamato Maura, mia moglie, per chiederle quanti erano i morti e se la televisione aveva detto qualcosa. Maura mi ha detto che erano almeno cinquanta. Mi sono sembrati tanti rispetto a quello che avevo visto. Poi alle tre di pomeriggio, quando siamo arrivati sotto al faro, dopo aver fatto quasi tutto il giro dell'isola, ho chiamato ancora una volta mia moglie e lei mi ha detto: 'Guarda che ci sono centocinquanta morti e c'è lo scafo sotto che ne contiene almeno altri duecentocinquanta.' 'Ma che stai dicendo?' le ho gridato al telefono. 'Che stai dicendo?' Allora siamo rientrati di corsa."

La sera è corso nell'hangar dove sono state raccolte le sette donne superstiti per vedere come stesse la ragazza che aveva salvato. Non sapeva ancora il suo nome, ricordava solo il corpo minuto, il viso rotondo e il piccolo piercing sopra una narice. È stata lei a riconoscerlo e a buttarglisi al collo. Poi si è avvicinato anche Onder e ha riconosciuto anche lui. "Ma lui ha i capelli lunghi brizzolati come un indiano," aggiunge Costantino, "è uno facile da riconoscere."

Nei giorni successivi Costantino vuole rivedere le persone che ha salvato in mare la mattina del 3 ottobre, vorrebbe sapere i loro nomi. È Luam a portarli a casa sua.

"Il primo che ha portato è stato Robert. Un ragazzo che mi è sempre sembrato triste. È stato nove mesi prigioniero in Libia, ha visto i miliziani sparare su donne e bambini, ha preso tante di quelle botte che non puoi neanche immaginare. Nella tragedia ha perso un'amica che gli chiedeva aiuto, era accanto a lui e parlava con una voce sempre più flebile. Ma non ha potuto fare niente: dice che se aiutava lei, morivano tutti e due. È dura da sopportare una cosa del genere, penso. Ora vedo che sta meglio, ha la ragazza. Sorride ogni tanto.

"Un'altra sera ne sono arrivati nove, tutti gli altri che abbiamo salvato, tranne uno e la stessa Luam che erano stati mandati a Palermo per essere curati meglio. Allora io e mia moglie abbiamo preso tutti i loro nomi, li abbiamo scritti su un quaderno per non dimenticarli. Quella sera mia moglie li ha visti per la prima volta."

Ora sono sparpagliati in mezza Europa, nessuno è rimasto in Italia. Di quelli che ha salvato, tre stanno in Norvegia, sei in Svezia, due in Germania. Costantino e la moglie sentono spesso Luam tramite Skype. "Appena è arrivata in Svezia, Luam è stata la prima a fare tutta la trafila per il riconoscimento dell'asilo. Quando ha fatto il primo colloquio non ha detto la verità, non ha detto che era una naufraga del 3 ottobre. Allora tramite la cugina, che parla bene l'italiano perché è stata in Italia dieci anni, le ho detto: 'Guarda che devi dire tutta la verità, tanto si viene a scoprire che stavi qua, perché i nomi dei superstiti girano...' Allora ha raccontato tutto, e dopo quindici giorni le hanno dato l'asilo politico. Le hanno dato i documenti e i settecento euro al mese, ha iniziato ad andare a scuola e a lavorare in un fast food. Lì ti aiutano per due anni, non è come qua."

Nel 2011, nel pieno dell'emergenza sbarchi successiva all'esplosione delle primavere arabe, Costantino si era trovato come tutti i lampedusani ad aiutare molti dei nuovi arrivati. Ma in quel caso i soccorsi erano stati organizzati sulla terraferma. Una situazione come quella della mattina del 3 ottobre non l'aveva mai vissuta.

Stringe forte il fiore che tiene tra le mani, e che tutte le persone in corteo hanno ancora con sé, mentre la pioggia si fa sempre più insistente. Gli occhiali di Costantino sono infradiciati. Le gocce scorrono lungo i solchi del volto.

Nel frattempo ci siamo lasciati alle spalle il paese, e lungo la strada che costeggia la pista dell'aeroporto ci dirigiamo verso la Porta d'Europa.

Allora gli chiedo, quasi riprendendo il flusso della conversazione e delle domande che ancora aleggiano intorno alla tragedia, se è davvero possibile che nessuno, proprio nessuno, abbia visto la nave in difficoltà prima che si rovesciasse, tanto da non dare l'allarme. In fondo, tutte le testimonianze sugli istanti precedenti il rovesciamento insistono sull'avvistamento di due imbarcazioni che si sono avvicinate e poi se ne sono andate come se nulla fosse. Come se niente stesse accadendo.

"Come ti dicevo, in questo periodo ci sono molti tonnetti che girano. Per cui vengono molte barche, buttano le reti, pescano e se ne vanno. Non sono dell'isola, vengono da fuori. I sopravvissuti dicono di aver visto una barca blu. Ma barche blu a Lampedusa non ce ne sono, sono tutte bianche. Credo che possa essere stato uno di questi pescherecci. Quando è ancora buio, hanno un solo uomo alla guida, perché l'equipaggio dorme. Appena albeggia poi si mettono a lavorare. È possibile che l'uomo che era di guardia non li abbia visti. È possibile…"

Insisto: tu escludi che possano aver visto uno yacht? "Non lo so… In ottobre qualche yacht c'è ancora. Però mi sembra più probabile che si sia trattato di un peschereccio. Calcola che questi che vengono da fuori e si muovono in altura sono molto grandi, molto più grandi delle barche che abbiamo noi. In genere non vengono sotto riva, ma capita di incrociarli."

Ma loro erano a soli ottocento metri dall'Isola dei Conigli, non erano tanto lontani, faccio notare a Costantino. "E quella è la cosa che mi fa venire una rabbia dentro… Una cosa del genere non doveva succedere sotto costa. Se fossero rimasti fermi fino all'alba, non succedeva niente. All'alba sarebbero stati soccorsi. Sai, quando ci sono tante di quelle coincidenze negative che messe tutte insieme si sommano e fanno una tragedia? Quella è la rabbia mia, la rabbia che mi prende ogni volta che passo là davanti con Onder, il mio amico."

Il canto si fa sempre più forte. C'è una strana calma, quasi uno stato di pace, sotto la pioggia battente. Siamo arrivati nello slargo in cui sorge la Porta d'Europa, davanti allo sperone più a sud dell'isola. La terra inzuppata è cinta dagli scogli aguzzi sbattuti dalle onde.

Dopo giorni di sole feroce, di sole nero, come lo chiama appunto Camus in uno dei suoi racconti, cioè talmente accecante da provocare la strana sensazione per cui ogni cosa, gli alberi, le pietre, le case, le facce, gli animali sembrano avvolti da un velo opaco, la pioggia si trasforma in nubifragio. Nel momento cruciale della commemorazione, nel punto più a sud di ogni sud d'Europa, il cielo si squarcia e rovescia rabbiosamente le sue viscere sulla terra e sul mare.

Le onde sono alte, i fulmini cadono vicini alla costa. Il diluvio non scende a gocce, ma a secchiate fredde, sbattute dal vento. Eppure gli eritrei, che hanno cantato per tutta la durata del corteo e che hanno proseguito appena arrivati nei pressi della Porta quando lampi e tuoni si sono intensificati, continuano a farlo, come se ci fosse ancora il sole. Rimangono imperturbabili, con i fiori in mano e lo sguardo puntato verso le onde, dentro le loro magliette nere su cui è scritto in bianco "Proteggere le persone, non i confini". Cantano impassibili.

Don Mussie Zerai è con loro. La tunica e il copricapo neri, una stola viola sulle spalle, intona un nuovo lunghissimo lamento in ge'ez, appena intervallato dalle risposte della comunità che si è raccolta intorno a lui. Mi è impossibile afferrare il testo, un lungo flusso di sillabe che si inseguono sotto la pioggia, ma credo che stiano invocando la protezione della Madonna e di una quantità sterminata di santi.

Cantano e pregano per almeno mezz'ora, mentre la pioggia picchia a secchiate e il vento diventa gelido. Vedo il volto di Adhanom immobile e quello di Luam accanto a lui, gli occhi nerissimi che si erano impressi nella mente di Costantino, e poi ancora quello serio e austero di Alganesh, sul lato opposto dello striscione.

Costantino rimane attento per tutta la durata della preghiera. E così facciamo anche noi. Io, Syoum e tutti quelli che hanno seguito il corteo fin qui, resistendo all'uragano.

Non ho mai partecipato a niente di così intensamente religioso in tutta la mia vita. Non ho mai percepito, come in questo momento per certi versi assurdo, una tale tensione verso se stessi e gli altri, un tale stringersi intorno a un testo cantato e a delle persone che non ci sono più. Non credo di aver visto niente del genere neanche quando, da ragazzino, mi è capitato di assistere alle messe cantate dei monaci benedettini in un antico monastero di campagna del Sud Italia, vicino alla masseria dei miei nonni in cui ho trascorso le estati dell'infanzia e dell'adolescenza.

È questa tensione sovrumana a tenere tutti ipnotizzati intorno alla Porta. Di colpo quelle parole incomprensibili sono diventate pienamente intelligibili. Rimaniamo tutti lì, immobili come i sopravvissuti che cantano. È impossibile fare un solo passo avanti o uno indietro, fino a quando la preghiera non finisce, e quella sorta di estasi collettiva si spezza di colpo.

Solo allora, evitando di incespicare sugli scogli resi scivolosi dalle pozzanghere, ci avviciniamo al punto estremo della costa che scende ripida verso il mare. Don Mussie e i ragazzi lanciano i fiori tra le onde. Vorrei farlo anch'io, ma solo ora mi rendo conto che il gambo che stringevo tra le mani è stato reciso dal vento. Il fiore non c'è più. Intanto, mentre la pioggia continua, i petali sparpagliati, gialli, rossi, lilla, arancione galleggiano davanti agli scogli.

Tornando in albergo in auto con una coppia di giovani lampedusani, mi accorgo che l'isola è stata completamente allagata. Pozze enormi coprono le strade. In camera, dopo una doccia calda, impiego mezz'ora per asciugare le scarpe con il phon. Più tardi Syoum mi dice che nessuno dei sopravvissuti e dei loro famigliari ha accettato un passaggio in macchina sulla via del ritorno. Come erano arrivati a piedi, dovevano ritornare a piedi sotto il vento e la pioggia. Per loro la preghiera non si concludeva certo con il lancio dei fiori.

A sera, intorno al tavolino di uno dei bar di via Roma vedo seduto un gruppo di eritrei. Ben vestiti, quasi tutti in giacca e camicia chiara, sembrano avere più di sessant'anni. Parlano fitto tra loro, alcuni fumano una sigaretta dopo l'altra. Mi avvicino, scambio due chiacchiere in inglese. Non sono parenti delle vittime, né sopravvissuti. Sono un gruppo di attivisti politici venuti qui per la riunione delle varie anime dell'opposizione al regime che si terrà l'indomani. Provengono da diversi paesi europei, hanno lasciato l'Eritrea ormai da molti anni.

Tra loro c'è D., che parla un italiano perfetto. Viene da una città del Nord, dove vive dal 1978. La sua storia, al pari di quella di Gabriel, spiega benissimo perché il paese di Afewerki sia uno dei principali produttori di richiedenti asilo.

"Negli anni settanta," mi dice riafferrando nella memoria ricordi sommersi da tempo, "il Fronte popolare mi ordinò di venire in Italia per fare un lavoro di sensibilizzazione politica tra gli eritrei che vivevano qui. Avevo studiato in Belgio, ero tornato in patria, nelle zone già liberate dal Fronte, e poi mi hanno mandato in Italia. Per otto, nove anni ho svolto un lavoro politico a tempo pieno, mi sono interamente dedicato alla causa."

Poi è venuta l'indipendenza ed è stato costruito il nuovo stato. Fino al 2001, con qualche critica, è rimasto nel movimento rivoluzionario che aveva conquistato il potere. Ma dopo il 2001 la situazione è peggiorata. "A Radio Popolare era stato organizzato un dibattito sul perché molti eritrei della diaspora, che durante la guerra di liberazione volevano tornare nel loro paese, dopo l'indipendenza non lo avevano fatto. Per di più, in molti provavano a scappare. Espressi la mia opinione, dissi che il regime stava diventando dittatoriale e che i giovani non vedevano alcun futuro davanti a sé. Mi misero in guardia, mi dissero che non avrei più potuto dire pubblicamente una cosa del genere. Poi partecipai a un seminario organizzato da alcuni oppositori, e allora mi espulsero definitivamente dall'organizzazione."

Il gruppo di oppositori deve raggiungere gli altri eritrei per la cena, in una piccola casa fuori dal paese, lungo la strada di ponente. Per continuare a chiacchierare con D. decido di accompagnarli in taxi, una di quelle poche macchine senza alcuna insegna che per cinque euro ti scarrozzano da una parte all'altra dell'isola.

Il cielo si è aperto. Pigiati sul sedile posteriore, mentre la macchina percorre la strada sempre più buia, D. continua il racconto della sua espulsione. E come già avevo pensato ascoltando le vicissitudini di Gabriel, mi sembra di sentire vecchie storie del comunismo europeo, non dissimili da quelle che si possono ritrovare nei romanzi di Arthur Koestler o di George Orwell. La fine di un ideale, lo snaturamento di un'organizzazione totalizzante, la solitudine dopo la scomunica... D. mi guarda fisso attraverso un paio di occhiali dalla spessa montatura nera, probabilmente lo stesso che indossa dai tempi della lotta di liberazione. Le guance scavate, il sorriso enigmatico stampato sulla bocca stretta, mi dice che a quei tempi si dichiaravano tutti marxisti, partecipavano ogni anno alla Festa dell'Unità, avevano uno stand dove esporre i propri materiali e raccogliere fondi. "Quando facevo il quadro politico in Italia, insegnavo marxismo-leninismo con gli opuscoli forniti dalla rivista del Fronte popolare."

La rivista si chiamava "Mahta", che in tigrino vuol dire "scintilla", proprio come l'"Iskra" leninista. In quegli anni si sono susseguite varie pubblicazioni del Fronte: "Fitwerari", "Fitzamietat", "Saghm"... Erano distribuite un po' dappertutto, sia nelle città già liberate sia lungo le trincee. In genere avevano una versione in tigrino e una in arabo, e molte erano diffuse anche nella diaspora. Gli esuli e gli studenti le leggevano nelle riunioni più o meno affollate che venivano organizzate.

"Mahta" era di un livello superiore. Era una rivista teorica, rivolta a un numero più ristretto di lettori, i militanti interni al Fronte. Veniva letta in gruppi più piccoli, avvezzi alle diatribe ideologiche, e aveva in gente come D. i propri interpreti e divulgatori. "La verità è che ci siamo nutriti di tanta ideologia... e poi l'abbiamo cagata!"

Il taxi abbandona la via principale e percorre una strada sterrata. Intorno ci sono parecchi alberi, non siamo molto distanti dal santuario della Madonna di Porto Salvo. Dopo poche decine di metri, ci fermiamo in un cortile. Ci sono altre macchine parcheggiate e molti degli eritrei sopravvissuti al naufragio. Attendono di andare a cena nella casa bassa, a un solo piano, alle loro spalle. Dal mare si è alzato un vento fresco.

Prima di salutarlo, chiedo a D. quanto sia difficile comunicare oggi con chi è rimasto in Eritrea. Quanto il loro lavoro nell'esilio sia efficace o quanto sia invece un'opera di pura testimonianza nei confronti di un ristretto pubblico occidentale, già di per sé restio a cogliere le evoluzioni recenti del Corno d'Africa.

"Sai, ultimamente non riescono più a controllare le emissioni radio come in passato, e questo è sicuramente un segnale di indebolimento del regime. Il problema però è che non basta ascoltare la radio. La rete è estremamente debole. Internet non è bloccato, ma la corrente salta spesso; in questo modo il regime impedisce di fatto le comunicazioni senza esercitare apertamente la censura. Se devi aspettare un'ora per aprire una pagina web, dopo un po' ti stufi e non lo fai."

Il giorno seguente, in un salone della stessa parrocchia in cui è stata celebrata la preghiera che ha preceduto il corteo diretto verso la Porta d'Europa, si tiene una riunione di tutte le anime dell'opposizione eritrea al regime. Ci sono vecchi militanti del Fronte popolare passati dall'altra parte, come D. e gli altri uomini seduti al tavolino del bar di via Roma. Ci sono preti come don Mussie, impegnati in attività umanitarie e soprattutto nel monitoraggio di chi fugge dal paese e si lancia a bordo dei pescherecci nel Mediterraneo. Ma ci sono anche parecchi giovani.

Sono loro la componente più dinamica della variegata opposizione eritrea, che raccoglie almeno una decina di sigle. Hanno tutti tra i venti e i trentacinque anni, cioè la stessa età di chi prevalentemente affolla i barconi diretti verso l'Italia. Erano al massimo poco più che adolescenti quando l'Eritrea è diventata indipendente: venuti in Europa in vari momenti, hanno maturato molto prima del 3 ottobre 2013 il distacco dal regime. Oggi, in un clima di speranza, fragilità, isolamento che richiama i piccoli nuclei dell'antifascismo in esilio negli anni trenta del Novecento, tanto quanto D. o Gabriel ricordano gli ex comunisti europei dopo il fallimento dell'utopia, questi ragazzi pensano a cosa fare in Europa per contribuire ad abbattere il regime. Che vivano in Germania, Svizzera, Svezia o Italia, la loro mente è costantemente portata a ragionare sull'Eritrea. A riflettere sull'evoluzione dei suoi accadimenti interni, e sui contatti da stabilire con gli oppositori ancora rimasti nel paese. Soprattutto pensano a come difendersi dalle pressioni dei servizi di sicurezza che controllano, tramite le ambasciate, le comunità della diaspora.

Parlare con loro, in un angolo della piazza davanti alla parrocchia, è come fare un salto indietro nel tempo. O in una galassia parallela rispetto a quella in cui la nostra percezione dell'Africa e delle migrazioni verso l'Europa si muove abitualmente.

Apprendo che il più importante gruppo giovanile d'opposizione è l'Eritrean Solidarity Movement for National Salvation. È attivo in ottantatré città in tutto il mondo, tra cui sei italiane: Roma, Milano, Bologna, Firenze, Torino e Genova. Solo in Italia, gli aderenti sono più di duecentocinquanta. Poi ci sono anche gli altri, tutti quelli che appartengono al Coordinamento dell'opposizione, che si sono riuniti in mattinata.

Amanuel è uno dei ragazzi del movimento. Per lui l'obiettivo principale è quello di muoversi "come piccoli tassi".

"Come?" gli chiedo.

"Immagina dei piccoli tassi che rosicchiano i quattro pilastri di legno su cui poggia il regime, per farlo cadere. I metodi delle varie realtà raccolte nel Coordinamento sono diversi tra di loro: c'è chi pensa a una soluzione militare, chi a una via pacifica, ma la cosa che rende positiva questa aggregazione è il fatto di muoversi per obiettivi concreti, individuando piccole cose da fare insieme. Il problema dell'opposizione è sempre il solito, da noi si dice: 'Non possiamo parlare della corda con cui legare la pecora, prima ancora di comprare la pecora'. Invece ognuno parla del dopo-regime, quando ancora non abbiamo niente in mano. La nostra idea è raggiungere prima qualcosa, poi parleremo dell'assetto da dare al paese. Sarà il popolo a decidere."

Penso che le sue metafore siano efficaci, e mi chiedo come suonino in tigrino, nelle accese riunioni di questa opposizione ai primi passi. Come ormai avrete capito, Amanuel non è il suo vero nome.

Nella riunione è stato stabilito che il Coordinamento debba avere due livelli di lavoro, uno umanitario e uno più politico. Quello umanitario si occuperà di seguire gli sbarchi, e garantire assistenza a chi arriva. Spesso, mi spiega, gli interpreti in tigrino utilizzati dalle commissioni per il riconoscimento dello status di rifugiato sono forniti dalle ambasciate. E quindi per chi deve raccontare perché è scappato dal regime è come essere interrogato dai suoi emissari...

Poi c'è un livello più politico, che intende organizzare le azioni di denuncia e controinformazione. In Italia e in Europa si sa molto poco dell'Eritrea e, soprattutto a sinistra, si pensa ancora che il Fronte popolare sia lo stesso Fronte appoggiato dal Pci negli anni della lotta per l'indipendenza, senza comprendere, come dice Adhanet, un altro dei ragazzi del movimento venuto qui a Lampedusa, che "oggi sono proprio quei guerriglieri a stare in prigione".

Per Adhanet un episodio chiave che spiega molto del rapporto dell'Italia con l'Eritrea è avvenuto a Bologna nel giugno precedente. Negli anni settanta Bologna è stata il fulcro dell'opposizione eritrea in esilio contro l'occupazione etiopica. Così, per festeggiare i quarant'anni dalla nascita del Fronte, la comunità eritrea controllata dal regime ha chiesto uno spazio per organizzare un festival, e il Comune ha concesso lo spiazzo dove si tiene la Festa dell'Unità.

Solo quando l'opposizione è insorta e ha dato il via a una campagna informativa, l'amministrazione locale si è resa conto della vera natura del regime. A quel punto, pur ritirando il patrocinio, non era più possibile cancellare la festa. Così a Bologna, nel silenzio dei media nazionali, si sono confrontate le due anime della diaspora.

"Abbiamo deciso di organizzare una contromanifestazione. Abbiamo sfilato nel centro e davanti all'area della parata filogovernativa. Il nostro obiettivo era far capire a tutti gli eritrei che *si può fare*, ci vuole solo il coraggio. Così ci siamo piazzati davanti alla loro festa con dei microfoni e delle casse per l'amplificazione, e ci siamo messi a leggere dei testi scritti da noi. Molti erano legati al 3 ottobre, parlavano dei cadaveri eritrei ancora in Italia su cui loro avrebbero voluto danzare. Capisci? Erano passati solo pochi mesi dalla strage, non si poteva ballare sui corpi di Lampedusa... Abbiamo anche stampato delle magliette con la frase ripetuta dal papa: *Dov'è tuo fratello?* Insomma, il regime aveva organizzato un collegamento con la tv nazionale in Eritrea, ma a causa della nostra protesta il collegamento è saltato. Ovviamente si sono arrabbiati tantissimo."

Le minacce degli agenti del regime non hanno tardato ad arrivare, c'è stata anche un'aggressione contro due giovani attivisti. Ma per questi ragazzi la spinta ad andare avanti è fortissima. C'è quasi una specie di autoconvincimento collettivo, che si cementa giorno dopo giorno, e che sembra rimandare ancora ad altre epoche, ad altre storie di militanza. "Io sto bene da quando ci mostriamo apertamente per quello che siamo e pensiamo," dice ancora Adhanet. "Con tutti i morti che abbiamo sulla coscienza, almeno adesso stiamo facendo qualcosa."

Per Omer, anche lui arrivato qui a Lampedusa, i collegamenti con i piccoli gruppi dell'opposizione rimasta in Eritrea non mancano. "Diecimila oppositori sono in prigione, ma c'è anche chi collabora segretamente. Per adesso ci forniscono solo informazioni, niente di più. Sai, l'Eritrea non è la Tunisia o l'Egitto, da noi l'esercito è fatto di giovani, e cambiare regime è più facile di quanto sembri. Quello che serve è una leadership che costituisca un'alternativa credibile al regime. Afewerki è ancora al potere perché tutti hanno paura del vuoto, dell'anarchia. E soprattutto dell'intervento dei paesi vicini, come l'Etiopia."

Li guardo in faccia, fisso i loro occhi, osservo le loro labbra sottili che parlano. E penso che vista da qui, dal cuore di un'isola che è stata l'epicentro di una strage orrenda, un'isola di pochi chilometri conficcata nel Mediterraneo, l'Eritrea appare allo stesso tempo lontanissima e vicinissima. Non solo perché gli echi della lotta contro un regime remoto hanno origine nelle nostre città europee, come questi ragazzi e la generazione dei Gabriel e dei D. confermano. Non solo perché la strage del 2013 è ancora lì, davanti a tutti noi. Ma perché, ancora una volta, l'Eritrea è stata la parte d'Africa più a lungo colonizzata dall'Italia appena unificata. I ragazzi lo ripetono costantemente, il colonialismo rimosso è un loro cruccio.

Sara, una delle poche ragazze del movimento, me lo ricorda con un'espressione seria in volto: "Ho l'impressione che l'Italia abbia paura della sua storia. I giovani non sanno che l'Eritrea è stata una colonia italiana, sui libri di scuola ci sono solo poche righe. Soprattutto chi è di Asmara sente di avere un legame con questo paese, ma quando arriva qui non capisce bene dove si trova. Invece di far chiarezza, gli ultimi governi hanno pensato che il modo migliore di risolvere il problema coloniale fosse quello di aiutare i regimi venuti dopo, senza spiegare per esempio perché abbiamo collaborato con Gheddafi per reprimere i viaggi dei migranti".

Libia, Eritrea, Somalia. I ragazzi dell'Eritrean Solidarity Movement for National Salvation lo chiamano il "triangolo italiano". Il "triangolo italiano", mi ripetono mentre passeggiamo lungo il corso principale, schivando capannelli di uomini e cani sonnolenti, ha a che fare con la nostra storia rimossa, con ciò che è stato edificato dopo quella rimozione e con gli enormi buchi neri che oggi si sono creati in quei paesi.

Mentre li ascolto, in fondo alla strada che si apre sul porto, il sole sta tramontando. Il cielo si tinge di rosso, le case del paese sembrano schiacciate al suolo, ancora più del solito.

L'indomani all'aeroporto incontro Adhanom. È insieme agli altri. Fanno la fila al banco delle partenze, ma capisco subito che non prenderemo lo stesso volo per il ritorno.

Ci scambiamo gli indirizzi email. Mi sembra sollevato dopo i giorni passati sull'isola, come se avesse portato a termine il compito che si era prefissato, qualcosa che avrebbe assolutamente dovuto fare per il fratello, per lo zio, per se stesso. Lo guardo e mi appare più alto e più magro dei giorni precedenti, indossa una camicia a quadretti rossi e blu con le maniche arrotolate. Torneranno subito in Svezia e in Norvegia, mi dice. Mentre li vedo scherzare in gruppo realizzo che l'Italia è ormai per loro una pagina del passato, un grumo che allontanandosi nello spazio e nel tempo diventa sempre più piccolo,

fino ad apparire un puntino scuro, e poi qualcosa di ancora
più impercettibile.

Dopo essere tornato a Roma e aver redatto un lungo articolo sulla riunione dell'opposizione a Isaias Afewerki, mi scrive un'amica eritrea che vive a Milano. Ho letto e riletto così
tante volte la sua email, da averla quasi imparata a memoria:

Ciao Alessandro,
leggendo le notizie che arrivavano dal Mediterraneo sugli sbarchi e i
naufragi, mi sono sempre chiesta come mai nessuno si chiedesse:
"Ma perché così tanti eritrei abbandonano il proprio paese?".
Telegiornali, giornali, mi sono sempre sembrati tutti distanti dal cuore del problema.
In questi mesi in cui Milano ha affrontato l'accoglienza di un numero elevato di profughi in transito, ho avuto modo di confrontarmi
con molti cittadini volontari che ci hanno dato un'enorme mano.
Parlando con loro ho compreso come tutti avessero chiaro perché i
siriani fossero lì. Sul perché degli eritrei invece quasi nessuno sapeva
darmi una risposta.
Lungi da me dare colpe anche perché, se proprio dovessi farlo, dovrei partire dai miei connazionali che vivono al di fuori dell'Eritrea,
incapaci di creare un'opposizione credibile e unitaria.
Eppure in passato gli eritrei della diaspora avevano una capacità di
mobilitazione formidabile.
Sono cresciuta a Bologna. Questo per dirti che ho vissuto, anche se
da bambina, gli anni del Festival che si teneva ogni anno alle Caserme
rosse, in cui una quantità incredibile di eritrei convergeva da tutto il
mondo per ritrovarsi, parlare di politica, festeggiare, ma soprattutto
per sostenere il Fronte di liberazione che stava combattendo.
Oggi un'iniziativa del genere sarebbe impossibile.
So che ti racconto qualcosa che ti è già stato riportato dalle persone
che hai intervistato, quindi non mi dilungo.
Chiudo riportandoti quello che è successo qualche mese fa. Come ti
dicevo, a Milano sono stati accolti circa quarantatremila profughi in
transito verso i paesi del Nord Europa, prevalentemente siriani ed
eritrei. Il Comune è riuscito ad affrontare questi numeri grazie al
terzo settore, ad associazioni di volontariato e a singoli cittadini.
Tra questi, molti giovani eritrei di "seconda generazione" hanno dato una mano ai profughi del loro paese che si sono ammassati nei

giardini di Porta Venezia portando loro cibo, vestiti, medicine. Senza perdere neanche un attimo, il consolato eritreo, tramite i suoi scagnozzi, ha provveduto a "schedare" e successivamente intimidire i giovani volontari. Alcuni si sono ritirati, altri hanno tenacemente continuato.

Episodi del genere mi fanno sempre più pensare che non ci sia speranza per l'Eritrea. E questo genera in me una grande frustrazione.

Mesi dopo il mio viaggio a Lampedusa, rintraccio casualmente in rete una notizia che cattura la mia attenzione.

Il cimitero delle barche non c'è più. È stato distrutto proprio quando sono ripresi alla spicciolata gli sbarchi nell'isola.

Pensavo che sarebbe rimasto lì in eterno, che potesse essere un monumento inscalfibile, in grado di reggere all'usura prodotta dal tempo e dai venti della costa. Ma mi sbagliavo. Un giorno d'inverno, le ruspe dell'Agenzia delle dogane sono passate sugli scafi accatastati. Hanno sbriciolato il legno e le lamiere, e trasformato le assi, le murate, le cabine, le chiglie, le scritte e i disegni in una poltiglia di piccolissimi pezzi. A quanto pare, i pescherecci rimasti intatti dopo l'azione delle ruspe sono meno di dieci.

15.

I giornali di Gabriel

Non ho sentito Gabriel per molto tempo. Dopo la nostra lunga chiacchierata è tornato a lavorare in Sardegna, con la promessa che mi avrebbe chiamato non appena avesse avuto qualche novità.

Quando vedo apparire il suo nome sullo schermo del cellulare, penso che voglia riferirmi qualcosa sulla dittatura di Afewerki o parlarmi dell'ennesima denuncia contro il regime apparsa in rete. Invece mi ha chiamato per dirmi tutt'altro.

"Ti interessano ancora i giornali eritrei?"

Quella sera, poco prima di lasciarlo, gli avevo accennato qualcosa a proposito della ex colonia subito dopo la caduta del fascismo. La vita degli italiani era continuata nelle medesime strade, nei medesimi posti per alcuni decenni. Ma non avevamo potuto parlarne. Gabriel doveva andare via, avevamo già discusso per diverse ore della fine della rivoluzione e dell'esodo in massa. Così lo avevo visto allontanarsi in quella specie di grotta urbana che si apre in piazza della Suburra, da cui si accede alla fermata della metro B.

"Ti interessano?" mi ripete al telefono. E io, prima ancora di rispondere che certo, mi interessano, rimango assorto ad ascoltare il suo italiano privo di inflessioni. Se non lo conoscessi, sarebbe impossibile stabilirne le origini.

Gabriel mi parla di un borsone lasciato a casa di Sandro Triulzi molti anni prima, quando, arrivato in Italia da poco, aveva deciso di lasciare Roma per l'isola in cui ora vive.

Capisco subito che "i giornali" hanno a che fare con la stampa in lingua italiana pubblicata in Eritrea. Gabriel li aveva raccolti nel tempo e li aveva conservati gelosamente nella casa di Asmara in cui era tornato ad abitare dopo gli anni di guerra.

Prima di partire per l'Europa, li aveva suddivisi in pacchi e scatole di varie dimensioni insieme ai libri più importanti, e li aveva consegnati ad amici e parenti fidati. Dopo essere venuto in Italia, se li è fatti spedire uno alla volta, seguendo gli stratagemmi più disparati per farli uscire dall'Eritrea. Una zia che vive in Grecia, tornata per qualche settimana ad Asmara, ne ha presi un paio e li ha fatti recapitare al suo nuovo indirizzo. Ci ha messo un po' di tempo per ricomporre il suo patrimonio; e una volta ricostituito, ha deciso di ingrandirlo.

Ascolto Gabriel, ammaliato dal suo racconto. È incredibile che una persona in fuga da una dittatura, che ha dovuto viaggiare per mesi accompagnato dal rischio di morire, abbia maturato un'ossessione per quei giornali, e soprattutto per l'idea di portarli con sé. Tanto più incredibile è che ne abbia fatto cenno solo ora.

A un certo punto era entrato in contatto con un vecchio "asmarino" di Sesto Fiorentino, un italiano tornato dall'ex colonia alla fine degli anni quaranta. "Asmarini" era il termine con cui venivano indicati una volta approdati nella madrepatria, e in fondo ne andavano fieri.

Era stato a casa sua un'intera giornata, e aveva riconosciuto nell'italiano, un tale di nome Marcello Melani, la sua stessa passione. Anche Melani, ormai prossimo alla morte, quando era venuto via dall'Eritrea aveva portato in Italia una scatola di vecchi giornali coloniali.

Era marrone, impregnata di polvere e umido. Gabriel l'aveva aperta davanti a lui, e il vecchio gli aveva detto che poteva portarli con sé. Poteva prenderli tutti, tanto lui non riusciva più a leggerli, gli facevano male gli occhi, e i figli se ne sarebbero probabilmente disfatti in seguito alla sua morte.

Melani è deceduto poco dopo, attanagliato dal mal d'Africa, dalla nostalgia per le strade, le case, i caffè, il sole, la polvere che non aveva potuto più rivedere e annusare per un'ultima volta. Gabriel ha unito le due collezioni, quella dell'asmarino e la sua, e le ha riposte con cura in un borsone sportivo.

La raccolta è il prodotto finale di una passione accesa in Eritrea e alimentata in seguito. Tuttavia, non ha portato il borsone con sé in Sardegna. Lo ha lasciato a casa dello storico Sandro Triulzi con la speranza, poi sempre rinviata, di creare a Roma una piccola emeroteca aperta a tutti con i fogli e i quotidiani della vecchia colonia.

"Puoi andare a vederli. Sono a casa di Sandro," mi ripete dall'altro capo del telefono prima di riattaccare.

Quando ho sentito Sandro, ovviamente non ricordava di conservare il borsone a casa sua. "Deve essere da qualche parte, forse in un angolo del soppalco…" Qualche giorno dopo mi richiama, li ha trovati. I borsoni sono due, non uno.

Impieghiamo un pomeriggio intero per sfogliarli tutti. Sono davvero tanti, ma ancora più sorprendente è la varietà delle testate. Quotidiani, settimanali, fogli di informazione, riviste giovanili, testate sportive. Una selva di caratteri stampati da rotative giunte allora dall'Europa rivela parole, annunci economici, notizie, commenti, invettive. Riproduce una pluralità di opinioni, speculari a quelle che andavano sorgendo in Italia nello stesso periodo. Vista attraverso il prisma della sua stampa vivace, l'Eritrea del passato sembra una regione italiana, solo un po' più a sud delle altre, con un occhio rivolto ai grandi eventi internazionali e l'altro a se stessa, alla propria cronaca quotidiana.

"Tutto questo è proseguito ben oltre la fine della Seconda guerra mondiale e il crollo del fascismo," mi dice Sandro mentre fa un po' di spazio sulla sua scrivania. Nell'Eritrea passata prima sotto il mandato britannico e poi sotto il controllo etiopico, la comunità italiana era rimasta molto forte. Le scuole in lingua italiana, dove lo stesso Gabriel aveva studiato da bambino e da adolescente insieme ad alunni bianchi, erano ancora numerose.

Lo stesso valeva per i giornali, benché solo pochissimi esemplari siano conservati nelle biblioteche e nelle emeroteche italiane. Probabilmente molti meno di quelli contenuti nei due borsoni che abbiamo rovesciato a quattro mani sul tavolo dello studio.

I giornali conservati appartengono a due periodi storici ben definiti: la seconda metà degli anni quaranta e gli anni sessanta. Il primo gruppo è costituito sicuramente dai giornali dati a Gabriel da Melani. Gli altri sono stati raccolti presumibilmente dalla sua famiglia, una famiglia eritrea colta e relativamente benestante della seconda metà del Novecento, e dallo stesso Gabriel negli anni del liceo e dell'università.

Tra questi ultimi, aveva conservato parecchie copie del "Quotidiano eritreo", una testata filogovernativa, il che all'epoca voleva dire filoetiopica. Tra i numeri prelevati da uno dei borsoni c'è quello che racconta con toni di ossequioso cordoglio i funerali della moglie dell'imperatore Hailé Selassié. Secondo "Il Quotidiano" un paese intero si era bloccato per piangere insieme al sovrano l'amata moglie.

Del "Quotidiano", che per un periodo era uscito in doppia versione, in italiano e in inglese, è interessante soprattutto la quarta pagina, quella degli annunci economici e della programmazione delle sale cinematografiche. Proprio lì, tra le righe, emergono brandelli di una piccola Italia lontana dall'Italia.

Annoto da un giorno qualunque i film e le sale. Cinema Odeon: *L'uomo che visse nel futuro*, da un racconto di Wells.

Cinema Impero: *Ursus*, con Ed Fury, Cristina Gaioni e Moira Orfei. Cinema Roma: *Sanremo. La grande sfida* con Domenico Modugno, Mina, Nilla Pizzi, Adriano Celentano. Tutti questi ad Asmara, mentre al Cinema Corso di Massaua davano, la stessa sera, *Vento del Sud* con Renato Salvatori e Claudia Cardinale.

Ancora più stuzzicanti sono i giornali di Melani. In particolare "Il Lunedì dell'Eritrea", con la testata in rosso e il sottotitolo "Giornale indipendente d'informazione": in tutto quattro pagine dense di notizie e commenti; ma anche in questo caso non mancano il cinema e lo sport.

La prima pagina del "Lunedì" del 31 marzo 1947 cattura subito la mia attenzione.

Accanto a un editoriale del direttore Emanuele del Giudice, i due titoli principali sono *Vivace seduta all'Assemblea costituente* e *Commemorazione di Filippo Turati*. Di spalla c'è invece un lungo intervento di Matteo Matteotti, il figlio di Giacomo, il deputato sequestrato e ucciso dai fascisti nel 1924.

Il "Lunedì" era chiaramente un giornale socialista. Più precisamente socialista democratico, vicino alle posizioni di Giuseppe Saragat. Lo si capisce dai titoli, dal tono degli articoli, da quello che dice Matteotti a proposito della necessità di un partito socialista "indipendente da interessi interni ed esteri, rivoluzionario nei fini, democratico nei modi" eccetera eccetera.

A tutti gli effetti è un reperto di archeologia politica.

Sfogliando i giornali raccolti da Melani, spicca un vivace dibattito politico che riproduce passo passo il dibattito della neonata repubblica. Le parole d'ordine, le espressioni d'uso comune in un tempo ormai remoto, si mescolano al dibattito sul futuro status dell'Eritrea e delle ex colonie italiane.

Io e Sandro siamo d'accordo. Questi fogli sono la prova che è esistita una stampa antifascista in lingua italiana, risorta dopo la caduta del regime, così come era risorta tra la fine del

1943 e i primi mesi del 1944 una stampa libera nelle regioni meridionali dell'Italia liberate dall'avanzata degli Alleati. Le quattro pagine del "Lunedì" e i giornali eritrei ancora precedenti non erano molto dissimili dai fogli di quattro pagine che andavano rifiorendo in Italia nelle stesse settimane.

Sotto la lampada a stelo lungo posta sul tavolo dello studio di Sandro, quelle parole e quei caratteri certificano la presenza di una lingua estranea alla retorica dell'impero, una lingua tesa a stabilire un rapporto diverso con l'Africa. È così, ad esempio, per "Il Carroccio", settimanale della sezione eritrea del Comitato di liberazione nazionale italiano. Ci sono due edizioni del 1945. Le forze collegate alle varie formazioni della Resistenza si erano divise equamente le poche pagine per annunciare i loro programmi.

Chi faceva questi giornali? Chi li stampava? Quali rapporti avevano le redazioni asmarine con l'Italia ancora in guerra e con quella appena liberata? E, soprattutto, che diffusione avevano?

Mentre sfoglio pagine e pagine di carta ruvida ammorbidita dal tempo, le domande si affollano davanti a noi. Sandro abbozza qualche risposta. "È evidente che vi fosse un gruppo di giornalisti, o di collaboratori volontari, che ascoltava la radio e ricavava le notizie utili."

Forse avevano addirittura modo di consultare i giornali che uscivano in Italia e di ripubblicarne i pezzi. Doveva essere andata così con l'intervento di Matteotti sul socialismo. Il filo a ogni modo era molto forte, molto più di quanto sia stato negli anni sessanta. Le pagine dei giornali raccolti da Gabriel descrivono le sorti e il punto di vista di una comunità ormai politicamente separata dalla madrepatria.

"È vero, ma per il cinema e lo sport non sembra essere cambiato molto," ipotizza Sandro mentre sistema il riflesso della lampada sul tavolo.

"La Pagina Sportiva", copia fedele anche nel colore rosa della "Gazzetta dello Sport", è lì a testimoniarlo.

Ci sono dieci, venti esemplari della "rosa" in versione eritrea. Il ciclismo occupa quasi sempre il titolo d'apertura. Fiorenzo Magni vince l'ultima tappa del Giro... Lo svizzero Hugo Koblet conserva la maglia rosa... Juan Manuel Fangio conquista un gran premio con la Ferrari e poi, ancora, qualcosa sul calcio.

Molte pagine sono dedicate allo sport in Eritrea. Anche qui il ciclismo è la disciplina più amata. Ci sono cronache minuziosissime delle gare del giorno prima, tanto che con Sandro ci soffermiamo a leggere diversi passaggi come questo: "Che il pubblico dell'Eritrea ami il ciclismo è stato sufficientemente confermato ieri da tutte le persone che si sono accalcate attorno all'anello di Campo Polo per assistere allo svolgimento della seconda prova del Campionato eritreo...".

Lo sport domina sempre i sogni e le apprensioni della piccola comunità. Tuttavia, anche per le testate dedicate al racconto delle competizioni locali, la vera chicca è costituita da uno dei giornali lasciati a Gabriel da Melani. Si tratta di una copia di "Asmara Sport" del 7 dicembre 1944. Sottotitolo "Settimanale indipendente di sport e varietà. Esce il giovedì".

Il giornale non fornisce solo fedeli resoconti del campionato di calcio locale e titoli magnifici come *Il G.S. Ferrovieri vince a Massaua con forte segnatura e si affianca al Melotti al comando della classifica*, ma dedica anche un'ampia sezione alla cultura, allo spettacolo e ai commenti. Così, in cima alla terza pagina spunta *Lontananza* di Mario Soldati, il prologo di *America primo amore* uscito in Italia nel decennio precedente.

Il testo è riprodotto integralmente. Impossibile stabilire a tanti anni di distanza se Soldati sia stato messo a conoscenza della sua pubblicazione. Se abbia avuto rapporti con quei fogli, magari tramite l'"Avanti" su cui allora scriveva, o se non ne sapesse assolutamente niente.

Di sicuro, mi dice Sandro, molti anni dopo Soldati andò in Africa orientale per realizzare insieme a Cesare Garboli un'intervista con l'imperatore Hailé Selassié. Erano i primi anni settanta, il programma della Rai si chiamava A carte scoperte. Nei primi minuti del video si scorgono i due scrittori preparare l'intervista all'imperatore e a un certo punto Soldati ammette di provare una profonda vergogna nel recarsi in Etiopia. Nel 1936 aveva prestato la sua collaborazione a un film di propaganda che esaltava l'occupazione fascista.

Sandro se la ricorda bene quella trasmissione. In quegli anni viveva ad Addis Abeba per scrivere la sua tesi di dottorato e fu proprio lui a guidare la troupe venuta dall'Italia per le strade della città. A un certo punto compare anche nel video. Mario Soldati lo sollecita a inquadrare storicamente e politicamente le dichiarazioni che l'imperatore, usando il plurale maiestatis, aveva rilasciato nell'ufficio del suo palazzo.

Chiamo Gabriel due giorni dopo. Conveniamo che si tratta di un materiale straordinario e che, oltre a digitalizzarlo, bisognerebbe renderlo pubblico. Certo, il lavoro da fare è lungo e meticoloso, ma ne varrebbe la pena.

Nel frattempo ho ancora parecchi interrogativi da sciogliere sulla vita di quella comunità lontana nello spazio e nel tempo. Gabriel ascolta paziente. Poi, dopo una lunga pausa, inizia a scavare nella sua memoria.

Quanto ai socialisti, mi confida che una volta lo zio gli aveva indicato il posto in cui sorgeva la sezione locale del Psi. Le sue stanze erano sempre affollate, ma poi era stata chiusa quando lui era ancora un bambino. Di più non sa aggiungere. Invece, per quanto riguarda i giornali raccolti negli anni sessanta, mi fornisce parecchie informazioni. Soprattutto sul "Quotidiano eritreo" che occupa buona parte della sua collezione.

"Nei primi anni sessanta, 'Il Quotidiano' veniva stampato nella tipografia governativa insieme a un giornale in tigrino e uno in arabo. Veniva stampato da martedì a domenica, ed era controllato direttamente dall'Etiopia, come gli altri due. Gli occupanti avevano rilevato la testata e la redazione, impiegando le stesse risorse intellettuali e giornalistiche che avevano trovato. Il pomeriggio usciva 'Il giornale dell'Eritrea', ma questo era fatto dalla comunità italiana ed era stampato in una tipografia privata."

"Il mattino del Lunedì", al contrario, era stampato nella scuola tipografica francescana. Quel mondo era stato fiorente fino all'inizio degli anni settanta, quando l'economia era ancora controllata dagli italiani e le classi scolastiche erano piene di bambini cresciuti con il mito della madrepatria.

"Poi in un pugno di anni cambiò tutto. Nel 1974, con il colpo di stato in Etiopia e l'ascesa al potere dei comunisti del Derg, venne promulgata la nazionalizzazione delle maggiori proprietà. Nel 1975, invece, la guerriglia del Fronte popolare arrivò fino ad Asmara, e allora se ne andarono tutti. Non solo da Asmara, anche da Massaua e dai centri minori."

Gli asmarini come Melani tornano in patria e sprofondano nella nostalgia per un mondo che non c'è più. Nel 1976 organizzano una rivista bimestrale, "Mai Taclì", con l'intento di raccogliere una grande quantità di materiali sulla vita della ex colonia. Ora la rivista è online. Divisa in sezioni, raccoglie un'enorme mole di scritti, aneddoti, foto, documenti.

Vi ho passato sopra un po' di tempo. I redattori hanno davvero setacciato ogni centimetro del passato, ma spesso tra quelle pagine il ricordo appare edulcorato, tanto da celare le fratture e le ferite di un tempo, anche quanto di negativo c'era nella colonia e negli anni della dominazione etiopica.

È tipico degli asmarini, dice Gabriel con un pizzico di ironia, aver scoperto la cucina eritrea solo dopo essere tornati in Italia. Prima, quando erano lì, mangiavano solo i cibi italiani, come se fossero a Napoli, Roma o Venezia. Non volevano contaminazioni: secondo lui la passione per i cibi esotici è solo una conseguenza della nostalgia successiva.

Mi chiedo cosa rimanga di tutto questo. Me lo chiedo sfogliando le foto scattate alle pagine dei giornali eritrei, durante il pomeriggio passato a casa di Sandro. Le conservo su un hard disk.

Cosa rimane, allora? Al di là degli intrecci vorticosi della memoria e delle successive rimozioni o edulcorazioni, restano da qualche parte i tratti di un mondo dimenticato che ha molti punti di contatto con la grande migrazione di oggi. Gabriel e la sua generazione ce l'hanno chiaro. Ce l'hanno chiaro D. che ho incontrato a Lampedusa e i giovani appartenenti all'opposizione eritrea che si stanno organizzando in Italia e in Europa. Ce l'ha chiaro anche R., l'evangelico torturato al Track B che non ha voluto vedere l'obelisco di Dogali.

Osservo per l'ennesima volta i tanti nomi e cognomi italiani scritti nei necrologi pubblicati sulle ultime pagine dei giornali raccolti da Gabriel. Scorrendole, mi imbatto nella locandina di una serata di boxe e lotte varie organizzata presso l'ex Officina Fiat in via Amerigo Di Fazio, ad Asmara. C'è scritto a caratteri cubitali: "Prezzi popolarissimi. Posti unici numerati a Shs. 2,50". E poi ancora: "Turco contro Flori. Ziantona contro Fantozzi. Pappacena contro De Laurentis. Rocchi contro Lerda...". Non solo boxe, signore e signori, ma anche lotta greco-romana, lotta giapponese, jujitsu e persino wrestling.

Tutto in una notte, ad Asmara. Era sabato 5 ottobre 1946. La gente sarebbe accorsa numerosa, i lottatori si sarebbero picchiati fino allo stremo delle loro forze. Il pubblico avrebbe riso, urlato e cantato tra lo spavento e l'allegria. Poi sarebbe tornato nelle proprie case per ascoltare la

175

radio e sfogliare i soliti giornali, in attesa della quiete della domenica.

Ho provato a mettere insieme i frammenti di quel mondo scomparso. Ho cercato di immaginare come sarebbe stato ascoltare in quegli anni Nilla Pizzi, Tito Schipa o magari Renato Carosone, che si era esibito a lungo nei piccoli teatri di Asmara, Massaua, Addis Abeba. Mi chiedo che cosa mai potessero dire i testi di quelle canzoni agli eritrei, ai colonizzati, oltre che agli asmarini.

16.

Vedere, non vedere, 2

"Shorsh è in Italia," mi dice Marco una sera mentre parliamo d'altro.

Per anni avevo pensato che fosse tornato in Iraq, che avesse deciso di rifarsi una vita nel Kurdistan iracheno, e che lì fosse rimasto. Non lo avevo più visto a Roma, né conoscenti in comune mi avevano parlato di lui. Shorsh era diventato un fantasma, riapparso all'improvviso solo quando ho iniziato a ragionare su questo libro.

Lo ammetto: ero stato anche io a dimenticarmene, come spesso ci si dimentica di persone con cui pure si è condiviso qualcosa. L'unica altra volta che mi era capitato di parlare di lui, sempre con Marco, avevo appreso che era tornato a Kirkuk o a Sulaimaniya, o comunque in una delle città liberate dopo la caduta di Saddam Hussein nel 2003.

Ma ora Marco mi dice che è tornato in Italia con tutta la famiglia, "con la moglie e i figli".

La cosa mi sorprende. Siamo in genere portati a pensare ai viaggi come a frecce che si muovono in un'unica direzione, da sud verso nord, da est verso ovest. Anche quando siamo disposti ad ammetterne la complessità, il dilatarsi per mesi o anni lungo tragitti tortuosi, difficilmente conveniamo che chi decide di raggiungere l'Europa, dopo un po' di anni, possa tornare indietro. Non siamo portati a contemplare la cosiddetta "immigrazione di ritorno".

È ancora più arduo concepire l'esistenza di chi parte, ritorna e poi magari riparte nuovamente. Eppure molta gente vive in bilico tra due mondi e riattraversa la medesima frontiera più volte. In alcuni casi vi è costretta, in altri sceglie liberamente l'andirivieni. Lo ha fatto anche Shorsh.

"È a Bolzano," dice Marco. Da quando è tornato lo ha sentito sporadicamente, e una volta è stato anche a trovarlo.
"Vive fuori città." O almeno ci viveva quando ci è andato lui, un paio di anni fa, di passaggio in Alto Adige. Non sa dirmi cosa faccia ora per mantenere la famiglia. Tempo fa ha saputo che era in procinto di aprire un locale per la vendita di pizza e kebab.
"Non so altro purtroppo, ma puoi chiamarlo. Il suo numero è lo stesso di quindici anni fa. Non lo ha mai cambiato."

17.

Mare nostrum

Il 18 ottobre 2013, a due settimane dalla strage di Lampedusa, il governo italiano vara l'operazione Mare nostrum. Di fronte all'ecatombe, seguita dall'altra ecatombe dell'11 ottobre, l'unica soluzione immediata è inviare le navi della Marina militare oltre le proprie acque territoriali, in quella vasta porzione in cui il "mare di mezzo" è di tutti e di nessuno, e i barconi naufragano nell'indifferenza.

Con una scelta unilaterale l'Italia decide di mandare davanti alla Libia quelle stesse navi che solo quattro anni prima, ai tempi delle vicende raccontate da Hamid, erano destinate a intercettare i barconi per rispedirli indietro o per consegnare gli uomini e le donne a bordo alla polizia di Gheddafi.

Non so se sia stato per il peso dei morti o per le parole del papa che sono ripiombate sul dibattito italiano con tutta la loro semplicità e la loro asprezza. Sta di fatto che c'è stata una torsione netta nella gestione della frontiera.

All'improvviso non ci sono stati più arrivi di barconi direttamente a Lampedusa o nel Sud della Sicilia, né avvistamenti di carrette alla deriva a poche miglia dalla costa. La frontiera si è spostata più a sud, direttamente sulle onde del mare.

Questa torsione è durata un anno, e ha portato in un arco di tempo relativamente breve a soccorrere poco più di centocinquantaseimila persone. Grossomodo gli abitanti di una media città europea, stipata sui ponti delle fregate e delle corvette della Marina.

Centocinquantaseimila uomini, donne e bambini, per la precisione 156.362 in poco più di anno (esattamente 378 giorni), fanno più o meno 413 persone al giorno. Ciò vuol dire una serie impressionante di interventi in alto mare.

Il flusso è stato continuo e pressante. Ed è proseguito anche quando il governo ha sospeso la missione alla fine di ottobre 2014, perché ritenuta troppo dispendiosa.

Mi interessava capire come la missione si fosse strutturata. Non solo i numeri racchiusi nelle statistiche, non solo le sue finalità. Ma anche come la vita a bordo delle navi militari fosse lentamente cambiata, senza che lo stesso personale se ne accorgesse subito.

Poco dopo essere tornato da Lampedusa ho conosciuto Giuseppe Sacco. Abitualmente lavora al Celio, è il caposala del reparto di ortopedia del policlinico militare di Roma. Durante Mare nostrum è stato impegnato a bordo della *San Giusto* e della *San Giorgio*, dove si è trovato a coordinare le operazioni di un ospedale da campo in movimento. Per mesi ha lavorato da mattina a sera, e dormito poche ore a notte, almeno quelle in cui la nave non aveva a bordo tre o quattrocento profughi.

Solo la *San Giorgio*, mi dice appena ci incontriamo, ha salvato diciassettemila persone dalla metà di marzo alla fine di giugno 2014, dopo che nei mesi invernali, a causa del maltempo, l'esodo era rallentato.

In primavera, invece, è successo di tutto.

"Abbiamo avuto casi di ogni genere, non ci siamo fatti mancare nulla: fratturati, lussati, feriti da colpi d'arma da fuoco, e poi scabbia, morbillo, rosolia, ex malarici, intossicati... A un certo punto è arrivata perfino una donna con un catetere attaccato, era senza un rene. Era partita con le buste

180

di ricambio e una scatola di antibiotici: si era presa una pallottola per proteggere i figli durante una sparatoria in Siria. L'avevano operata lì, ma lei aveva deciso di partire ugualmente. Sempre dalla Siria sono partiti due ragazzini paraplegici. Ti lascio immaginare in che condizioni abbiano fatto il viaggio. Erano portati in braccio, a turno, dalla gente che viaggiava con loro."

Ascolto Sacco, osservo la faccia paffuta, larga come le lenti degli occhiali schiacciate sul naso, lo sguardo mite sotto i capelli brizzolati tagliati corti, e penso che sembri più un volontario di un gruppo cattolico che un militare di carriera. Mentre parla, mi fa vedere le foto che ha accumulato sullo smartphone. Si sofferma su quella di una bambina, i capelli a caschetto nerissimi. Indossa una tuta grigia più grande di una taglia e fissa ipnotizzata il biscotto che ha in mano. Sullo sfondo, dietro di lei, si intravedono delle persone stese sul pavimento e avvolte nelle coperte termiche, giallo oro di fuori e argentate all'interno. Sono decine, formano un tappeto fluorescente.

Sul ponte garage hanno installato l'ospedale da campo: una sala con un lettino per il pronto intervento, uno spogliatoio e due aree destinate ai ricoveri, una per gli uomini e una per le donne.

"Tutto questo è stato realizzato con l'aiuto di personale esterno alla Marina. La Fondazione Rava di Milano ha fornito medici e infermieri. Poi sono saliti a bordo anche i cardiologi del San Raffaele di Milano e un'ostetrica di Ravenna."

Fa scorrere altre foto. Due uomini in camice bianco visitano una persona di spalle. La piccola sala è organizzata nel modo più razionale possibile.

Mi dice che hanno riscontrato presunti casi di scabbia. Non potendo fare diagnosi accurate, si sono limitati a segnalare i casi sospetti. "È inutile creare allarmismi. Spesso sono gli indumenti bagnati di acqua salata a provocare delle irritazioni. Non è detto che sia per forza scabbia. Un'azienda di abbigliamento sportivo ci ha fornito tute e ciabatte. Quando erano zuppi, li facevamo cambiare, davamo loro una pomata, e poi li segnalavamo al medico di confine, al porto, in modo che venissero trattati. Ci sono stati molti diabetici, tanti africani arrivati con la pennetta per farsi l'insulina. Mi ricordo un ragazzino di quindici anni che sapeva misurarsi da solo il livello di glicemia nel sangue."

Il caso più grave è accaduto sulla *San Giusto*.

Era notte. Avevano appena recuperato un'imbarcazione con cinquecento persone a bordo. "C'erano tre moribondi. Erano quasi morti, ma i corpi erano ancora caldi: si erano ustionati e intossicati con gli idrocarburi."

Sui barconi più organizzati ci sono sempre taniche di carburante per evitare di rimanere a secco in alto mare. Se la stiva è piena di gente, qualcuno è costretto a sedervisi sopra. A volte la nafta si rovescia e cola nella sentina dello scafo. A contatto con l'acqua salata, libera nell'aria una puzza tremenda. Capita così che qualcuno svenga per il mal di mare, la mancanza d'aria o le stesse esalazioni che provengono dalle scorte.

"Molti hanno addosso questo odore. Ti bagni, ti gratti e senza accorgertene ti provochi delle ustioni. Ma i tre della *San Giusto* erano caduti proprio dentro la nafta. Li abbiamo dovuti rianimare. Ogni volta che buttavamo dentro l'aria, loro buttavano fuori del liquido verde. Ne abbiamo salvati due, ma il terzo non riuscivamo a rianimarlo. Era gravemente ustionato, la pelle si era escoriata e i polmoni erano zeppi di carburante. L'abbiamo portato con l'elicottero a Catania, dove c'è un centro grandi ustionati, e là l'hanno salvato."

Il suo team comprendeva una decina di persone. Oltre a lui, c'erano un infermiere del pronto soccorso di Taranto, il medico di bordo, un tecnico di radiologia, gli anestesisti, gli infermieri della Fondazione Rava e quelli dell'Ordine di Malta, più due infermieri addetti al volo. E soprattutto c'era un tecnico di telemedicina, grazie al quale è stato possibile mandare direttamente a Roma, a centinaia di miglia di distanza, lastre ed elettrocardiogrammi per ottenere un referto in pochi minuti.

"Mare nostrum è stato anche questo," dice Sacco. Ma poi ci tiene subito a precisare, e vuole che non me ne dimentichi, che loro non hanno fatto i traghettatori dei disperati, incentivando così i viaggi verso l'Italia, come recita l'accusa principe mossa contro la missione.

"Durante questa *traghettata* non stanno certo in prima classe. Mentre la polizia comincia le pratiche per il riconoscimento, c'è chi fa domanda d'asilo e chi collabora per individuare lo scafista. Insomma, c'è anche un'attività di controllo."

Vedo altre foto. Alcune donne con il velo sulla testa, strette nei loro cappotti neri, azzurri, rossi, parlano ai loro figli. Sono seduti su un telo steso sul ponte garage. Una beve da una bottiglietta d'acqua.

"I siriani si riconoscono subito," dice Sacco. "Quando vedi gli africani pensi subito *povera gente*, ma i siriani no. Non hanno facce da contadini, hanno i soldi, i cellulari, perfino i tablet. Scappano dalla guerra, non dalla fame. Senza la guerra non avrebbero mai abbandonato le loro case."

Non esiste una sola tipologia di salvataggio in alto mare. Non solo perché sono diversi i tipi di imbarcazione che solcano il Mediterraneo, ma anche perché molto diversi sono tra loro i punti di partenza e i modi in cui il viaggio viene organizzato.

Mare nostrum ha spostato la frontiera meridionale dell'Europa molto più a sud di Lampedusa. Di fatto il primo contatto con un paese europeo, l'Italia, non è avvenuto più lungo le coste siciliane e sull'isola dal forte odore di timo. Il primo contatto è avvenuto sui ponti delle navi militari. Il primo incontro è avvenuto con il personale civile e militare impegnato nell'azione di soccorso.

"Di solito, quando ci avviciniamo a un barcone, buttiamo dei sacconi che contengono salvagenti di tutte le misure."

Molti dei pescherecci e dei gommoni intercettati dalla Marina erano stati lasciati in mare aperto, senza alcuna possibilità di continuare la propria corsa verso l'Italia. A volte gli scafisti trasbordano il carico umano da una barca all'altra e se ne tornano indietro, verso sud. Altre volte lasciano in acque internazionali le imbarcazioni in avaria, cariche di profughi. Quando ciò accade, il motore è sempre freddo, dice Sacco. "C'è la chiara consapevolezza che non arriveranno da soli dall'altra parte e che solo l'intervento di un altro mezzo potrà salvarli."

Gli scafisti si sono comportati così, contando sull'intervento di Mare nostrum. Da qui nasce l'accusa che una missione del genere ha incentivato le partenze. Ma è un'accusa che ancora una volta Sacco respinge: "Il punto è che gli scafisti se ne fregano. Quei barconi sarebbero affondati nello stesso identico modo del barcone davanti all'Isola dei Conigli. E poi, per come la vedo io, i siriani partirebbero comunque. Con o senza Mare nostrum".

Già, i siriani partirebbero comunque, come hanno fatto molto prima della missione varata dal governo italiano, e come hanno continuato a fare in seguito.

Accanto a quello che dice Sacco, c'è un altro dato da considerare.

La Marina non è andata solo molto più a sud di Lampedusa per raccogliere i pescherecci che salpavano dalla costa libica. È andata anche molto più a est per intercettare i barconi, per lo più carichi di siriani, partiti dalla Turchia e dall'Egitto. Per coprire un fronte acquatico di ventiduemila miglia quadrate, più o meno ottantamila chilometri quadrati, sono state impiegate trentuno unità navali e due sommergibili. Ogni giorno, almeno quattro o cinque unità hanno battuto lo spettro di mare interessato dalle operazioni.

Su ogni nave, non solo sulla *San Giorgio* o sulla *San Giusto*, sono state imbarcate tra le duecento e le duecentocinquanta persone: ufficiali e sottufficiali, quelli del Battaglione San Marco per gli abbordaggi, i poliziotti per i riconoscimenti, i civili e i volontari della struttura ospedaliera. Appena vengono raccolti seicento, settecento profughi una nave torna indietro, mentre le altre restano a presidiare il Mediterraneo.

"Ci vogliono due giorni per raggiungere la terraferma," continua Sacco. "Quando sono così cariche non possono superare i quattordici-quindici nodi."

Ciononostante, Mare nostrum non ha evitato le morti in mare. Nel solo 2014 sono state più di 3400. A metà settembre, ad esempio, in un pugno di giorni, sono morte mille persone in tre distinti naufragi avvenuti davanti alla Libia.

"Perché?" gli chiedo.

"Il motivo è uno solo: per quanto le navi militari possano spingersi più a sud e più a est, è impossibile intercettare le carrette che naufragano appena partite."

L'ennesima strage ha riproposto il consueto scontro tra due visioni contrapposte della frontiera. C'è chi ha sostenuto, ancora una volta, che l'operato della Marina ha incentivato la pratica adottata dai trafficanti di lasciare le carrette in alto mare per poi tornarsene indietro. E chi ha sostenuto, proprio come Sacco, che quelle persone comunque sarebbero partite, comunque avrebbero preferito il rischio di una morte in mare alla certezza di una vita di inferno in casa.

In fondo, gli stessi siriani che arrivano in Europa sono solo una piccola frazione dei milioni di profughi che hanno affollato i paesi limitrofi.

L'operazione Mare nostrum viene dichiarata conclusa il 31 ottobre 2014, poche settimane dopo la prima commemorazione della strage dell'Isola dei Conigli, e pochi giorni dopo il mio incontro con chi ha coordinato il soccorso a bordo della *San Giusto* e della *San Giorgio*.

Il governo italiano non è più disposto a stanziare nove milioni di euro al mese. Così annuncia di volerla sostituire con una nuova missione, questa volta chiamata Triton, la cui filosofia di intervento è molto differente. A spiegarlo, in un'audizione al Senato, è lo stesso capo di Stato maggiore della Marina militare, l'ammiraglio Giuseppe De Giorgi.

Ho ascoltato per intero il discorso, caricato qualche giorno dopo sul sito del Senato. Con l'ausilio di molte slide, De Giorgi ha difeso fermamente la missione appena conclusa e, spingendosi un po' più in là di quanto in genere sia concesso a un alto grado militare, ha evidenziato tutti i rischi che sarebbero nati dalla sua conclusione.

Con l'introduzione di Triton, ammette l'ammiraglio, le modalità di soccorso sono cambiate radicalmente.

Triton si limita a controllare le coste e a pattugliare le acque territoriali. Viene meno il monitoraggio in alto mare e si limita, allo stesso tempo, lo screening sanitario svolto da Sacco e dagli altri addetti imbarcati sulle navi. Con la nuova missione l'area controllata si riduce del 70 per cento: dalle 22.350 miglia quadrate di prima a sole 6900. Stiamo parlando delle sole acque territoriali collocate all'interno delle trenta miglia di mare che circondano le coste di Puglia, Calabria e Sicilia.

Il dato più interessante, sottolinea De Giorgi, è che con la chiusura di Mare nostrum gli sbarchi non sono affatto diminuiti, anzi sono aumentati. E di molto. Basta un dato a smontare le accuse mosse dai teorici dell'equazione "più soccorsi uguale più sbarchi". Nel novembre del 2013, in piena Mare nostrum, erano arrivati in Italia 1883 migranti. Nel novembre dell'anno successivo, cioè subito dopo la conclusione dell'operazione, sono stati registrati 9134 arrivi, con un aumento netto del 485 per cento.

"Di questi," continua l'ammiraglio, "3810 migranti sono stati soccorsi dalla Marina e sottoposti a controllo sanitario prima dello sbarco. I restanti 5324 sono arrivati direttamente sul territorio nazionale senza controllo sanitario. Di questi ultimi, infatti, 1534 sono stati intercettati e soccorsi dalla Capitaneria di porto e 2273 da mercantili commerciali non attrezzati per quel tipo di attività, ma obbligati dal diritto del mare a intervenire."

Insomma, gli sbarchi continuano, ma in maniera più caotica e disordinata. La frontiera è di nuovo arretrata: da acquatica è tornata a essere terrestre e a coincidere con le coste italiane.

Ascoltando De Giorgi, ho pensato che con la fine di Mare nostrum rischia di chiudersi un'ampia parentesi all'interno della quale il ruolo della Marina è parso diverso. Tanto quanto può essere diverso mandare le stesse navi dapprima impiegate nei respingimenti in alto mare, o addirittura in operazioni di *harassment*, cioè in "azioni cinematiche di disturbo e di interdizione", come vengono chiamate in gergo tecnico-militare quelle manovre che nel marzo del 1997 provocarono lo speronamento e l'affondamento della *Katër i Radës* nel Canale d'Otranto, a svolgere un'operazione di soccorso. Certo, Mare nostrum è stata anche un'operazione di polizia che ha portato all'arresto di 366 scafisti. Tuttavia, a bordo delle navi sono state imbarcate innanzitutto persone come Sacco, che per ore e ore, anche a notte fonda, hanno continuato a curare, medicare, rianimare, fasciare uomini e donne inzuppati d'acqua, sale e gasolio.

18.
Gli arrivi dal mare

I flussi cambiano sotto i nostri occhi molto rapidamente. Cambiano i posti di frontiera, cambiano le rotte. Cambiano le cause che li determinano. Ogni nuovo conflitto che deflagra e ogni dittatura che implode generano una nuova ondata.

Leggere i numeri è importante, perché nella loro essenzialità spesso permettono di cogliere le trasformazioni più macroscopiche.

Si calcola, per esempio, che dal 2002 alla fine del 2014 siano sbarcate sulle coste italiane poco più di 456.000 persone. Solo nel 2014 sono state 170.000, se si considerano anche gli sbarchi avvenuti dopo la fine dell'operazione Mare nostrum. Di queste, 140.000 erano partite dalla Libia, 15.000 dall'Egitto, 10.000 dalla Turchia, 1500 dalla Grecia, 1200 dalla Tunisia. Molte di loro hanno deciso di non rimanere in Italia e si sono dirette verso il Nord Europa, proprio come i ragazzi sopravvissuti al naufragio di Lampedusa.

Sono tante?

Se sul lungo periodo si confronta il numero degli sbarchi con il totale degli arrivi in Italia, cioè anche con gli arrivi via terra o via aereo, e con i viaggi di persone in possesso di un permesso di lavoro o di studio, ci si rende conto che sui barconi è giunto meno del 10 per cento dei migranti. Nonostante l'impennarsi dell'attenzione mediatica in occasione dei naufragi più gravi, nonostante essi siano ormai associati da tutte le destre xenofobe europee al rischio di un'invasione, gli sbarchi non costituiscono la maggioranza degli approdi.

Tuttavia il punto essenziale è un altro. Gli arrivi via mare sono un sismografo che segnala l'esplosione di una vasta area del mondo. I 170.000 migranti giunti in un anno, per due terzi profughi siriani ed eritrei, non vanno paragonati con il numero degli arrivi complessivi, quanto con quello dei siriani e degli eritrei che rimangono imbrigliati nel nulla. Quanti sono tutti quelli che non riescono nemmeno ad arrivare alla riva sud o est del Mediterraneo per poi imbarcarsi? Anche in questo caso, i 170.000 sono meno del 10 per cento. Forse anche meno del 5 per cento. Che dico, non saranno più del 3 per cento di chi resta nei campi profughi in Sudan, Libano o Giordania, di chi si perde nel deserto o muore sotto le bombe.

Quando la Marina è arretrata al limite delle acque territoriali, i trafficanti che gestiscono l'esodo siriano hanno elaborato una nuova strategia, molto più appariscente. Riempire grandi cargo e puntarli direttamente verso le coste italiane. È avvenuto almeno sei volte nelle ultime settimane del 2014, i due casi più eclatanti si sono verificati a ridosso di Capodanno.

Il 31 dicembre viene intercettato a poche miglia dalle coste pugliesi un cargo battente bandiera moldava, il *BlueSkyM*. A bordo ci sono ottocento siriani. Sono partiti dal porto di Mersin, nella Turchia meridionale, hanno pagato cinquemila euro a testa per un viaggio sicuro. Il cargo è ufficialmente diretto verso l'Adriatico settentrionale, verso la Croazia, ma appena raggiunge le acque tra la Grecia e l'Italia, proprio di fronte all'isola di Corfù, cambia rotta, e si dirige verso la Puglia. Stabilita la nuova rotta, vengono bloccati il timone e i motori, e viene lanciato l'allarme. Il cargo rischia di andare a sbattere contro gli scogli, e allora interviene la Capitaneria di porto. Sei uomini vengono calati sulla nave da un elicottero, riescono a prendere il controllo del timone e a sbloccare i motori che sono stati impostati alla velocità di cinque nodi. Nel frattempo arriva un rimorchiatore da Taranto. Dopo alcune ore, il cargo viene portato nel piccolo porto di Gallipoli.

È la notte di San Silvestro. Due giorni dopo un cargo delle stesse dimensioni, lasciato alla deriva e con i motori bloccati, viene invece trascinato a Corigliano Calabro.

Il piano è molto semplice. Si rilevano grandi cargo in disuso, si organizza un equipaggio, si riempie la nave e si parte. In alto mare, dopo aver arrestato i motori, si lancia l'allarme. A quel punto i membri dell'equipaggio possono abbandonare la nave e tornarsene indietro, o confondersi tra i viaggiatori cui hanno spillato diverse migliaia di euro a testa.

Stipando nella stiva ottocento persone si incassano quattro milioni di euro. Ammesso che per un'organizzazione così complessa e articolata le spese possano arrivare a un milione di euro, il guadagno per ogni singolo carico è comunque enorme.

Per un po' si è temuto che il ricorso ai grandi cargo potesse dilagare, ma poi tali arrivi si sono diradati come d'incanto, con la stessa rapidità con cui erano piombati sulle prime pagine dei giornali. Non si è diradato però il flusso migratorio proveniente dal Mediterraneo orientale, quello costituito in gran parte dai siriani in fuga da una guerra totale. Semplicemente, i profughi hanno trovato nuove strade. Alcune più tortuose, altre più invisibili e ingegnose.

19.

I trafficanti

Nel settembre del 1219 Francesco d'Assisi arriva a Damietta con frate Illuminato per incontrare il sultano al-Malik al-Kamil, signore d'Egitto e nipote di Saladino. Siamo nel corso della Quinta crociata. La città che sorge lungo la costa, a oriente del Cairo, è sotto il controllo dei saraceni.

Francesco decide di attraversare le linee nemiche disarmato. Passa molti giorni tra i musulmani, e infine discorre con il sultano. Il dialogo è stato raccontato infinite volte e in molteplici forme. Dal momento che non ci sono testimonianze di prima mano, sono fiorite le interpretazioni più disparate.

Secondo un ramo delle cronache successive, Francesco predica la buona novella, ma senza ottenere alcun frutto. Già tra i contemporanei, il suo viaggio è considerato un fallimento. Non conquista nessuno alla fede cristiana, tanto meno il sultano, ma non viene neanche martirizzato. Non vince né perde in maniera trionfale, con tutti gli onori del caso. Semplicemente riparte accompagnato dalle sue debolezze.

Francesco torna a casa disgustato dalla crociata, dal viluppo di violenza, politica e religione, dallo scorrere del sangue e dall'accatastarsi dei corpi ai bordi del conflitto. Scosso dalla propria impotenza, capisce quanto sia difficile parlare con gli altri, soprattutto quando si esprimono in una lingua diversa, appartengono a una cultura molto lontana e siedono per giunta su un trono, dall'altra parte delle linee nemiche. Poco dopo, la città fu conquistata dai crociati, e della buona novella si affievolirono le tracce.

In una tela dei primi del Seicento del pittore olandese Cornelis Claesz. van Wieringen, la conquista di Damietta è ritratta come una battaglia maestosa. I saraceni sono asserragliati nelle due torri massicce all'imbocco del porto, mentre giungono decine di galeoni crociati. I primi sono già nel porto, davanti alle torri. Le vele sono gonfie, il mare è agitato. Remi e armi sono puntati contro la città che sarebbe caduta in pochi giorni.

Nell'anno successivo alla strage di Lampedusa, Damietta è stata, insieme alla costa nei dintorni di Alessandria, uno dei principali punti di imbarco dei viaggi dei migranti verso l'Italia.

Da lì sono partiti molti siriani scesi lungo la costa, dopo aver abbandonato il paese in fiamme, così come dal Nord della Libia hanno continuato a partire i profughi del Corno d'Africa e dei paesi al di là del Sahara. Da Damietta è partito anche il barcone affondato il 9 settembre 2014 con a bordo centinaia di palestinesi in fuga da Gaza.

Dai dintorni di Alessandria veniva invece Abdel. Nel gran marasma dei viaggi la sua è la storia di tanti. Abdel è un baby-scafista. Uno di quelli, sempre più numerosi, che si collocano a metà tra i traghettati e i traghettatori, tra chi scappa e chi materialmente conduce barche e barconi, spesso per conto di grossi trafficanti.

Ma Abdel è anche un ragazzino. Ha sedici anni, e fa il pescatore da sempre. A differenza di un suo coetaneo della riva nord del Mediterraneo ha le mani segnate dal sale e dalle reti, la pelle del viso indurita dal sole e dal vento. I segni della fatica cozzano rudemente con i suoi capelli lisci neri, pettinati lungo una riga ordinata sul lato destro e le grandi orecchie a sventola. A differenza di altri suoi coetanei si crede già un uomo, non ha paura del mare e delle sue insidie. Eppure i suoi occhi, che osservano tutto voracemente, sono quelli di un adolescente cresciuto in fretta, ancora fragile davanti alle venture inaspettate. Come quella che gli capita nel novembre del 2013, a un mese di distanza dalla grave strage di Lampedusa.

La notte tra il 4 e il 5 novembre, Abdel si imbarca su un peschereccio insieme ad altri due ragazzini come lui. Conoscono gli altri uomini a bordo. Hanno già lavorato per loro, non pagano male.

Intorno è ancora buio, Abdel indossa un maglione spesso di lana scura. Mentre il peschereccio avanza, guarda la costa che si allontana e la città che dorme. Come fa fin da quando è bambino, anche oggi andrà in mare a pescare. È il mozzo di bordo: vuota secchi, spala il ponte con lo spazzolone, dà una mano a tirare su le reti.

Non è ancora sorto il sole, ma Abdel ha un presentimento: non sarà una battuta di pesca come tutte le altre. Il comandante dà strani ordini, sembra teso. Gli altri due ragazzini sono sorpresi come lui. Solo quando se lo vede davanti, Abdel capisce che dovranno trainare un altro barcone di qualche metro più piccolo del loro. A bordo ci sono centosettantasei persone. Non sono solo uomini, ci sono anche delle donne, un paio hanno il pancione. E poi i bambini, tanti bambini... Qualcuno alle spalle gli dice a mezza voce che sono siriani, altri sembrano egiziani come lui.

Le due barche si avvicinano, la massa indistinta di uomini, donne e bambini lascia lo scafo trainato e sale a bordo del peschereccio più grande. Abdel li vede muoversi rapidamente, senza fare rumore.

In pochi minuti il peschereccio è ricolmo, ora avanza a fatica. La linea di galleggiamento si è visibilmente abbassata. La stiva, il ponte, la cabina sono schiacciati verso il mare nero. Sull'altra barca, quella trainata, sono rimaste solo una cinquantina di persone. Ora il viaggio ha veramente inizio. Abdel non lo sa ancora, ma durerà diversi giorni.

Nelle ore interminabili di navigazione in cui al sole di giorno si sostituisce il freddo di notte, le due imbarcazioni procedono in fila indiana. Tecnicamente, quella su cui è imbarcato Abdel è la "nave madre", o almeno così viene chiamata dalla Marina militare e dalle procure italiane che indagano sui trafficanti. Ma è un termine che il ragazzo non ha mai sentito. L'unica cosa che riesce a capire è che durante il lungo viaggio non si pescherà. Non ci sarà alcuna battuta. Devono solo portare il "carico", come lo chiamano gli uomini dell'equipaggio, molto più a nord della zona abitualmente percorsa dai pescatori. Intorno a sé vede donne e bambini che hanno sete. Ogni tanto versa loro un po' di acqua dalla grande tanica che hanno posizionato nella stiva. Quando lo ordina il comandante, distribuisce il pane.

Abdel non può intuire che il loro "carico" è stato già segnalato da un sommergibile della Marina italiana impegnato nella nuova operazione Mare nostrum. A bordo del sottomarino sanno bene che presto, dopo giorni di noia, avverrà un nuovo trasbordo tra le due imbarcazioni. La seconda barca, quella più piccola, verrà lasciata in alto mare, mentre la nave madre tornerà indietro in Egitto.

E così puntualmente avviene il 9 novembre, quattro giorni dopo la partenza. Appena il comandante del peschereccio si accorge di essere entrato in acque internazionali, di aver oltrepassato cioè quella linea invisibile che taglia in due il Mediterraneo e separa le acque territoriali egiziane dalle acque di tutti e di nessuno, dà l'ordine ai suoi uomini. Il popolo variopinto che aveva riempito ogni anfratto del peschereccio risale sulla barca da cui era venuto. Il trasbordo è altrettanto rapido del precedente. Abdel vede il peschereccio svuotarsi. Ora è molto più leggero, sembra di nuovo enorme. Il comandante ordina di mollare le corde. La seconda imbarcazione, quella con i siriani a bordo, viene lasciata in alto mare.

Abdel si chiede perché, lo chiede in giro, afferra uno degli uomini a bordo per un braccio, ma questi gli risponde con un sorriso inacidito: "Tanto ci pensano gli italiani...".

Trainandoli, hanno risparmiato sul gasolio del secondo barcone. Ora possono tornarsene indietro indisturbati, tanto ai profughi ci penseranno le navi militari che pattugliano il tratto di mare appena raggiunto: le acque di tutti e di nessuno.

Quando sono ormai a una certa distanza dal barcone lasciato alla deriva, scorge in lontananza due navi grigie. Tagliano le onde a gran velocità, sono altissime. O almeno così paiono ad Abdel, che rimane imbambolato a scrutare il loro moto deciso, imperioso. Sono della Marina militare italiana. Una si dirige verso il barcone dei profughi. L'altra punta spedita verso di loro. Verso la nave madre.

Ciò che accade nelle ore successive è testimoniato da alcuni video girati con gli smartphone a bordo dell'unità militare che li insegue. Si tratta della fregata *Aliseo*. È lunga oltre centoventi metri, può arrivare fino a trenta nodi di velocità. Il comandante del peschereccio sa bene che non riuscirà a seminarla, eppure prova a scappare. Spinge il motore al massimo. Accosta e contraccosta. Intanto dal ponte dell'*Aliseo* i marinai imbarcati riprendono l'inseguimento, tra risate e commenti in dialetto. A un certo punto si sentono chiaramente delle esplosioni. Due, tre, quattro, poi molte di più. Sono spari. Intorno c'è solo mare.

Un militare imbarcato sull'*Aliseo* mi ha fatto vedere tre video che riprendono la sparatoria. Ci ha presentati un amico comune. Non li ha girati lui, ci ha tenuto subito a precisare quando ci siamo incontrati. "Li hanno fatti altri."

Da quanto ho capito, gli eventi del pomeriggio sono stati filmati da almeno quattro smartphone diversi, i militari a bordo si sono poi scambiati i file. In seguito i video sono stati diffusi anche su YouTube dal Partito per i diritti dei militari, una piccola formazione vicina al Partito radicale che si batte per la democratizzazione delle forze armate.

Ricordo nitidamente le immagini.

Nel primo video il mare appare calmissimo, il cielo è aperto. L'orario in basso a destra indica le quattro di pomeriggio. Il peschereccio fugge verso sinistra, per evitare i colpi. A sparare dalla nave militare italiana sono due fucilieri del Battaglione San Marco. Partono diverse raffiche. I fucilieri non sparano in aria, né puntano verso l'acqua, poco davanti la prua o poco dietro la poppa del peschereccio in movimento. Con il loro mitragliatore MG mirano direttamente alla poppa e alla parte posteriore della fiancata destra, più o meno all'altezza della linea di galleggiamento. I colpi sparati a una quarantina di metri di distanza attraversano la stiva della piccola imbarcazione da una parte all'altra. Alcuni alzano schizzi di mare, altri beccano in pieno la murata azzurra del peschereccio. Rivedendolo attentamente, qualcosa salta in aria, forse un pezzo di legno.

In gergo li chiamano colpi debilitanti. Dall'*Aliseo*, mi dice il militare, hanno provato a comunicare con il peschereccio. Nella plancia di comando c'era anche un interprete dall'arabo. Hanno provato a comunicare tramite la radio di bordo, ordinandogli di fermarsi per un controllo. "Non potete andare oltre," ripete l'interprete alla radio, ma dal peschereccio non arriva una sola parola. Il silenzio assoluto. È allora che dalla fregata si decide di rispondere con i colpi dell'MG.

Nel secondo filmato è ormai sera. L'inseguimento è durato diverse ore. Tre ore, forse di più, mi dice l'uomo che mi fa vedere le immagini. Tre ore di onde e spari, senza che il peschereccio arresti la sua corsa, senza che il copione cambi.

Ora è tutto buio. Non si distingue il mare scuro dal cielo privo di stelle. Un faro illumina il peschereccio. Poi una voce urla: "Ancora fuoco con la Browning. A prora!". Partono i colpi. Si è passati a un mitragliatore più potente. La bocca del cannone della Browning è lunga oltre un metro, le esplosioni sono più nette. Il calibro è di oltre un centimetro.

Partono i colpi con un rumore secco, lasciano una scia luminosa nel buio. Due centrano in pieno la prua, ma il peschereccio non si ferma, continua la sua marcia.

La voce si fa più insistente: "A poppa, sotto la poppa". Ma per sbaglio parte un colpo che arriva sul ponte posteriore del peschereccio.

La voce urla ancora: "Sotto, sotto". Intende sotto la linea di galleggiamento, sotto la linea bianca orizzontale che costeggia la murata del peschereccio e che taglia in due l'azzurro opaco. Partono tre colpi, vanno tutti a segno. Il peschereccio inizia a incurvarsi. Continua la sua marcia, ma a fatica. Dall'*Aliseo* qualcuno dice: "Inizia a pisciare acqua".

La voce ordina di nuovo di sparare, e chiede che sia ancora la Browning a farlo. Ora partono quattro, cinque raffiche verso la prora. Ma questa volta sembrano più imprecise: cadono in acqua, la scia luminosa si infrange contro le onde. Solo due colpi centrano il bersaglio.

Nel terzo filmato, l'ultimo, il sole è alto, il cielo è sereno e l'*Aliseo* sta trainando il peschereccio. Per metà è sommerso, viene trascinato come un relitto. "Anche se le immagini non lo mostrano," mi conferma il militare, "dopo un po' è affondato del tutto, tanto che dalla fregata hanno dovuto tagliare le corde e lasciarlo sprofondare nel Mediterraneo."

Subito dopo l'ispezione, in un arco di tempo collocabile tra il secondo e il terzo video, gli scafisti sono stati portati a bordo dell'*Aliseo*. Quelli del Battaglione San Marco si sono calati con i visori notturni e li hanno presi tutti. "Erano sedici in tutto, tre erano minori. Ma minori per modo di dire, uno di sedici anni era il doppio di me."

Arrivati nel porto di Catania, sono stati consegnati alla polizia. I centosettantasei migranti della seconda imbarcazione sono stati nel frattempo soccorsi dalla nave *Stromboli*, tecnicamente un'ausiliaria impegnata a fianco dell'*Aliseo* nell'operazione Mare nostrum. Uomini, donne e bambini sono stati poi trasferiti nel Palasport di Acireale.

Chiedo al militare che idea si sia fatto degli scafisti. Ci pensa su, si gratta il mento. Poi mi risponde: "Ripetevano in continuazione di essere *normal people*, di essere *fishermen*. Dicevano di aver soccorso della gente che avevano incontrato per caso e che altrimenti sarebbe andata alla deriva. A parlare era soprattutto il comandante, i ragazzi stavano zitti. Di notte gli abbiamo dato le coperte termiche e un pacchetto di sigarette. Non saprei dirti che tipo di persone erano. Alcuni mi facevano pena, altri no. Uno che è stato calmo tutto il tempo, arrivato a Catania ha fatto finta di suicidarsi".

Se si prova a moltiplicare ciò che si vede nei primi due filmati di pochi minuti per tutte le ore – almeno tre – di inseguimento, si può concludere che i colpi sparati siano stati tantissimi. Non si capisce perché quel peschereccio dovesse essere fermato a tutti i costi, sparando anche all'altezza della stiva, sebbene a bordo ci fossero solo uomini e ragazzini disarmati.

Abdel vive quelle ore interminabili nell'angusto abitacolo della nave madre. All'inizio pensa che si tratti di razzi di segnalazione, o al massimo che quelle esplosioni siano solo un avvertimento. Poi sente il primo colpo sordo all'altezza della poppa. "Ci stanno sparando!" strilla uno degli adulti mentre si lancia sulle assi di legno del ponte. "Ci stanno sparando!"

Prova a fare due passi, ma è atterrito dal secondo colpo, e poi dal terzo, dal quarto, dal quinto. Abdel e gli altri ragazzini a bordo intuiscono subito che il comandante non si fermerà, e che presto non risponderà più neanche alle comunicazioni radio in arabo, a quella voce metallica, e per certi versi familiare, che giunge dalla nave militare.

Passa le ore successive con le mani calcate sulle orecchie,

spera solo che l'inseguimento abbia fine. Pensa alla pesca, alle reti, all'infinità di pesci che in quel preciso tratto di Mediterraneo scorrono ignari sotto il peschereccio e la fregata. E tutto gli sembra ancora più assurdo.

Immagina che l'unico luogo in cui salvarsi sia giù, nella stiva. Si figura che rintanarsi lì sia il solo modo per proteggersi dai colpi, come in un guscio. L'idea salta in testa anche agli altri due mozzi. Ma vengono subito bloccati dal comandante.

Che non perde mai la calma. "Proprio lì hanno puntato i loro fucili," gli dice impassibile, "vogliono farci imbarcare acqua. Vogliono farci affondare."

E allora, non potendosi rinchiudere da nessuna parte, Abdel si chiude in se stesso. Dopo un po' non sente neanche più i rumori, le esplosioni dei colpi, il legno che si squarcia, il ferro che si apre, le pallottole che rimbalzano, quelle che si conficcano. Vede solo le scie luminose dirette contro il peschereccio, contro di loro, contro le sue gambe. Come in un gioco.

Poi la stiva si riempie d'acqua, i motori si bloccano, e due o tre uomini salgono a bordo con i visori notturni calati sugli occhi. I gesti decisi, i fucili puntati, urlano qualcosa che non riesce ad afferrare. Strattonato di qua e di là, viene portato a bordo della nave più grande che abbia mai visto.

Le immagini smentiscono quanto affermato dallo stesso comandante dell'*Aliseo*, Massimiliano Siragusa, il 10 novembre 2013, al termine delle operazioni. Siragusa quella sera disse alla giornalista di un'emittente locale siciliana che si erano mossi all'inseguimento di un barcone di scafisti che, in precedenza, aveva trascinato una carretta carica di migranti verso l'Italia, per poi lasciarla in acque internazionali. Mentre la carretta veniva soccorsa dalla nave *Stromboli*, l'*Aliseo* si era avvicinata al barcone dei presunti scafisti. Fin qui tutto vero, ma poi aggiungeva brevemente che i sedici a bordo erano stati arrestati, mentre il barcone era affondato "a causa delle avverse condizioni meteorologiche".

Eppure, come dimostrano i video girati dal ponte della fregata, il mare era calmissimo, mentre è del tutto evidente che il barcone è affondato per i colpi ricevuti.

In un comunicato stampa stilato qualche mese dopo, lo stato maggiore della Marina militare ha ammesso l'uso delle armi quel pomeriggio di novembre, quale "ultima ratio" e "in maniera progressiva per costringere ad interrompere la fuga e portare a termine l'arresto degli scafisti". Tanto che, continua la nota ufficiale, "soltanto dopo circa due ore d'inseguimento la nave madre interrompeva la fuga e consentiva l'ispezione da parte di un team di fucilieri di Marina".

Ma anche in questo comunicato c'è qualcosa che non torna. Guardando i filmati e stando alle dichiarazioni di chi era a bordo dell'*Aliseo*, l'inseguimento sembra essere durato molto di più. E benché l'uso delle armi sia concepito come "ultima ratio", questo è iniziato da subito contro gente che non ne aveva, e con una quantità impressionante di colpi.

Per questo la ricostruzione dello stato maggiore non fuga il dubbio principale: è lecito sparare contro gente disarmata, si tratti pure di scafisti? È lecito farlo contro un equipaggio così eterogeneo come quello del peschereccio di Abdel, sedici persone, di cui tre minori ignari del "carico" che avrebbero dovuto trasportare, fino a quando non l'hanno visto salire a bordo? Porsi questo dilemma è uno scrupolo eccessivo?

Alla precisa domanda su quali siano le regole di ingaggio valide per il pattugliamento nel Mediterraneo, su cosa sia consentito fare contro le navi madre in fuga, una volta che il carico di profughi è stato mollato in alto mare, la Marina militare non ha mai dato una risposta compiuta. Eppure, è indubbio che i due marò a bordo dell'*Aliseo* non stessero sparando di testa propria. Stavano eseguendo ordini precisi. Non solo: chiunque conosca il funzionamento di una missione in alto mare sa bene che tutte le misure implicanti l'"ultima ratio" devono essere avallate dai comandi generali di terra, che siano a Napoli o a Roma. Insomma, il comandante Siragusa non può aver fatto tutto autonomamente.

"Non esiste alcuna regola di ingaggio che permetta di sparare su chi non ha avanzato un'offesa di pari livello. In questo caso, come detto dalla stessa Marina, i presunti scafisti erano disarmati." Quando incontro il segretario del piccolo Partito per i diritti dei militari Luca Marco Comellini, mi ripete in continuazione quello che per lui è il punto essenziale. Comellini conduce una trasmissione su Radio Radicale che va in onda una volta alla settimana. In un pomeriggio della primavera successiva alla missione dell'*Aliseo*, vado a trovarlo negli studi di registrazione e chiacchieriamo davanti a un vecchio mixer.

"Quel peschereccio era affollato," mi dice. "Non avevano armi. E, soprattutto, fino a quando non si sale a bordo di una nave priva di bandiera, è impossibile sapere chi ci sia, quanti siano e cosa stiano facendo." Perciò sparare centinaia di colpi ad altezza stiva rimane inconcepibile, benché lo stesso ministero della Difesa abbia ribadito che è legittimo, quale ultima soluzione, l'uso di una forza minima, ragionevole e proporzionale.

Ma proporzionale a cosa? Era proporzionale la forza esibita in quel caso, contro il peschereccio di Abdel?

Vedendo i video girati, e la naturalezza con cui i militari a bordo dell'*Aliseo* si riprendono tra loro, e riprendono il bersaglio colpito, ho avuto il timore che sparare per fermare i natanti dei trafficanti sia diventata pratica diffusa.

Comellini non ha elementi per dire se le cose stanno così.

Il militare dell'*Aliseo* con cui ho parlato ha escluso che ci sia stato un altro inseguimento con le stesse modalità. Si è trattato di un caso isolato. E la conferma viene anche da altre fonti, più o meno ufficiali.

Sullo stesso sito della Marina, a proposito della fregata

Aliseo si legge che "in ambito Mare nostrum l'unità ha condotto due azioni di inseguimento e cattura di 'navi madre' che hanno portato all'arresto di un totale di 31 scafisti; allo stesso tempo, sono stati condotti 19 interventi di soccorso in mare salvando un totale di 4390 migranti".

La seconda azione, cui la nota fa riferimento, è stata condotta qualche mese dopo, precisamente il 1° febbraio 2014. In quell'occasione i presunti trafficanti a bordo del peschereccio erano quindici. Anche in questo caso i minori erano tre, uno aveva addirittura tredici anni. In quel caso, forse memore del precedente inseguimento, il comandante del peschereccio si è fermato: uomini e ragazzini a bordo non hanno provato a scappare, non hanno lanciato i motori a mille, né hanno opposto alcuna resistenza all'arresto.

A maggior ragione, quindi, risulta tutt'altro che proporzionale l'uso della forza il 9 novembre 2013, proprio all'inizio dell'operazione Mare nostrum. Vedere due marò che sparano ripetutamente con un MG e poi con una Browning di grosso calibro, facendo poca attenzione alla scarsa precisione dei propri colpi, lascia interdetti. Anche se il fine è quello di arrestare degli scafisti. E allora, perché tanti colpi in quell'occasione?

A oltre un anno e mezzo di distanza dall'arresto di tutto l'equipaggio, Abdel è ancora a Catania. Non solo lui, anche gli altri due sedicenni a bordo del peschereccio. E anche gli altri tre arrestati nel corso della seconda azione condotta dalla nave *Aliseo*, compreso il tredicenne.

In procura li chiamano baby-scafisti. Sei minori su trentuno arrestati in due sole operazioni costituiscono una media elevata. Ma non sono i soli baby-scafisti arenatisi a Catania. I membri di questa stramba ciurma sono molti di più.

A raccontarmi la loro storia è stata l'avvocato Flavia Cerino, che segue addirittura quindici casi presso il tribunale della città etnea. Ognuno di loro ha un passato diverso alle spalle ed è salito a bordo dei pescherecci che trasportavano profughi per un motivo differente. "Sono tutte storie a sé stanti," dice Cerino. Messe insieme contribuiscono a complicare, se non addirittura a intaccare, l'immagine dello scafista che ci siamo fatti negli anni. Quanto meno definiscono un mondo di mezzo, dai confini incerti, fra traghettati e traghettatori.

Una volta fermati, la vita dei baby-scafisti viene separata da quella degli adulti. Abdel e gli altri sono stati sparpagliati in comunità alloggio e case famiglia nei dintorni di Catania. Per loro è scattato l'istituto della messa alla prova, che consente di uscire dalle mura del carcere e di rifarsi una vita, studiando o trovandosi un lavoro.

Al termine del percorso, laddove venisse mostrato un ravvedimento per ciò che si è fatto, il reato viene estinto. La legge si esprime più o meno in questi termini. Se si apre uno spiraglio, possono anche rimanere in Italia e mantenere il permesso di soggiorno.

Il paradosso di questo percorso, che comunque offre un'alternativa concreta al carcere, è che Abdel è costretto ad assumersi delle responsabilità per dei fatti che ha dichiarato di non aver compiuto volontariamente. Ha sempre ribadito di essere un pescatore, e di essere cresciuto in mare fin da bambino. Quella mattina erano davvero convinti, lui e gli altri ragazzini imbarcati, di andare a pescare. In alto mare si sono accorti che avrebbero dovuto fare "un altro lavoro", ma a quel punto non potevano più scendere, né tanto meno protestare. In barca si eseguono gli ordini del comandante. Non si tratta solo di una legge del mare. Molto più prosaicamente, non sarebbero più stati richiamati al lavoro se avessero piantato delle grane. E poi, in quei giorni di navigazione, prima che la seconda barca venisse lasciata in alto mare, si è limitato a passare dell'acqua a chi aveva sete e qualche tozzo di pane quando era ora di mangiare.

Al termine del suo periodo di prova, mi dice l'avvocato,

Abdel è comunque intenzionato a tornare in Egitto. Lui e gli altri due pescatori individuati come baby-scafisti sono in costante contatto con le famiglie. A casa, vogliono solo che tornino a lavorare. Non gliene frega niente dell'Italia, non sperano affatto che vadano nel Nord Europa.

Ancora più complesse sono le biografie degli altri baby-scafisti. Nessuno di loro dice di essere un pescatore, né di essere stato inseguito in alto mare dalla Marina, come Abdel.

Raccontano un'altra storia. Si sono imbarcati come aiutanti dei trafficanti per avere uno sconto sul prezzo della traversata, o per viaggiare addirittura gratis. A loro dell'Italia fregava eccome, invece. L'unica cosa che volevano era venirci.

In alcuni casi sono state le famiglie stesse a concordare con gli scafisti lo sconto sulla tariffa standard della traversata. Altri sono partiti da soli, senza che i genitori ne sapessero niente. Altri ancora non avevano una famiglia alle spalle. Hanno concordato direttamente con il comandante il lavoro da svolgere e sono salpati.

Nel caso della seconda azione dell'*Aliseo* è addirittura accaduto che gli scafisti adulti patteggiassero la pena, inferiore ai due anni, in modo da poter tornare subito in Egitto, mentre i ragazzi sono rimasti in comunità alloggio. Sono loro l'unica parte dell'equipaggio ancora sotto il controllo della giustizia italiana.

Flavia Cerino mi conferma che tutti i quindici minori da lei assistiti sono accusati di favoreggiamento dell'immigrazione clandestina. Tuttavia, i baby-scafisti sono molti di più. Nella sola Catania saranno almeno una trentina, ma ce ne sono sicuramente altri a Siracusa e in giro per la Sicilia.

È un numero elevato, se confrontato con quello di tutti gli scafisti arrestati. Viene quasi da pensare che la guerra contro il traffico di esseri umani sia in parte una guerra contro ragazzini finiti lì per caso, e che comunque non arriverebbero mai a spartirsi la torta dei proventi.

Certo, poi c'è sempre il mondo degli adulti. E qui è più difficile intercettare i confini della terra di mezzo. Prendiamo il peschereccio inseguito dall'*Aliseo*. Erano solo pescatori, *fishermen*, come ha detto il loro comandante al militare con cui ho parlato? Erano veri e propri trafficanti? Oppure erano pescatori che per una volta hanno deciso di arrotondare la paga, trasformando una battuta di pesca nel traino di un secondo peschereccio carico di profughi? E se così fosse, c'era un livello di consapevolezza diverso, mettiamo, tra il comandante e gli altri uomini a bordo?

Il modo in cui si sono comportati in alto mare e le testimonianze dei profughi tratti in salvo lasciano supporre che sapessero bene cosa stavano facendo. Quanto meno il comandante e gli uomini a lui più vicini erano organizzati, fermi, decisi.

Qualche mese dopo ho avuto modo di leggere le testimonianze degli uomini lasciati in alto mare. Una delle più esaurienti è quella di un tale di nome Mohamed Abbas Abmed, nato il 6 marzo 1988 a Qalyubia, in Egitto, a differenza della maggior parte delle persone a bordo, provenienti dalla Siria. Le sue parole, per quanto rese in una testimonianza davanti alla polizia e tradotte frettolosamente da un interprete, offrono un nuovo tassello dell'accaduto. Un nuovo sguardo dal basso, in parte molto distante da quello di Abdel.

La partenza, dice Mohamed Abbas Abmed, è avvenuta in una località imprecisata fra Rosetta e Alessandria d'Egitto, nelle prime ore di lunedì 4 novembre 2013. È allora che ha versato duemila euro a titolo di acconto, concordando con gli uomini del peschereccio di corrispondere la parte rimanente all'arrivo in Italia. In caso contrario sarebbero stati i famigliari rimasti in Egitto a pagare gli organizzatori.

"Scesi dalla macchina, abbiamo camminato a piedi per circa un minuto raggiungendo la spiaggia, da lì con delle barchette abbiamo preso il mare e raggiunto una barca, con la quale abbiamo preso il largo per raggiungere un'altra imbarcazione più grande, simile a un peschereccio di circa sedici metri.

"Con questa barca ha avuto inizio la traversata. Il viaggio è durato un giorno e mezzo, poi abbiamo fatto nuovamente rientro verso le coste egiziane. Abbiamo agganciato un altro barcone su cui sono saliti molti di noi. Dopo abbiamo ripreso la rotta verso l'Italia per diversi giorni. Ricordo che eravamo circa duecento persone: centoquaranta erano sulla barca dove viaggiavo io, mentre gli altri sessanta erano rimasti a bordo della barca che trainavamo.

"Durante la traversata, da quello che ho percepito, si sono occupate di noi undici persone, anche se dialogando con alcuni di loro mi è stato detto che erano in sedici. Durante la traversata si sono comportati con noi in maniera dura e arrogante, dandoci come sostentamento il minimo indispensabile.

"Dopo quattro giorni di navigazione io e i rimanenti centoquaranta migranti siamo stati trasbordati sulla barca più piccola ove già si trovavano gli altri sessanta migranti. Lì ho individuato altri cinque o sei soggetti che si sarebbero occupati della conduzione della navigazione. Sarei in grado di riconoscerli.

"Quando stavamo per essere trasbordati, gli undici soggetti che formavano l'equipaggio della prima barca ci hanno minacciato, per evitare che noi potessimo indicarli ai militari. Ci hanno detto che se li avessimo indicati avrebbero potuto rintracciarci e farcela pagare. Durante la traversata non mi sono stati sottratti soldi o altri valori, ma ci facevano pagare con prezzi esosi il cibo e qualsiasi cosa avessimo a chiedere."

Dal racconto che ne fa Abmed, abbiamo a che fare con dei trafficanti "tradizionali". È anche probabile che in una vita precedente siano stati pescatori. È anche probabile che continuassero a farlo nei momenti di magra e che non fossero in grado di sottrarsi a un'offerta di guadagno alternativa tanto allettante. Ma sicuramente in quel momento erano ben consapevoli dei rischi cui andavano incontro. Soprattutto sapevano bene cosa vuol dire abbandonare un barcone carico di gente alla deriva contando sull'arrivo delle navi italiane, benché probabilmente abbiano lasciato qualcuno a bordo, come racconta Abmed.

Visto con gli occhi dei profughi, il loro comportamento è simile a quello di tutti gli altri scafisti. Non fanno eccezione.

I traghettatori formano una galassia variegata, dalle sfumature complesse. Tra di loro ci sono i farabutti. Quelli che prendono a cinghiate i migranti perché si lancino in acqua davanti alla costa, anche se non sanno nuotare. Quelli che stuprano le donne stipate nei capannoni prima della partenza. Quelli che riempiono carrette pronte a sfasciarsi oltre ogni logica di galleggiamento. Quelli che stipano nelle stive centinaia di persone e poi bloccano ogni via d'uscita. Quelli convinti di farla franca, sempre e comunque, perché tanto in Italia sconteranno al massimo qualche mese di carcere. E poi ci sono i capi: quelli che guadagnano tanti, tantissimi soldi senza mettere mai piede su un barcone. Loro, i capi, rimangono sempre lontani dal caos dei viaggi e dal pericolo costante della morte in mare.

Secondo la procura di Catania, alle spalle del peschereccio del 9 novembre 2013, e di tanti altri barconi che hanno portato in Italia migliaia di profughi e migranti, c'è un solo uomo. Si chiama Ahmed Mohamed Farrag Hanafi, ha 32 anni ed è egiziano.

Nonostante i danni subiti dall'arresto degli equipaggi e dalla distruzione di parecchie navi madre, l'attività di Hanafi è continuata fiorente. Per lui è stato spiccato un mandato di cattura internazionale, ma è tuttora introvabile, benché il nuovo governo dei militari in Egitto affermi di non voler essere tenero con gli organizzatori dei viaggi.

Secondo la procura è lui a governare la riscossione del denaro. È lui a ordinare ai propri uomini di raccogliere chi vuole partire in piccoli gruppi e indirizzarli verso i barconi in partenza da Alessandria o da Damietta. È lui ad aver incentivato lungo questa rotta, alternativa a quella libica, il sistema delle navi madre. A volte funziona esattamente come per il peschereccio inseguito. Altre volte, in modalità leggermente differente: le barche lasciate in alto mare sono condotte fino alle coste italiane da scafisti muniti di Gps, con il rischio, per Hanafi, che i suoi uomini siano identificati. Prima di Mare nostrum questa seconda modalità è stata la regola.

Per gli scafisti che sbarcano sulle coste si aprono due strade. Se tutto fila liscio, e non vengono intercettati, vanno a dormire in case sicure e pochi giorni dopo ripartono per l'Egitto: raggiungono Roma in treno e da lì prendono un aereo per l'Africa, pronti per un nuovo viaggio. Se invece vengono beccati, sarà l'organizzazione a fornire assistenza legale. Sarà lo stesso Ahmed Mohamed Farrag Hanafi a occuparsene, come si evince da alcune intercettazioni telefoniche.

È il 13 settembre 2013. Non c'è ancora stata la terribile strage di Lampedusa. Nessuno ha ancora ideato qualcosa di vagamente simile all'operazione Mare nostrum.

Al largo della costa siracusana viene bloccata una nave madre da cui sono appena stati trasbordati 199 migranti su una nave più piccola.

Tutto l'equipaggio viene portato a terra da una motovedetta della Guardia di finanza. Quando sono ancora in acqua, quello che poi si apprenderà essere il "comandante" della nave madre riceve una chiamata sul suo telefonino. All'altro capo c'è Hanafi. Si tratta del terzo grande sbarco in poche settimane. La conversazione viene intercettata perché gli investigatori hanno già messo sotto controllo alcuni numeri indicati da chi ha viaggiato lungo quelle rotte, tra cui proprio quello del signore dei viaggi.

"Siete arrivati?" chiede Hanafi.

"No, non siamo ancora entrati," risponde il capitano. "Ancora un'ora ed entreremo a Catania."

"Quando ti hanno fermato, che cosa ti hanno detto?"

"Hanno detto che volevano vedere i nostri documenti."

"E voi siete scappati?"

"Noi non abbiamo fatto niente per farli insospettire."

"Ma quanti *lunch*, quante barche, sono con te?"

"Tre."

"Tre *lunch*?"

"Sì."

"C'è qualcuno con te nel cuore della barca?"

"Sì, ci sono dieci uomini."

"Dieci uomini armati?"

"Sì, sì."

"Ma ci sono interpreti?"

"Ho un ragazzo che sa parlare l'italiano."

Poi Hanafi si informa, con una certa stizza, sui controlli che dovranno subire: "Ma loro che cosa vi hanno detto, in pratica?".

"Ci hanno detto che se non abbiamo niente, ci lasciano andare. Se non abbiamo niente, ci daranno da mangiare, da bere, la benzina... Ma se qualcuno ha testimoniato, non ci lasciano andare. Questo è quello che ci hanno detto."

"Va bene, va bene," dice Hanafi con piglio sicuro, "chiudi, chiudi così mi organizzo..."

"Ok," annuisce il capitano, "cerca un avvocato e sistema tutto."

"L'avvocato ti arriverà direttamente. Gli sto già mandando dei soldi."

Subito dopo Hanafi chiama uno dei "ragazzi" rimasto insieme ai profughi sull'altra barca, quella lasciata in alto mare dalla nave madre e poi recuperata dagli "italiani". Gli dice di fare molta attenzione, perché gli faranno fare un confronto con i profughi. Proveranno a farli riconoscere. "Ti scongiuro, tu e i ragazzi non li conoscete. Voi siete venuti con il *coso* della Siria…"

"Sì, noi siamo arrivati su una barca della Siria," annuisce il ragazzo.

Subito dopo Hanafi gli comunica che al porto incontreranno anche gli altri, quelli che erano a bordo della nave madre insieme al capitano con cui ha appena parlato. "Guarda, dovete negare che li conoscete, altrimenti succederà un grosso problema per voi e per loro, va bene?"

Allora chiama ancora il comandante della nave madre, ormai giunta al molo di Catania. Il comandante sta per scendere a terra. Hanafi gli dice velocemente: "L'avvocato dovrebbe essere al porto, gli ho trasferito i soldi da due ore".

Si è giunti a individuare il nome di Hanafi grazie alla collaborazione giudiziaria tra Italia ed Egitto. Altrimenti sarebbe stato impossibile tessere insieme tutti i fili. Non è chiaro se effettivamente Hanafi abbia tutto questo potere sui viaggi. Probabilmente ci sono altri accanto a lui, o forse anche al di sopra di lui. Ma di sicuro ha un ruolo cruciale nel controllo di alcune imbarcazioni e nell'organizzazione di molte traversate. Anche di quella del 9 novembre. E forse tanto zelo nell'inseguimento del peschereccio di Abdel si spiega con qualche altra intercettazione telefonica non ancora saltata fuori. È probabile che anche in questo caso si sia stabilito un collegamento tra il nuovo comandante, fermo, risoluto, impassibile, e Hanafi, il capo già noto, che rimane sull'altra riva del Mediterraneo senza mischiarsi al puzzo di gasolio e sudore.

Anche la famiglia di Raghad Hasoun è partita da Alessandria d'Egitto con l'idea di raggiungere l'Italia. Era una notte di luglio del 2015, sono saliti a bordo di un peschereccio come tanti altri.

Raghad e la sua famiglia, il padre, la madre e le altre cinque sorelle, provenivano da Aleppo. Avevano lasciato la Siria due anni prima e si erano trasferiti al Cairo, dove il padre aveva mantenuto tutti facendo il commerciante. Ma poi avevano deciso di partire anche loro, affidandosi a scafisti identici a coloro i quali, lavorando per conto di capi come Hanafi, hanno accumulato una ricchezza sui viaggi dei siriani.

Raghad ha undici anni ed è diabetica. Per essere sicuri che la bambina non abbia una crisi durante il viaggio, i genitori Mohamed e Nailà decidono di partire con due zaini pieni di insulina. Meglio abbondare. Raggiunta la spiaggia si accorgono che il peschereccio è poco più di una carretta. Non solo: i trafficanti annunciano perentoriamente che devono entrare con i piedi in acqua e proseguire per un centinaio di metri verso la piccola imbarcazione che li condurrà verso la nave madre. Mohamed e le donne, che hanno già pagato quattromila dollari d'acconto per il viaggio, comprendono che gli ordini non si discutono. Proseguono a tentoni, ma l'acqua diventa subito alta e il primo dei due zaini si inzuppa completamente. Le riserve sono perse, e allora i genitori di Raghad fanno di tutto per salvare almeno il secondo zaino. Lo tengono in alto sopra le teste, lo preservano come una reliquia. Evitano ogni contatto con l'acqua, a costo di andare sotto e bere per mantenerlo asciutto.

Pensano di avercela fatta. Ma, appena saliti a bordo, gli scafisti glielo strappano dalle mani e lo buttano in acqua. C'è una breve colluttazione, Mohamed urla che la figlia è diabetica, ma non serve a niente.

Ancora oggi Mohamed non sa dire perché lo abbiano fatto. Non sa dire il perché di un gesto tanto crudele quanto assurdo. Non sa dire se l'abbiano gettato per fare spazio a bordo, o perché ubriachi, o semplicemente per arroganza, dal momento che avevano ben inteso quanto fosse importante lo zaino per quella famiglia. Mohamed e Nailà protestano, allora gli scafisti li minacciano, dicono che devono partire subito e che possono stare tranquilli, tanto arriveranno presto in Italia. La finissero di fare tante storie.

Ma il viaggio è interminabile e Raghad inizia a stare male appena si lasciano la costa alle spalle. Non respira più, non riesce a bere neanche piccoli sorsi d'acqua. Perde i sensi, e dopo una notte di agonia, senza che i famigliari e le altre persone a bordo possano fare niente, muore all'alba.

Appena si accorgono che Raghad è morta, le sorelle iniziano a piangere e urlare, ma gli scafisti intervengono subito per riportare l'ordine. A quel punto il padre, dopo essersi consultato con un imam per telefono, decide di affidare il corpo della figlia alle onde del Mediterraneo. Gli scafisti che hanno provocato la sua morte non vogliono certo tornare indietro per seppellirla, e il padre non se la sente di lasciare il corpo proprio a loro con la speranza che lo seppelliscano da qualche parte. Così, insieme alla moglie lo lava e lo accarezza un'ultima volta. Poi, con l'aiuto di altri uomini, lo avvolge in una coperta, lega la coperta a un sacco del pane riempito di pezzi di ferro e butta l'uno e l'altra in acqua.

Raghad è morta così, a undici anni. Gli scafisti responsabili della sua morte sono stati arrestati. La sua famiglia è riuscita a raggiungere la Germania.

La procura di Catania indaga anche sui trafficanti che battono l'altra rotta, quella libica. Il 25 novembre 2014 vengono eseguiti nove fermi, in gran parte eritrei. Al gruppo di trafficanti sono attribuite le responsabilità di due naufragi avvenuti al largo delle coste libiche, il 13 maggio e il 28 giugno 2014, in cui sono morti oltre trecento migranti. In un appartamento usato dal clan è stato trovato il "libro mastro" dell'associazione, un quaderno su cui venivano indicate tutte le attività svolte e il relativo tariffario, come in qualsiasi impresa.

Il 2 dicembre 2014, gli agenti del Servizio centrale operativo hanno arrestato un altro eritreo coinvolto in un naufragio in cui persero la vita duecento persone. Si chiama Measho Tesfamariam.

Il 13 febbraio 2015 la Corte d'assise di Agrigento ha invece condannato a trent'anni di reclusione il somalo Mouhamud Elmi Muhidin. Si tratta di uno dei trafficanti che ha organizzato il viaggio del barcone naufragato davanti all'Isola dei Conigli. Le indagini hanno avuto inizio quando un gruppo di superstiti lo ha riconosciuto nelle stanze del centro di accoglienza, subito dopo il disastro.

Il 25 marzo successivo, poi, il sostituto procuratore Andrea Maggioni ha chiesto vent'anni di carcere per il tunisino che conduceva il peschereccio, il capitano con modi da duro. Secondo il pm, "la colpa della strage è sua, non poteva non prevedere che imbarcando oltre cinquecento persone e appiccando un incendio al largo per farsi notare ci sarebbe stata una strage". Si chiama Khaled Bensalem, ha trentasei anni. L'accusa è di omicidio colposo plurimo. Il 30 giugno viene condannato dal tribunale di Agrigento a diciotto anni di carcere.

Finora le ricerche sui trafficanti, i loro nomi, i loro ruoli, le loro organizzazioni sono state ostacolate dall'estrema difficoltà di condurre indagini nei paesi di partenza. Quando non sono rallentate, queste sono di fatto bloccate sul nascere. Per le procure italiane ed europee che cercano di far luce sui naufragi più grandi degli ultimi anni è spesso gravoso trovare una sponda giudiziaria nei paesi del Nord Africa. Ed è praticamente impossibile trovarla in Libia, il principale punto di partenza.

Il caso più eclatante in cui mi sono imbattuto, uno di quelli che ti fanno capire all'improvviso il funzionamento dell'intero meccanismo, ha a che fare con un naufragio fantasma di qualche anno fa. Ne scrissi per "l'Unità", allora diretta da Concita De Gregorio. Ricordo ancora il titolo in prima pagina, in stampatello, su una foto che ritraeva un mare piatto, oscuro, insondabile: *Cimitero blu*.

Probabilmente si è trattato di uno dei più grandi naufragi nel Mediterraneo. Ma è stato impossibile indagare.

È il 2009.

Nella notte tra il 28 e il 29 marzo avviene una strage nelle acque libiche. Una barca salpata da Said Bilal Janzur con circa trecento persone a bordo si rovescia a poche decine di miglia dalla costa. Vengono recuperati ventuno cadaveri. I ventitré sopravvissuti si salvano tenendosi aggrappati a un frammento del relitto. Tutti gli altri risultano dispersi, le probabilità di ritrovarli vivi in quel tratto di mare sono pochissime. E difatti, appena un giorno dopo, viene dichiarata la cifra di 253 morti. Nel frattempo, un'altra imbarcazione partita nella stessa notte, con 350 uomini e donne a bordo, è intercettata e ricondotta nel porto di Tripoli da un rimorchiatore italiano, l'*Asso 22*.

La notizia viene battuta dalle agenzie di stampa, finisce sui giornali e viene subito dimenticata. Ma in seguito, nel corso di un'inchiesta condotta dalla magistratura italiana, si scopre che i barconi affondati quella notte sono due, non uno. E che i morti, complessivamente, potrebbero essere seicento.

La scoperta è del tutto accidentale. La Direzione distrettuale antimafia di Bari sta conducendo un'inchiesta su un gruppo di donne nigeriane costrette a prostituirsi. Per incastrare i trafficanti dispone una serie di intercettazioni telefoniche. Così, alcuni mesi dopo il naufragio gli uomini del Ros captano una telefonata agghiacciante.

Gli interlocutori sono un trafficante di donne residente in Italia, il cui numero di cellulare è stato posto sotto controllo, e un uomo che parla dalla Libia. Quest'ultimo si definisce un *connection man*. Sono solo un *connection man*, ripete più volte mentre si affanna a rispondere alle domande sempre più insistenti del primo. *I'm only a connection man…* I due parlano in inglese.

Il trafficante è nervoso. Lo accusa di avergli fatto perdere un "carico" prezioso, una montagna di soldi: trenta ragazze già acquistate per essere mandate sui marciapiedi di mezza Italia sono "andate perse" in un naufragio. Ne parla come se fossero arance. Impreca, offende. Ha perso il "carico", e ora vuole essere risarcito.

"La barca si è spezzata in due," si giustifica il *connection man*. L'altro lo minaccia, lui risponde come può. A un certo punto si capisce che stanno parlando del naufragio avvenuto la notte tra il 28 e il 29 marzo 2009. In un dialogo che diventa via via più serrato, il *connection man* prova a parare i colpi: "Tutti danno la colpa a me, ma che colpa ne ho io se c'era cattivo tempo. Le barche si sono spezzate perché il legno con cui erano fatte non era buono. Era marcio, tutto qua".

"Le barche", non "la barca".

Usa il plurale, lo ripete più volte.

Alla prima telefonata ne fanno seguito delle altre. Il trafficante è sempre più rabbioso, vuole indietro i soldi del carico umano perso in mare. E allora il *connection man* dice chiaramente che le barche affondate quella notte erano due, non una. Sulla prima c'erano poco più di 250 persone. "Una ventina sono state recuperate," precisa riferendosi alla barca di cui già si sapeva. Sull'altra, sulla nave fantasma, erano molte di più, almeno 350.

"Di cosa ti lamenti, allora?" aggiunge il *connection man*. "È stata una disgrazia. Tu hai perso trenta donne, ma i morti sono stati quasi seicento…"

Presto si scopre il nome dell'organizzatore dei viaggi, è un nigeriano che vive a Tripoli. Il *connection man* viene iscritto nel registro degli indagati per strage colposa. Viene anche presentata alla magistratura libica una rogatoria internazionale in cui si chiede di indagare sul suo conto. Ma la richiesta non ottiene alcuna risposta, la Libia si mostra sorda a ogni possibile accertamento. Gheddafi è ancora saldamente al potere. Il suo regime è un muro di gomma, impermeabile. Benché il rais si presenti all'Italia come il gendarme che blocca i flussi migratori, è impossibile fare luce su uno dei più grandi trafficanti della costa.

A tale difficoltà nell'ottenere una collaborazione nelle indagini si aggiunge la scomparsa dei pochi superstiti. Dei 350 intercettati dal rimorchiatore *Asso 22* e riconsegnati alla polizia libica non c'è più traccia. Con tutta probabilità sono finiti in qualche centro di internamento per migranti. Quanto ai ventitré recuperati vivi dalla prima delle navi affondate, i nordafricani, quasi la metà, sono stati rimpatriati nei rispettivi paesi, mentre quelli provenienti dall'Africa sub-sahariana sono finiti nel centro di detenzione di Tuaisha e lì se ne sono perse le tracce.

Nei mesi successivi alla pubblicazione dell'articolo non sono riuscito a sapere niente di più. Poi è scoppiata la guerra in Libia e il paese è piombato nel caos. In assenza di un'indagine giudiziaria ben strutturata, la piccola crepa che si era aperta si è richiusa in fretta. Il naufragio è tornato a essere fantasma.

Oggi ci penso spesso.

Quella notte quasi mille esseri umani hanno provato a raggiungere le coste italiane. Sono affogati in seicento, e chi non è morto è finito in qualche carcere libico. Tragedia nella tragedia, accanto ad altri migranti che avevano pagato per il viaggio, hanno perso la vita anche trenta ragazze destinate alla più orrenda delle schiavitù, quella sessuale. Se non fosse stato per un litigio telefonico tra i loro aguzzini, della vera entità del naufragio non si sarebbe mai saputo niente. Neanche quel poco che il *connection man* si è lasciato sfuggire, con l'unico intento di mettersi la coscienza a posto.

20.

Vedere, non vedere, 3

Marco aveva ragione. Quando ho chiamato Shorsh, mi sono reso conto che aveva ancora il numero di un tempo. In tutti questi anni non lo aveva cambiato, era rimasto immutato.

Quando ha risposto dopo alcuni squilli, ho riconosciuto subito la voce. Il suo accento italiano aveva preso solo una lieve inflessione settentrionale. Intorno a lui si percepiva un parlottio confuso.

Era al lavoro nel locale da diverse ore e vi sarebbe rimasto fino a tarda sera. Non aveva molto tempo per parlare, mi ha detto con un sorriso. Ormai era costretto ad aprire tutti i giorni, senza effettuare alcuna pausa di riposo. Doveva guadagnare per rimettersi in pari ma, se fossi andato a trovarlo, avremmo potuto chiacchierare nelle lunghe ore di lavoro, tra un kebab e l'altro. Soprattutto di pomeriggio quando i clienti si diradavano, o a notte fonda quando abbassava finalmente la saracinesca.

Gli ho detto che per me non c'erano problemi. Dopo tanti anni, avevo voglia di rivederlo. Lo avrei raggiunto di lì a una settimana.

"Quanto ti fermi?" mi ha chiesto prima di tornare al bancone.

"Un paio di giorni, non di più."

"Puoi stare a casa mia."

Così sono in treno per Bolzano. Attraverso il finestrino guardo di sfuggita le montagne verdi e ripide del Sudtirolo, chiedendomi come mai Shorsh abbia scelto di venire proprio qui, una volta tornato in Italia.

Conosco bene Bolzano. Proprio qualche settimana prima di sapere che Shorsh vive lì, ci ero stato per scrivere un articolo sul Monumento alla Vittoria costruito dal regime fascista, che voleva italianizzare questo lembo di terra tirolese strappato all'Austria dopo la fine della Prima guerra mondiale.

Se c'è un territorio che più di ogni altro ha sperimentato la vita lungo la frontiera, il compenetrarsi di lingue ed etnie diverse, la diffidenza tra i rispettivi gruppi, e allo stesso tempo gli attraversamenti da un gruppo all'altro, questa è proprio la fetta di terra montuosa in cui Shorsh aveva deciso di abitare. Gli italiani la chiamano Alto Adige, i tedeschi Südtirol. Il politicamente corretto vuole che si utilizzino i due nomi contemporaneamente, magari separati da un trattino o da una barra.

Per chi percepisce Bolzano come una terra lontana e la sua storia come indecifrabile, proprio le vicende legate al monumento su cui mi sono ritrovato a scrivere possono aiutare a comprendere qualcosa.

A Bolzano li chiamano ancora "relitti fascisti". Sono tutti quei mausolei, palazzi, cimeli che ricordano il ventennio mussoliniano. Il relitto fascista per eccellenza è il monumento realizzato da Marcello Piacentini nel 1928 per celebrare la vittoria italiana nella Grande guerra e per rimarcare, com'è scritto in latino a caratteri cubitali sulla facciata, che "*hic patriae fines siste signa, hinc ceteros excoluimus lingua legibus artibus*". E, cioè, che non solo qui sono fissati i confini della patria, ma che proprio "da qui" educammo "gli altri" con la lingua, le leggi, le arti.

Per decenni "gli altri", cioè la comunità germanofona cui

il fascismo aveva impedito di usare la propria lingua, hanno visto nel monumento il simbolo più eclatante dell'usurpazione e dell'occupazione. Ed eclatante il monumento di Piacentini lo è davvero. Non solo perché, con grande dispendio di marmo bianco, s'alza in stile littorio fino a dominare un'ampia porzione dell'abitato, proprio nel punto in cui era stata avviata la costruzione di un altro monumento, prontamente demolito, in memoria dei caduti del reggimento austriaco Kaiserjäger. Non solo perché appare del tutto fuori luogo rispetto al territorio circostante, al paesaggio, all'architettura tradizionale, con le sue quattordici colonne a forma di fascio che reggono un'imponente architrave. Ma anche perché è stato il cardine della mutazione urbanistica della città. Una mutazione imposta dal fascismo, che culmina, al termine di una serie di strade che ricordano i "trionfi" nazionali, nella piazza del Tribunale.

Il Monumento è stato sempre percepito come la punta dell'iceberg di una frattura più ampia. D'altro canto, la destra italiana l'ha sempre difeso come un "proprio" simbolo, anche in età repubblicana. Così, benché a un certo punto la Südtiroler Volkspartei, il partito che rappresenta le minoranze tedesca e ladina e ha governato il processo di crescente autonomia della provincia, lo volesse buttare giù, è rimasto al suo posto. Ogni volta che gli attriti sono riemersi, ogni volta che il cammino verso l'autodeterminazione della provincia speciale è parso arrestarsi, ogni volta che le bombe hanno ripreso a esplodere, e sono state molte le bombe a esplodere in queste vallate tra gli anni sessanta e ottanta del Novecento, quelle funebri colonne littorie sono tornate al centro del buco nero delle reciproche incomprensioni.

Nel 1979 fu Alexander Langer, leader della nuova sinistra, da sempre sostenitore della necessità di creare gruppi interetnici, tanto da aver fondato dieci anni prima una rivista che si chiamava "Die Brücke", cioè "Il ponte", a presentare in Consiglio provinciale una mozione in cui si chiedeva che il monumento diventasse un luogo di "memoria autocritica". Ma la mozione non passò, perché gli opposti nazionalismi vedevano entrambi come fumo negli occhi la possibilità di trasformare quelle colonne in un monito permanente. Per gli uni andavano soltanto abbattute, per gli altri dovevano rimanere tali e quali al loro posto. Dopo una serie di attentati, il Monumento venne addirittura recintato, tanto da accrescere il senso di separazione.

La trasformazione auspicata da Langer si è realizzata solo ora con la creazione di un percorso espositivo permanente intitolato *BZ '18-'45. Un monumento, una città, due dittature*, che si snoda nei locali sottostanti l'opera di Piacentini. Ero stato a Bolzano, poco prima di sentire Shorsh, per vederlo.

L'esposizione allestita nella cripta e nei corridoi sotterranei mi ha sorpreso. Pannello dopo pannello, video dopo video, sono ripercorsi i momenti della sua costruzione e la storia della città tra le due guerre mondiali, quando fu pesantemente condizionata dai due totalitarismi, quello fascista e quello nazista. Tuttavia il maggior intervento sul monumento non è tanto costituito dal percorso espositivo, quanto da un anello a led che cinge una delle colonne centrali. Sullo schermo nero circolare, spesso almeno mezzo metro, scorre in rosso il titolo della mostra (*BZ '18-'45…*), tradotto in tre lingue: italiano, tedesco e inglese.

L'opera di Piacentini non è stata rimossa, ma questa sorta di vistoso "anello al naso" ha il potere di desacralizzarla, trasformandola in altro da sé. Tra la retorica del Monumento e gli occhi di chi lo guarda si insinua subito un terzo elemento che ne ribalta il senso più profondo.

Fino a dieci anni fa una cosa del genere sarebbe stata improponibile. Vent'anni fa, quando Langer si è suicidato perché i pesi della vita gli erano divenuti insostenibili, sarebbe stata addirittura impensabile. "Ma ora il vento sta cambiando," mi ha detto Edi Rabini, che di Alex fu molto amico e che ora dirige la fondazione che ha preso il suo nome.

Sono andato a trovarlo nella loro piccola sede nel centro della città. Sugli scaffali di legno chiaro che cingono i muri sono impilate decine di scatoloni in cui sono raccolti gli scritti di Langer. Ogni scatolone racchiude uno dei temi affrontati da Alex: l'ecologia, il Tirolo, la nuova sinistra, i Balcani, l'Europa dell'Est, il Sud del mondo, il pacifismo, il dissenso, i conflitti etnico-religiosi... Aprirli è come scavare in una miniera: scritti battuti a macchina, appunti vergati con una grafia minuta; e poi fotocopie, riviste, bozze di discorsi, libri in varie lingue, e soprattutto tantissimi fogli con liste di nomi, indirizzi, numeri di telefono, da cui a ritroso è possibile ricostruire una fitta rete di scambi e relazioni.

All'interno di Bolzano è stata una rete simile a produrre il cambiamento, quanto meno per una parte dei suoi abitanti. Alla base dell'anello al naso del monumento di Piacentini c'è il lavoro sotterraneo svolto da una nuova generazione di storici, tedeschi e italiani insieme, sulle reciproche memorie. Sulla scia di Langer, hanno contribuito allo sgretolamento degli steccati. Senza la loro opera non ci sarebbe stata nessuna "storicizzazione del relitto", come dicono da queste parti.

Qui Shorsh aveva deciso di venire a vivere e di far crescere i suoi figli, anni prima che scoprissi che non era stato risucchiato dal marasma iracheno seguito alla caduta di Saddam.

Come mi ha detto al telefono, il locale aperto da qualche mese è alle spalle del centro. Non ci metto molto a raggiungerlo dalla stazione.

È domenica. Nel freddo del pomeriggio scorgo subito la sua sagoma dietro la vetrina pulita che separa dal marciapiede il locale di una sola stanza. Shorsh mi appare più magro e invecchiato, le guance ancora più scavate di come le ricordavo, i capelli radi e ingrigiti. Ma il taglio degli occhi e la forma del viso sono sempre gli stessi.

"Sei diverso," mi dice invece quando entro. "Se non sapevo che venivi, non ti avrei mai riconosciuto."

Calcolo che non ci vediamo da quindici anni. Alle sue spalle sfrigola il kebab.

Oggi è solo al bancone, la moglie è a casa con i figli. Sono quattro.

"I grandi vanno alla scuola italiana, sono arrivati alle medie ormai. I più piccoli invece vanno all'asilo tedesco, perché non ci sono asili italiani vicino a casa nostra."

I nuovi arrivati come Shorsh percepiscono subito il complesso equilibrio tra la comunità di lingua italiana e quella di lingua tedesca, che si riverbera nella separazione scolastica. La provincia autonoma è un castello di norme e regole che sanciscono le relazioni tra i gruppi etnici, e tra questo piccolo mondo e il governo centrale.

Mentre tira il pane fuori dal forno, riconosce che per vivere tranquillamente bisogna imparare in fretta le leggi scritte e quelle non scritte che regolano la convivenza. "Le linee di divisione le vedi subito. Forse chi viene per turismo non se ne accorge, ma per uno che sta qui da dieci anni è diverso."

I panini hanno una forma spessa e rotonda. Ne spezza uno ancora caldo e me ne offre una metà. Poi aggiunge: "A volte penso che sia meglio non essere né italiano, né tedesco. Se sei un immigrato, allora forse puoi trovare uno spazio tuo". Difatti, contrapposizioni linguistiche a parte, un ex rifugiato con quattro figli può trovare un sistema di accoglienza e integrazione migliore che in qualsiasi altra parte d'Italia. "Qui il servizio pubblico funziona, sono tutti disponibili. L'altro giorno ho parlato al telefono con un vigile urbano, non sapeva darmi la risposta che cercavo. Allora si è informato e mi ha richiamato, la domanda riguardava le gomme... In Italia mica ti rispondono così, non ti rispondono proprio."

Mentre stringo il pezzo di pane tra le mani e sento il suo odore intenso, mi rendo conto che sembra molto più anziano dei quarantotto anni che mi ha ricordato di avere. La faccia stanca, il corpo rinsecchito. Gli eventi successivi al nostro ultimo incontro devono aver comportato una quantità di scelte, traumi, risalite fuori dal comune. Intanto il rotolo di carne continua a girare e a cuocersi. Il silenzio in cui siamo di colpo piombati è interrotto da un ragazzo che entra per acquistare una lattina di Coca-Cola.

Parliamo del locale. L'idea di aprire un posto in cui cucinare sia il kebab sia la pizza è venuta a suo cugino. Ma dopo aver affittato il locale, aver fatto i lavori, aver acquistato il forno, il bancone, la macchina per impastare e aver inaugurato il posto, il cugino se n'è andato e l'ha lasciato solo.

All'inizio è stato un disastro. Aveva accumulato un mucchio di debiti per l'apertura, e in più non sapeva fare la pizza. Non l'aveva mai fatta in vita sua.

"Perché lo hai aperto, allora?" gli chiedo.

"Perché non riuscivo più a lavorare come mediatore culturale. L'ho fatto per anni, con le associazioni o con le commissioni per il riconoscimento dell'asilo. L'ho fatto anche al tribunale. Ma ora non arrivano più tanti curdi come un tempo."

La città è spazzata da un vento gelido che si insinua tra le strade, i palazzi, gli alberi, le auto. Le vette delle montagne intorno sono innevate. Usciti altri due clienti abituali, che Shorsh mi dice essere emigrati da Napoli molti anni prima, capisco che abbiamo un po' di minuti per parlare in pace, prima che il flusso degli avventori aumenti.

E allora gli chiedo subito cosa ha fatto in tutti questi anni, perché una volta tornato in Kurdistan, dopo la guerra, ha deciso di rientrare in Italia.

"Sono tornato lì nel 2004, ma c'erano tante cose che ancora non funzionavano. L'autonomia era molto debole, e io ho capito che non ero pronto per rimanere. Dopo un anno sono venuto in Italia. Ho pensato che era meglio così, anche per i bambini."

Quando è tornato a casa era ancora un militante del Puk, l'Unione patriottica del Kurdistan, di Jalal Talabani. Avrebbe potuto riprendere il lavoro lasciato tanto tempo prima, quando faceva parte di una sorta di polizia politica costituita negli anni novanta dopo la fine della Prima guerra del Golfo. Gli avevano assicurato lo stesso posto.

Per questo era tornato a Kirkuk, la città in cui è nato. Aveva anche deciso di comprare un piccolo appartamento in periferia con il denaro risparmiato. Ma la situazione era instabile in tutta la regione, e ancora di più nella sua città, da molti ritenuta una sorta di Gerusalemme dei curdi. Sebbene tutti gli consigliassero di rimanere perché le cose sarebbero presto migliorate, è stata proprio la madre a convincerlo che era meglio tornare in Italia. È stata lei a dirgli che quelle promesse poggiavano su un terreno friabile, e lui ha deciso di seguire il suo consiglio.

In fondo ha scelto di venire a Bolzano perché, con tutte le differenze del caso, la storia della regione non è dissimile da quella del Kurdistan, tanto che la particolare autonomia del Sudtirolo è stata studiata anche dai partiti curdi.

"Ma ora il Kurdistan ha uno statuto più autonomo di quello di Bolzano," ammette divertito. "Noi abbiamo anche l'esercito."

Non è facile lasciare il proprio paese per una seconda volta. In tutti questi anni Shorsh ha pensato costantemente di tornare indietro, in fondo la madre poteva sbagliarsi. Qualche mese fa ha anche provato a cedere il locale appena aperto a un parente lontano. Ma poi l'avanzata dell'Isis e la feroce guerra che si è scatenata hanno cambiato tutto. La volontà dello Stato islamico di puntare proprio alla regione curda, per sterminare tutti coloro i quali sono reputati non assimilabili e edificare una versione del califfato medievale, gli ha fatto cambiare idea.

"Non è tanto per me," aggiunge guardandomi con un'espressione seria. "Io sono sempre pronto a combattere. Quando ho visto le immagini di Kobane, ho pensato che potrei stare benissimo lì a difendere la città. Anzi, penso proprio che dovrei stare lì. Ma poi guardo i ragazzi: non puoi portarli in un contesto del genere. In un attimo puoi perdere tutto."

Gli chiedo cosa pensino i figli più grandi di questi discorsi.

"Vogliono stare in Italia. Mia figlia non accetterebbe mai di andare in un altro paese, e neanche di studiare il tedesco. Quando le ho detto che saremmo potuti andare in Germania, lei mi ha risposto che l'idea non le piaceva affatto. Magari per i piccoli che vanno all'asilo è più facile, ma per lei no. Ne farebbe una tragedia."

"Quindi, qualche volta, hai pensato di lasciare l'Italia?"

"Mio fratello mi dice di raggiungerlo in Svezia, mio cugino in Germania, a Lipsia. L'altroieri è venuto un mio amico italiano. Abbiamo parlato della scuola, gli ho detto che mando i miei figli alla scuola italiana e lui mi ha chiesto se fossi diventato matto... Mi ha quasi urlato contro che dovevo mandarli a quella tedesca! Devi andare in Germania, Shorsh, perché qui in Italia non c'è speranza... Credimi, ci penso davvero. Quando vedi che in tanti pensano di lasciare l'Italia, non puoi restare così indifferente. Noi immigrati siamo un po' nomadi, se uno non ce la fa in un posto, non ci mette molto ad andarsene. Mio cugino dice che lì ti pagano anche l'assistenza. Se la tua attività funziona, ti aiutano per i primi tre anni."

Assaggio un döner kebab appena fatto. La carne è come quella di tutti i kebab di tacchino surgelati. C'è un'azienda di curdi tedeschi che rifornisce i locali di mezza Europa, almeno quelli che non decidono di preparare ogni giorno il rotolo da rosolare con la carne fresca acquistata al mercato. Ma sono rarissimi. Anche Shorsh ricorre alla carne surgelata.

Altrimenti sarebbe troppo costoso, e poi gli italiani mangiano solo il tacchino: è giunto alla conclusione che per loro il manzo e il montone sono pesanti da digerire.

Il fiore all'occhiello del locale sono davvero le piadine e i panini appena sfornati. Shorsh li tira fuori ogni ora in piccole quantità, e quando sono ancora caldi sono squisiti. Poi ci sono le salse. Credo di averle provate tutte nei due giorni che sono rimasto con lui. La mia preferita è quella al curry, corretta con un ingrediente segreto che non ha voluto rivelarmi, e che per quanto mi sforzassi di individuare, ingurgitandone a litri, non sono riuscito a scoprire.

Gli chiedo a bruciapelo se ora che ha la cittadinanza italiana, a tanti anni di distanza dal primo viaggio verso l'Europa, gli capita ancora di ricordare le sue tappe.

Non ci pensa quasi più, ormai. Gli capita solo se ne parla con qualcuno, come con me adesso, ma questo non accade mai in famiglia: i figli, anche quelli più grandi, non gli hanno mai chiesto come abbia fatto ad arrivare in Italia.

Tuttavia, nelle ore che passiamo insieme, affiorano vecchie scaglie dal fondo della memoria. Ora rammenta quando ha attraversato un fiume al confine con la Turchia, e un ragazzo che si era appena messo i vestiti buoni che portava con sé è stato risucchiato dai mulinelli d'acqua. Oppure quando a Patrasso, dopo aver bevuto dell'alcol per farsi coraggio, è saltato sotto un camion che stava salendo a bordo di un traghetto diretto verso l'Italia, ma proprio in quel momento gli è caduto l'accendino e non ha potuto recuperarlo. Altrimenti sarebbe stato scoperto.

"In realtà, puoi dimenticare delle cose per anni, ma poi ritornano all'improvviso, come oggi. Tornano soprattutto le cose a cui non daresti nessuna importanza."

I racconti di Patrasso sono molto simili a quelli dei viaggiatori che hanno fatto lo stesso percorso anni dopo, quasi seguendo un solco tracciato da migliaia di altre persone come Shorsh. Ascoltandolo, mi sembra di riprendere una conversazione iniziata quindici anni prima, ai tempi del video del massacro di Halabja.

"A Patrasso ho conosciuto dei tizi che organizzavano il viaggio, avevano occupato un vagone in disuso in cui facevano dormire la gente. Una sera, uno di questi, diventato mio amico, aveva una bottiglia di ouzo. Abbiamo bevuto tanto e mi sono scaldato. Così sono andato nella piazza dove stanno i camion che attendono di salire sulle navi, ho fatto un po' di giri, ho visto un camion che stava per imbarcarsi e sono corso sotto. Sono riuscito a infilarmi. È lì che mi è caduto l'accendino e non ho potuto recuperarlo. Poco dopo sono venuti degli uomini e hanno fissato il camion con delle catene. Quando sono andati via, sono sceso. C'era un rimorchio coperto con la plastica, ma non era chiuso ermeticamente: mi sono nascosto lì. Ho pensato che, siccome era già aperto, non lo avrebbero controllato, mentre magari un carico chiuso l'avrebbero aperto... Dovevo pisciare, ma non sapevo come fare, ho visto una pozza d'acqua e sono andato lì, dove era già bagnato."

Per tutta la durata del viaggio rimane steso immobile, pronto a decifrare il minimo rumore che giunge dalla stiva. Indossa due giacche, una sopra l'altra, per ripararsi dal freddo. Dopo un tempo incredibilmente lungo, almeno venti ore senza poter fumare nessuna delle sigarette contenute nel pacchetto che si era portato, sente che tolgono le catene.

"Un camion ha preso il rimorchio e lo ha lasciato nel piazzale davanti alla nave. Avevo una piccola forbice con me e ho tagliato il telone per guardare fuori. Era mattina, c'erano dei pescatori che scaricavano delle cassette di pesce. Sono sceso, ho buttato la prima giacca, e mi sono diretto verso l'uscita. Solo quando sono arrivato in stazione, ho capito che ero ad Ancona. Ho fatto subito un biglietto per Roma, poi sono andato in bagno e mi sono visto allo specchio. Ero tutto nero! Mi sono sciacquato il viso con il sapone e mi sono buttato l'acqua addosso con tutte e due le mani, poi ancora sapone e poi ancora acqua, ma chissà cosa avrà pensato il bigliettaio quando mi ha visto… Alle otto c'era il primo treno per Roma, e per fortuna sono salito."

Da Roma prende subito un altro treno per Ventimiglia. Quando scende nota subito che la stazione è piena di poliziotti. Ci sono anche due, tre gruppi di curdi, ma preferisce fare tutto da solo. Anziché prendere un altro treno o una corriera, che verrebbero sicuramente controllati, decide di incamminarsi verso la Francia a piedi.

"Ho fatto l'autostop e una macchina si è fermata. Era un francese, non riuscivo a comprenderlo. Mi ha fatto capire a gesti che c'era un controllo poco più avanti. Mi ha fatto cenno di scendere, mi ha anche indicato una strada che passava sotto il ponte, proprio lì vicino, dicendomi che mi avrebbe aspettato dall'altra parte. Sceso dall'auto, ho comprato una bottiglia di Fanta e me la sono bevuta tutta per la tensione. Mi sono avvicinato al ponte senza dare nell'occhio e sono sceso giù. Il mare era vicino, c'erano molti sassi, camminavo a fatica, sono anche scivolato. Quando sono arrivato sotto il ponte, mi si è avventato contro un cane. Aveva gli occhi rossi, abbaiava e ringhiava senza sosta. Non potevo più andare avanti né tornare indietro. Si è lanciato contro le mie gambe, e lì ho pensato che era finita."

Entra una donna. Guarda attentamente il menu scritto su un pannello appeso alla parete alle spalle di Shorsh, e si decide per un panino col falafel.

Shorsh parla con lei del freddo sceso giù dai monti e della crostata di visciole in bella mostra accanto alle vaschette dei cibi salati. La donna rimane solo alcuni minuti. Dopo essersi infilata i guanti ed essersi fatta arrotolare il panino nella carta stagnola, esce in strada stringendolo sotto il braccio. Intanto il flusso dei ricordi si è arrestato sull'apparizione del cane sotto il ponte al confine con la Francia. Ma quando il locale ripiomba nel silenzio, appena interrotto dallo sfrigolio della carne che si cuoce, Shorsh è già oltre. Ha già lasciato la Francia, e con un treno ha raggiunto la Germania. È là che voleva andare, fin dall'inizio.

In Germania, dopo aver vissuto per alcuni mesi in un centro di accoglienza, lo scoprono. Scoprono che, per essere arrivato fin lì, ha attraversato necessariamente altri paesi europei in cui sarebbe dovuto rimanere e chiedere l'asilo in base alla Convenzione di Dublino.

"Mi avevano sistemato in una stanza per due persone. Alle cinque di mattina, ho sentito arrivare la macchina della polizia, sono saliti, hanno bussato e mi hanno portato via. Con loro c'era l'*housemaster*, il responsabile del centro. Prima mi hanno detto che mi portavano in Iraq, poi in Grecia. Alla fine mi hanno spedito in aereo a Fiumicino. Non ero contento per niente, mi hanno tenuto quattro giorni in aeroporto per fare la pratica dell'asilo e poi mi hanno lasciato andare. Non mi ricordo se mi hanno portato in questura, comunque mi hanno lasciato andare via. Per una settimana ho dormito al parco, poi ho recuperato l'indirizzo del centro di piazza Vittorio."

Ed è lì, in quel centro, che ho conosciuto Shorsh alla fine degli anni novanta, ai tempi della videocassetta di Halabja. Avevo già ascoltato alcune parti del suo viaggio, ma mai tutte insieme, e mai attraverso il diaframma del tempo, come questo pomeriggio in una strada periferica di Bolzano. A raccontarmeli è un uomo che a tratti sembra rievocare la vita di un fratello o di un figlio, non la propria. Poi all'improvviso, come se fosse il fatto più insignificante del mondo, mi rivela qualcosa che avevo sempre ignorato.

"Io non mi chiamo Shorsh," mi dice con un sorriso bizzarro che gli allarga solo un lato della bocca.

"Non mi chiamo Shorsh," ripete.

So bene che tanti immigrati cambiano nome nel momento in cui devono dare le proprie generalità sul suolo europeo. Non è questo a stupirmi, non mi meraviglia che l'abbia fatto anche lui. Ciò che mi meraviglia è che per tanti anni non abbia saputo niente della sua scelta. Non lo sapevo al tempo della videocassetta, e non l'ho mai appreso in seguito.

È vero, fino a poco tempo fa non sapevo neanche se Shorsh fosse vivo o morto, se fosse in Italia o in Kurdistan o in qualche altro anfratto del mondo a noi conosciuto. Ma a stento, ora, riesco a trattenere uno sguardo stralunato.

Shorsh sorride davanti a me.

"Per tanti cambiare il nome può essere una cazzata, ma in realtà non lo è. Quando mi hanno beccato in Germania, mi hanno chiesto come mi chiamavo. Non sapevo cosa dire. Allora me lo hanno fatto scrivere. Shorsh è nato lì, però nei giorni, nei mesi e negli anni successivi si è creata un'altra identità. È nata una nuova persona. Tu conosci Shorsh, non quello che ero prima. Tu conosci una persona che pensa e parla in italiano."

21.

Sangue e onore

C'è una data che segna uno spartiacque nella storia recente della Grecia. È il 22 maggio 2012. Per molti si tratta di una data insignificante, di un giorno come tanti, inutile da ricordare. Eppure quel giorno a Patrasso succede qualcosa.

Patrasso è uno dei grandi snodi dei viaggi dei migranti. Chi arriva a Patrasso ha già superato il terribile confine tra Grecia e Turchia. Ha oltrepassato il fiume Evros, nelle cui acque centinaia di uomini e donne sono stati trascinati senza poter raggiungere l'altra riva, quella giusta. Se ha scelto una strada diversa, invece, ha raggiunto una delle isole greche dell'Egeo per poi risalire verso Atene, e da qui verso l'Acaia.

Ma una volta arrivato a Patrasso, il porto verso cui tutto converge, nessun migrante pensa che il viaggio sia finito. La Grecia è Europa, è vero. Ma è solo un punto di passaggio verso l'Europa che conta, quella sognata durante le lunghe ore, i lunghi giorni, le lunghe settimane del viaggio.

L'Europa che conta inizia dall'altra parte dello Jonio, per arrivarci occorre entrare in Italia. Per questo Patrasso è una città popolata di rifugiati in attesa di fare il grande salto, cioè di salire su uno dei camion o dei furgoni che si imbarcano sui traghetti verso occidente.

Negli ultimi anni, decine di migliaia di persone si sono accalcate ai bordi del porto. Hanno vissuto in fabbriche abbandonate, tendopoli improvvisate, tra lamiere di ferro, lastre di eternit, cartoni, rifiuti, sporcizia. Hanno mangiato quel che capitava, hanno acceso fuochi qua e là per riscaldarsi. Tutto in attesa del grande salto.

L'attesa dura giorni, settimane, mesi. I tentativi del salto possono essere innumerevoli. Le ferite riportate nel tentativo di infilarsi nei camion in movimento le più crudeli. Molti muoiono. Altri continuano a vivere nelle baracche o nelle tende. Sono giovani, alcuni poco più che bambini. Tutti fremono, tutti si tramandano i racconti di chi è riuscito ad andare dall'altra parte. Intanto, negli anni, è cresciuta un'altra Patrasso dentro la Patrasso greca. Un nuovo agglomerato di frontiera, all'interno di una città millenaria al confine tra Oriente e Occidente.

È il 22 maggio 2012, allora. Tre giorni prima, la notte del 19 maggio, un ragazzo di ventinove anni, Thanasis Lazanas, è stato ucciso a pochi metri dal porto. L'omicidio, di cui si ignora il movente, viene subito attribuito a tre afghani. Per giorni monta la protesta contro gli immigrati di passaggio in città e in attesa di imbarcarsi sui traghetti.

Il 22 arrivano quelli di Chrysi Avgi, i militanti di Alba dorata. Sono appena entrati in Parlamento, hanno ottenuto il 6,97 per cento alle elezioni politiche di pochi giorni prima, quelle del 6 maggio.

Vengono prevalentemente da fuori, non sono della città. Dopo essere scesi dai pullman parcheggiati vicino al porto, si radunano lungo la strada che costeggia il lungomare. Intonano l'inno nazionale greco. Lo cantano come un inno di guerra, e poi senza soluzione di continuità, quasi fosse un verso del medesimo testo, urlano: "Fuori gli stranieri dalla Grecia!". Lo ripetono più volte, prima di mettersi in marcia. Procedono per file, come in una parata militare. Pochi hanno il volto scoperto. Quasi tutti si sono infilati i caschi integrali con la visiera abbassata o dei passamontagna neri da cui spuntano solo gli occhi. Molti indossano un bomber nero, qualcuno la maglietta a maniche corte con lo stemma dell'organizzazione, un meandro stilizzato che evoca la svastica nazista, sempre rigorosamente nera. Sono muniti di mazze di legno avvolte nelle bandiere della Grecia. Le sventolano, le impugnano euforici, se le battono sul palmo della mano sinistra. Sono trecento, forse quattrocento. Sono tutti uomini, le donne sono due o tre.

Mentre avanzano, urlano il loro solito slogan: "Sangue, onore, Alba dorata. Sangue, onore, Alba dorata. Sangue, onore, Alba dorata…". Lo ripetono come un mantra, agitando in aria le spranghe, dandosi il ritmo con le mazze.

Si dirigono verso ciò che un tempo è stata la fabbrica tessile Piraiki Patraiki. Oggi è solo un edificio abbandonato, vetri rotti e pareti sbrecciate, occupato da centinaia di immigrati. È la fabbrica l'obiettivo del pogrom.

I poliziotti sono schierati davanti al cancello dello stabilimento. Sono in assetto antisommossa. Per rafforzare la linea difensiva hanno messo un pullman davanti all'ingresso. Ma i militanti di Alba dorata cercano ugualmente di sfondare. Con i caschi e le mazze si lanciano contro i poliziotti, che reagiscono con i manganelli. Respinti una prima volta, lanciano pietre, molotov e bombe carta contro la fabbrica e chi prova a difenderla. La sassaiola diventa sempre più fitta, le bottiglie vanno a segno. Qua e là si accendono dei focolai di incendio.

Il pullman viene completamente distrutto dalla loro furia, ma il cordone di polizia regge. Alla fine ci sono solo otto feriti tra le forze dell'ordine, benché nel momento di massima intensità dello scontro, gli albadoristi abbiano cercato addirittura di forzare il blocco con un bulldozer, recuperato chissà dove.

Com'è già successo altre volte nel porto di Patrasso, l'obiettivo dichiarato degli assalitori è quello di "accendere" e sgozzare i "vermi" che vi abitano. Il pogrom viene evitato per un soffio, ma per lunghi tratti la forza degli albadoristi appare soverchiante. Sono loro ad attaccare da tutti i lati, con azioni coordinate. I poliziotti si difendono in maniera scomposta, impauriti dalle molotov che sbattono contro le pareti liberando una nuvola di fuoco.

Sono loro i padroni del porto, sono loro i padroni di Patrasso, gridano durante l'assalto. E nel vuoto pneumatico, della legge e della ragione, la loro affermazione appare del tutto logica.

Il giorno dopo gli antifascisti della città presidiano il porto. Ne nascono nuovi scontri, ancora più violenti. Alla fine le squadracce di Alba dorata sono messe in fuga.

L'assalto alla fabbrica di Patrasso è uno degli eventi salienti della mitopoiesi di Alba dorata. Non è il primo assalto nei dintorni della città greca, né l'ultimo. Non è neanche uno degli episodi più gravi. Ad Atene, nelle stesse settimane, la violenza ha mietuto un numero maggiore di vittime. Eppure, per il modo in cui la spedizione è stata organizzata alla luce del sole e portata a termine, subito dopo che una nutrita pattuglia di albadoristi è entrata in Parlamento a passo di marcia e ha calcato i corridoi dell'Assemblea legislativa con i propri stivali, costituisce un balzo in avanti.

Per Konstantinos Papaioannou, presidente del Comitato nazionale per i diritti umani, uno dei coordinatori della rete di monitoraggio che ha attestato l'incremento del razzismo in Grecia, la violenza per Alba dorata ricopre una funzione fondamentale: "Cioè, non è una cosa che capita per caso. È voluta, è ricercata, ed è parte integrante delle manifestazioni pubbliche dei membri dell'organizzazione". Ci sono almeno due livelli da distinguere, dice Papaioannou: "C'è la violenza esplicita, che consiste nelle intimidazioni e nelle minacce perpetrate davanti ai luoghi di lavoro, dentro i mercati o in altri luoghi pubblici. In questi casi la violenza viene esercitata, filmata e diffusa su internet, è una sorta di atto identitario.

E poi c'è la violenza sotterranea, quella che si scatena, soprattutto di notte, contro chi appartiene ai ceti sociali più deboli. In questo caso si spiano e si aggrediscono tutti quelli che sono percepiti come diversi: gli immigrati, i rifugiati, i dissidenti...".

Papaioannou ne ha viste tante e non ha dubbi: i militanti di Alba dorata fanno di tutto per mostrare il carattere nazionalsocialista delle proprie azioni. Non è che questo emerga inconsapevolmente. C'è un'estetica ricercata nelle loro azioni.

L'abbigliamento, le armi, i tatuaggi, gli slogan, il culto del proprio capo, Nikolaos Michaloliakos, chiamato sempre e comunque Capo, in ogni incontro pubblico o a porte chiuse. E poi, ancora, il nazionalismo esasperato, la xenofobia, la simbologia esoterica, i testi politici, le dichiarazioni virulente, i saluti romani... tutto contribuisce a edificare un compatto universo dai tratti volutamente neofascisti, all'interno del quale la violenza è un elemento determinante.

Come ha detto proprio il Capo, in un raduno pre-elettorale che si è tenuto nel 2009 in piazza Kolokotroni ad Atene: "Quando diventeremo forti, saremo spietati. Se servirà non saremo più democratici, se servirà ci sporcheremo le mani per la patria, perché la patria è al di sopra di ogni cosa. Non contano né le istituzioni né altro".

Il successo elettorale ottenuto nel maggio 2012 viene confermato nelle successive elezioni che si tengono a giugno, appena un mese dopo. Alba dorata conquista diciotto seggi. Questa volta è il neodeputato Nikos Kuzilos a spiegare bene quale sia il rapporto tra la violenza di strada e l'azione parlamentare: "I ragazzi con le maglie nere hanno dispiegato la loro azione. Secondo le statistiche hanno dato quel 2,5 per cento in più che ci ha fatto vincere ad Atene e nel Pireo. Siete forti, camerati! Il domani è arrivato. La natura e la struttura della nostra organizzazione rimangono tali e quali a com'erano. Semplicemente, nel nostro arsenale si sono aggiunte delle nuove armi. I nostri parlamentari sono le nostre nuove armi e saranno usate come armi pesanti".

Sangue e onore.

Onore e sangue.

Nell'ideologia di Alba dorata i sub-umani di cui la comunità deve liberarsi non sono solo gli ebrei, i nemici di sempre che Michaloliakos vorrebbe vedere trasformati in sapone, ma tutti gli immigrati. Sono loro il virus che aggredisce il popolo greco. E Patrasso, insieme ad Atene, è uno di quei luoghi da cui iniziare le pulizie.

C'è una relazione diretta tra l'affermazione del neofascismo greco e il surriscaldamento dei confini europei. Perché la Grecia, al pari del Mar Mediterraneo, è l'immensa frontiera orientale dell'Unione. Non lo sono solo i suoi margini, lo è tutto il paese nel suo insieme. La situazione è divenuta esplosiva a causa della sovrapposizione di tre fattori: la pressione migratoria da oriente, la gravissima crisi economica e sociale che attraversa il paese e l'esistenza del Regolamento di Dublino, che impone ai profughi di presentare la richiesta d'asilo nel paese dell'Unione in cui entrano.

Negli ultimi quindici anni, schiere di migranti fuggite da zone di guerra in Siria, Iraq e Afghanistan hanno raggiunto la Turchia, e da qui hanno cercato di entrare in Grecia, ulteriore tappa per raggiungere le proprie mete nel Nord Europa. Uno dei principali punti di passaggio è il fiume Evros. Ed è proprio per questo motivo che dal dicembre del 2012 la Grecia, con il beneplacito delle istituzioni comunitarie, ha completato la costruzione di un muro di dodici chilometri e mezzo di cemento e filo spinato lungo il confine che, seguendo il fiume, la separa dalla Turchia.

Più che un muro, è un recinto. Il filo spinato è talmente aggrovigliato da apparire una matassa ondeggiante. È impossibile oltrepassarla. Se anche qualcuno riuscisse a infilarsi tra le sue strettissime maglie incapperebbe nell'occhio delle telecamere e nei sensori termici.

Nonostante il muro, però, i trafficanti hanno intensificato l'utilizzo di rotte alternative. In fondo si può entrare in territorio greco anche approdando in una delle decine di isole dell'Egeo poste di fronte alla costa turca. Per quanto l'Europa possa erigersi a fortezza, la Grecia orientale è fatta di tanti isolotti. Impossibile controllarli tutti. Anche se meno appariscente del mare a sud di Lampedusa, questa frontiera spugnosa è una delle principali porte di accesso all'Europa.

Lo dicono i numeri di Frontex, l'agenzia europea per il controllo delle frontiere, relativi al Mediterraneo orientale. Dal 2008 al 2011 sono entrate in Europa oltre quarantamila persone all'anno attraverso la Grecia e, in parte, attraverso la Bulgaria: 52.300 nel 2008, 40.000 nel 2009, 55.770 nel 2010, 57.000 nel 2011. In questo arco di tempo, attraverso la frontiera greca è entrato oltre il 40 per cento dei migranti arrivati in Europa. Nel 2012, l'anno dell'assalto alla fabbrica di Patrasso e della costruzione del muro lungo l'Evros, gli ingressi dalla Turchia sono scesi a 37.200. Nel 2013 sono stati 24.800. Nel 2014 hanno superato nuovamente la soglia dei 50.000. Nei primi sei mesi del 2015 sono stati 132.240, di cui poco più di 78.000 siriani. Nei mesi estivi c'è stato un ulteriore picco.

Frontex ammette che, dopo una flessione di un paio d'anni, sono aumentati nettamente gli ingressi non controllati attraverso le isole dell'Egeo.

Tuttavia, anche se è relativamente facile entrare in Grecia, come sanno bene tutti i migranti, è molto più difficile uscirne. E questo per almeno due motivi. Il primo è che la principale via di fuga negli ultimi dieci anni è il porto di Patrasso: solo una piccola parte delle decine di migliaia di migranti che ogni anno entrano in Grecia riesce a saltare su un traghetto senza farsi scoprire. Il secondo è rappresentato, ancora una volta, dal Regolamento di Dublino.

Tutto ciò ha creato in Grecia un effetto imbuto perverso. Chi entra vorrebbe andar via, ma intanto ingrossa le file che si infoltiscono di giorno in giorno a pochi metri dal porto di Patrasso o in altri luoghi di transito.

Alla fine del 2012, nei mesi in cui Alba dorata è cresciuta ulteriormente nei sondaggi e ha proseguito nelle sue azioni contro i "diversi", gli stessi mesi in cui la feroce crisi economica che ha vessato il paese si è aggravata, il numero degli stranieri presenti sul territorio nazionale era di oltre un milione. Accanto ai rifugiati e agli stranieri in possesso di un permesso di soggiorno, gli irregolari erano tra i 500.000 e gli 800.000, un numero enorme se si considera che la Grecia ha poco più di dieci milioni di abitanti. I governi che si sono succeduti non hanno mai contemplato una qualche forma di sanatoria. L'effetto imbuto, unito alla crisi, ha fatto dell'intera Grecia una frontiera ribollente. E di Alba dorata una tanica di benzina vicina alle fiamme. Pronta a scoppiare.

L'elenco delle aggressioni condotte dai suoi militanti negli ultimi anni è smisurato. La pulizia etnica è un obiettivo perseguito meticolosamente. Città per città, paese per paese. Non solo a Patrasso.

Prendiamo in considerazione alcune aggressioni. Quella del 7 settembre 2012, per esempio.

A Rafina, un paese di diecimila abitanti sulla costa orientale dell'Attica di fronte all'Eubea, si celebra la festa della Madonna. Il corso centrale è stato occupato dai banchetti dei commercianti ambulanti. Molti di loro sono stranieri. Vendono sciarpe, incenso, portachiavi, occhiali da sole, vecchi cd, statuine della Vergine o dei santi.

A un certo punto arrivano una ventina di militanti di Alba dorata. Marciano in gruppo, puntano i banchetti degli stranieri e chiedono loro le licenze, come fossero dei funzionari di polizia. Gli immigrati conservano i permessi dati dal Comune per l'occasione accanto ai loro magri guadagni. Ma prima ancora che abbiano il tempo di tirarli fuori, i militanti albadoristi rovesciano le bancarelle e buttano per aria la merce. L'aggressione scuote la piccola comunità. Qualche giorno dopo la distruzione della mercanzia, le maestre della scuola materna del paese ricevono delle telefonate minatorie. All'altro capo del telefono c'è un uomo che ordina loro di cacciare dalle classi tutti i bambini pakistani, indiani, asiatici... Se non lo fanno, dice, l'organizzazione attaccherà anche le scuole.

Appena un mese dopo, nell'ottobre del 2012, per tre notti di seguito vengono attaccati i negozi dei commercianti stranieri nel quartiere di Agios Panteleimonas, ad Atene. Sono distrutti alcuni locali che danno sulla strada e picchiati i proprietari che provano a difenderli. Quei pochi greci che si oppongono ai raid punitivi vengono aggrediti brutalmente.

Vicino alla fermata metro di Omonia, invece, le porte degli appartamenti affittati agli immigrati vengono segnate con la croce celtica. Appena il censimento è ultimato, militanti armati irrompono negli alloggi segnati e pestano gli inquilini.

A impressionare in tutti questi attacchi, come nel caso della fabbrica tessile di Patrasso, è la loro organizzazione paramilitare. Dopo le elezioni del 2012 il balzo in avanti di Alba dorata è ormai sotto gli occhi di tutti. Adesso i neofascisti che inneggiano a Hitler, Mussolini e Franco si muovono secondo un piano ben preciso e studiato, sotto la guida dei coordinatori di zona e dei parlamentari appena eletti. Sono loro, i capi, a dare ordini. Indirizzano, incitano, coordinano apertamente e, per loro stessa ammissione, lo fanno perché si sentono protetti dall'immunità parlamentare.

Come a Patrasso, si muovono in gruppo, a piedi o in moto. Sono palestrati, robusti, hanno i capelli corti e rasati, vestono rigorosamente di nero o in tuta mimetica, sono armati di spranghe, mazze da baseball, coltelli, tirapugni di ferro e qualche volta portano con sé pitbull e pastori tedeschi al guinzaglio.

Non si tratta di azioni sporadiche di poche teste calde. Sono talmente organizzati che, durante una perquisizione in alcune sedi del movimento, vengono trovati diversi fogli con gli indirizzi, la descrizione dei condomìni e le nazionalità delle persone che li occupano.

Agios Panteleimonas è l'epicentro delle loro azioni nella capitale. Ad alcuni di questi attacchi partecipa anche la consigliera comunale Themis Skordeli. È lei a usare apertamente frasi razziste durante le riunioni del Consiglio municipale e a dire che gli stranieri sono solo degli scarafaggi che bisogna cacciare dalle "nostre case".

Sempre secondo il Comitato nazionale per i diritti umani, tra l'ottobre del 2011 e il settembre del 2013 si sono registrati nel paese 349 casi di violenza a sfondo razzista. Ma è solo la punta dell'iceberg. Il monitoraggio copre soltanto i centri in cui ci sono attivisti che segnalano i casi più eclatanti o gente che ha il coraggio di denunciare. Per questo sono menzionate quasi unicamente le violenze di Atene, Patrasso, Igoumenitsa, Rodi e poche altre città. Anche l'associazione Medici del mondo, che si occupa di dare sostegno medico e psicologico ai rifugiati, dichiara che tra il 2012 e il 2013 si è verificato un aumento evidente delle aggressioni nei confronti dei richiedenti asilo afghani e pakistani. Se ne sono accorti dai tanti casi di fratture o lesioni da pestaggio che hanno dovuto curare nei loro centri.

Di solito le aggressioni sono organizzate da gruppi numerosi contro persone isolate, non più di due o tre. La tecnica è sempre la stessa: si fermano gli stranieri, gli si chiedono i documenti, e immediatamente parte il pestaggio con calci e pugni. Quanto ai documenti, vengono sistematicamente distrutti. Ancora una volta, la violenza albadorista vuole farsi istituzione, decidere chi può essere parte della comunità e chi no. Quando non sono bloccati dai passanti, cosa che accade solo raramente, i pestaggi continuano fino a lasciare le vittime in un lago di sangue.

Poi ci sono gli assalti ai luoghi di culto.

Il 30 ottobre 2011 viene appiccato un incendio presso il centro islamico di via Aristomenous, ad Atene, mentre dentro ci sono diversi musulmani, in prevalenza del Bangladesh, intenti a pregare. Una cinquantina di persone si raduna davanti all'ingresso dell'angusto seminterrato in cui è stato ricavato il luogo di preghiera. Gridano, bestemmiano. L'azione era stata annunciata fin dal pomeriggio: nelle strade che circondano il centro di preghiera, i muri erano stati tappezzati di centinaia di manifesti di Alba dorata inneggianti alla purezza della razza ariano-ellenica.

Il centro a due passi dalla fermata metro Attiki, uno snodo importante del trasporto pubblico della capitale, non ha altre vie d'uscita oltre l'ingresso. I bangladesi capiscono subito di essere in trappola. Urlano, provano a uscire. Ma non c'è nulla da fare. I neofascisti bloccano la porta di ingresso con una catena e un lucchetto, e dalla finestra, l'unica che affaccia sulla strada, buttano stracci imbevuti di benzina. Li accendono e li buttano dentro. "Vi bruceremo tutti," gridano, mentre le fiamme divampano sui tappeti di preghiera.

Lì per lì i bangladesi non si capacitano che qualcuno voglia davvero dargli fuoco, che qualcuno voglia accenderli come un cerino. Vedono che si sono riuniti fuori dal sottoscala degli uomini vestiti di nero con i simboli di Alba dorata. Vedono le spranghe di legno e le solite bandiere. Li sentono sbraitare, ma non comprendono cosa dicono, perché non parlano bene il greco.

Capiscono le loro intenzioni solo quando vedono i tappeti incendiarsi. Allora in due prendono un tubo, lo attaccano al rubinetto e provano a domare l'incendio, mentre gli altri chiamano la polizia e l'ambasciata.

Quando arrivano i poliziotti e i pompieri, le fiamme sono già state domate. Ma i fascisti sono ancora lì, a urlare e a inveire nella notte. Soprattutto, la porta è ancora sbarrata dalla catena e dal lucchetto. Solo a fatica i vigili del fuoco riescono a sfondarla, e solo a fatica i poliziotti riescono a creare un cordone che permetta ai musulmani bloccati all'interno di uscire e respirare all'aria aperta. I fascisti fanno loro segno che la volta successiva li sgozzeranno come vitelli. Questo è solo un assaggio.

Naim Elghandour, presidente dell'Unione musulmani di Grecia, visita il luogo di preghiera incendiato la sera dopo. Le pareti sono annerite, gli scaffali in legno e i tappeti sono stati distrutti. La puzza di bruciato impregna ancora l'aria del sottoscala.

Il piccolo centro di culto era stato posto sotto sorveglianza su ordine del capo della polizia ma, nonostante ciò, le incursioni sono continuate fino all'assalto finale. Al raid ha partecipato anche Themis Skordeli. Naim prova a incontrarla per farsi dire chiaramente quali problemi possa recare il centro. Ma è come parlare a un muro. Più tardi ammetterà sconsolato: "Quando le ho chiesto perché mandino in strada ragazzini di quattordici, quindici anni armati di coltelli per aggredire gli immigrati, mi ha risposto: 'Noi prepariamo i ragazzi ad affrontare il domani'".

Gli episodi di violenza raramente vengono segnalati dalle vittime. Da un lato, perché tanti immigrati sono sprovvisti di documenti, e quindi temono che ogni denuncia si trasformi in un'autodenuncia di irregolarità, con il rischio di essere espulsi. Dall'altro, perché ampi settori della polizia sono piuttosto morbidi nei confronti delle azioni di Alba dorata.

Si potrebbero raccontare decine di casi.

Il 21 dicembre 2012, per esempio, Asif Ali viaggia sull'autobus 820. Asif è un immigrato pakistano, sta tornando a casa dal lavoro. Assorto nei suoi pensieri si accorge appena che un uomo vestito di nero gli si è parato davanti. L'uomo si sbottona il giubbotto, gli mostra il simbolo di Alba dorata sul petto e gli urla contro: "Vieni, scendiamo alla prossima fermata".

Sull'autobus scoppia un parapiglia. Alcuni passeggeri solidarizzano con Asif, danno del fascista all'albadorista. Perfino l'autista protesta e blocca l'autobus. Ma a questo punto l'uomo picchia il pakistano. Lo colpisce sulla faccia ripetutamente, prima di allontanarsi in tutta tranquillità.

Quando arrivano i poliziotti, non trovano niente di meglio da fare che ammanettare Asif, benché invochi di essere portato in ospedale. Ha il volto sanguinante, la faccia deformata dai pugni.

Fatti del genere sono frequentissimi nelle zone in cui scorrazzano i militanti di Alba dorata. La contiguità con le forze di polizia salta agli occhi. Gli aggrediti sanno bene che chi denuncia finisce arrestato. E se proprio la polizia deve stendere qualche verbale, annota che ha avuto a che fare con semplici liti di strada. Il coinvolgimento dei camerati è sempre celato, le foto e i filmati forniti dalle vittime sono spesso distrutti.

È successo ai negozianti che si sono visti distruggere il negozio, è successo alle persone aggredite. Nella stazione di polizia di Agios Panteleimonas è persino capitato che non sia stato concesso il permesso di entrare agli avvocati delle persone aggredite.

La notte del 12 giugno 2012 a Perama, sulla costa occidentale dell'Attica, venti persone distruggono le barche, le reti e ogni strumento di lavoro di un gruppo di pescatori egiziani. Subito dopo fanno irruzione nella casa dove abitano. I vetri vanno in frantumi, gli aggressori svuotano all'interno dell'alloggio il contenuto di un estintore. Anche questa volta è un assalto ben organizzato: dopo aver creato il panico, si passa al pestaggio. A uno degli egiziani spaccano la testa con le spranghe di ferro. Continuano a colpirlo anche quando giace riverso sul pavimento. Si fermano solo quando uno di loro, che sembra essere il capo, ordina di andare via.

L'aggressione è stata annunciata il giorno prima su You-

Tube con un video postato dal parlamentare Ioannis Lagos. Guardando fisso in macchina, urla che ci sono state delle lamentele al mercato del pesce di Keratsini, il paese accanto a Perama, alle porte del Pireo. La colpa è degli egiziani, che creano solo problemi. Entrano al mercato, fanno quello che vogliono, vendono a chi vogliono e non rendono conto a nessuno. "Ma noi diciamo," sbraita Lagos il giorno prima del pestaggio e della distruzione delle barche, "che da qui in avanti renderanno conto ad Alba dorata."

Qualche mese dopo, a Kalithea, accoltellano altri otto egiziani e incendiano il posto dove pregavano. Accade in agosto. Quando gli egiziani vanno a sporgere denuncia, i poliziotti li cacciano via. Prima di allontanarli, filmano i loro volti con i cellulari e minacciano di mandare la registrazione "a quelli di Alba dorata".

Ierapetra è un piccolo villaggio nella parte sud-orientale dell'isola di Creta. Il 13 febbraio 2013, un gruppo di pakistani viene aggredito nella casa di campagna in cui vive. Ierapetra è una cittadina pacifica. Gli immigrati sono tanti, ma per lo più integrati nella comunità. Lo sono anche i pakistani che lavorano in un frantoio della zona, e abitano vicino alla piccola azienda. L'aggressione apre uno squarcio nella vita locale.

I poliziotti che accorrono sul posto poco prima delle otto di sera si ritrovano davanti i lavoratori stranieri feriti, chi alle braccia, chi al petto, chi alla testa. Dalle prime testimonianze raccolte comprendono che un gruppo di una decina di persone di nazionalità greca si è recato nel casolare dove abitano e gli ha intimato di lasciare la casa. Li hanno picchiati con delle mazze di legno e poi sono fuggiti. Per arrivare sul posto e per fuggire hanno usato tre auto.

Poco alla volta, nei successivi interrogatori, si capisce cosa è accaduto. Ho letto con attenzione il fascicolo dell'inchiesta relativo all'aggressione, perché attraverso le parole dei testimoni e dei fermati emerge un quadro nitidissimo del razzismo albadorista, di chi se ne lascia sedurre, di chi lo subisce, di chi lo osserva a breve distanza, spesso incredulo e impotente. Il quadro è tanto più chiaro quanto l'episodio di violenza appare ordinario, simile a numerosi altri attacchi che si sono susseguiti nei piccoli centri di provincia.

Savas Garofalakis è il proprietario di una delle tre auto. La macchina è stata individuata tramite la targa, un testimone l'aveva annotata su un foglio di carta. Quando viene interrogato, dice di aver conosciuto il responsabile di Alba dorata di Ierapetra qualche tempo prima: "Siccome sapeva che mi occupavo di sport, e più precisamente di kickboxing, mi ha chiesto se volevo far parte dell'organizzazione. Come ricompensa mi ha promesso che mi avrebbero aiutato a essere assunto in qualche ufficio pubblico. In quel periodo ero disoccupato, ho anche due bambini, allora ho accettato di iscrivermi. Davo anche i venti euro al mese per la sede di Ierapetra. Un giorno mi hanno chiamato e mi hanno ordinato di andare negli uffici perché c'era una questione seria. Quando sono arrivato, mi aspettavano in una macchina. Ho capito subito che non si trattava di una manifestazione pacifica come mi avevano detto. Li ho seguiti con la mia auto e siamo arrivati nei pressi di un vecchio frantoio abbandonato. Sono entrati dentro con delle mazze di legno, io dovevo aspettare fuori. Ho sentito i rumori della colluttazione, le grida e ho capito subito cosa era successo. Sono usciti di corsa, hanno buttato le mazze di legno sul prato, si sono infilati nelle loro auto e sono partiti a tutta velocità. Allora sono andato verso la gente che gridava. Ho trovato gli stranieri, erano per terra sanguinanti".

Alo Laquat, una dei pakistani feriti, ha confermato che quella non era la prima aggressione: "Nel novembre 2012, non ricordo che giorno era, due dei miei connazionali erano tornati dal lavoro e si trovavano a casa. A un certo punto, sono entrate circa dieci persone. Portavano le magliette di Alba dorata, erano robusti, avevano i capelli rasati. Li hanno picchiati e gli hanno intimato di andarsene via dal paese. Gli hanno anche detto che, se fossero andati alla polizia, li avrebbero ammazzati. Circa venti giorni dopo, a dicembre, è tornata una squadra di dieci persone, hanno buttato dentro la casa una bottiglia piena di benzina, che si è incendiata. Eravamo in cinque o sei quella volta. Avevano intenzione di bruciarci vivi, ma per fortuna siamo riusciti a spegnere l'incendio. Abbiamo anche chiamato il proprietario della casa per fargli vedere che cosa era successo. Poi, il 13 febbraio, si è verificato l'episodio più grave. Eravamo a casa e stavamo cucinando delle piadine in un piccolo deposito che c'è lì accanto. È allora che siamo stati di nuovo attaccati da un gruppo di Alba dorata. Sono arrivati con mazze di legno e spranghe. Mi hanno colpito sulle mani, sulla testa e sul petto. Hanno colpito anche mio cugino. Sulla fronte, ripetutamente. Indossavano vestiti neri, avevano i capelli tagliati corti, erano robusti e portavano gli stivali".

Andreas Bilalis è il proprietario dell'appartamento affittato ai pakistani. Anche lui lavora nel frantoio. Il 13 febbraio 2013, intorno alle otto di sera, lascia il frantoio con l'idea di farvi ritorno più tardi: "Ho visto un gruppo di dieci, dodici persone vestite di nero che risalivano la strada verso la stazione di pompaggio. Li ho visti raccogliere da un cantiere dei grossi pezzi di legno. Come ho capito solo dopo, li hanno usati per picchiare i pakistani. Quando sono arrivato nella casa insieme alla polizia, ho visto una scena che non dimenticherò mai: erano tutti per terra, sanguinanti e terrorizzati, piangevano. È arrivata un'ambulanza e li abbiamo portati all'ospedale. La casa dove abitano i pakistani si trova su una strada asfaltata e illuminata. Ma nei giorni precedenti le luci si erano spente e il Comune non aveva fatto in tempo a sostituirle. Poi abbiamo capito che qualcuno le aveva rotte intenzionalmente".

In questa spirale di violenza, i primi omicidi segnano un brusco salto di qualità.

È l'alba del 17 gennaio 2013, circa un mese prima del raid razzista di Ierapetra. Nel quartiere ateniese di Petralona fa freddo. L'umidità della notte bagna ancora le strade e le macchine parcheggiate, quando Shehzad Luqman decide di recarsi al lavoro in bicicletta. Shehzad Luqman è pakistano, ha ventisette anni. Su via Trion Ierarchon viene raggiunto da una moto priva di targa. A bordo ci sono Dionisios Liakopoulos e Christos Stergiopoulos, un pompiere. Fermano Luqman e lo colpiscono ripetutamente con i coltelli a farfalla che si portano dietro. Al torace, alla pancia, alle gambe. Muore poco dopo.

I due sono poi fermati nei pressi di piazza Sintagma. Il pompiere ha ancora le scarpe sporche di sangue. A casa di entrambi i poliziotti trovano armi, coltelli, mazze, tirapugni di ferro e opuscoli propagandistici di Alba dorata.

Poi il movimento alza nuovamente il tiro. L'omicidio del rapper Pavlos Fyssas rivela appieno, a chi non ha ancora occhi per vedere, tutta la pericolosità della strategia messa in campo dai neofascisti greci. Pavlos ha trentaquattro anni. Si esibisce con il nome di Killah P. Canta nelle piazze, negli spazi occupati, durante le manifestazioni. Canta versi come questi: "Il mondo è diventato una grande prigione e io cerco un modo per spezzare le catene". Oppure: "C'è un posto che mi aspetta là, devo arrivare a una vetta altissima. Non resisto più quaggiù, mi sta per soffocare la miseria della gente e anche la sua sofferenza".

Killah P. è molto noto in Grecia. È il classico cantante dichiaratamente antifascista che fa saltare i nervi ai picchiatori di Alba dorata. Rappresenta la totale negazione del loro mondo, del loro ciarpame ideologico.

La sera del 17 settembre 2013 Ioannis Aggos, uno dei militanti dell'organizzazione, si trova nella caffetteria Korali, a Keratsini, per vedere una partita di calcio in tv. C'è la Champions League, l'Olympiakos Pireo gioca contro il Paris Saint-Germain. Mentre le azioni di gioco scorrono sullo schermo, e l'Olympiakos prende un gol dopo l'altro, si accorge che al tavolino vicino al suo c'è proprio Killah P. È seduto con due ragazze. Chiacchierano, ridono, non badano minimamente alla sua presenza.

Aggos avvisa tramite sms gli altri camerati e la rappresaglia scatta immediata. In meno di quindici minuti quaranta fascisti si radunano armati davanti alla caffetteria. Entrano, sfasciano il locale e puntano dritto contro Fyssas e le ragazze. Li colpiscono ripetutamente con le spranghe e con i tirapugni di ferro.

I tre sono già feriti quando Giorgos Roupakiàs, un dirigente locale di Alba dorata, risale contromano per via Tsaldari, la via del caffè. Molla l'auto in mezzo alla strada ed entra nel locale armato di coltello. Fyssas è lì che si difende. Lo guarda, lo raggiunge e gli pianta il coltello nel torace. Più volte.

L'assassinio di Killah P. è il punto di non ritorno. Dopo una decina di giorni, il 28 settembre, i vertici del gruppo ultranazionalista vengono arrestati. Viene arrestato quello che tutti considerano il Capo, Nikolaos Michaliolakos, e vengono incriminati altri sette parlamentari del movimento. Nel febbraio successivo la magistratura ateniese chiede l'autorizzazione a procedere per l'intero gruppo parlamentare albadorista, anche se concretamente rimangono in carcere solo gli otto deputati arrestati fin dall'inizio. Tra questi, anche uno che nel frattempo ha lasciato il gruppo.

Per tutti, l'accusa è di aver costituito e diretto un'organizzazione criminale. I leader del movimento entrati in Parlamento non possono ottenere la tanto agognata immunità cui ambivano per proteggere le proprie azioni: per il reato associativo non è concessa.

Tuttavia, benché privati dell'immunità, non sono destituiti dalla carica elettiva. Ed è questo il motivo per cui, ad esempio, alle elezioni per il presidente della Repubblica di fine dicembre 2014, i parlamentari neofascisti ottengono il permesso di andare in aula a votare.

Alla fine, nella maxi-inchiesta giudiziaria contro l'eversione politica, i rinviati a giudizio sono settanta. Non si tratta solo dei dirigenti e dei quadri intermedi del partito. Vi sono anche due commissari di polizia, tra cui l'ex capo della centrale di Agios Panteleimonas.

Nonostante l'arresto dei suoi vertici, alle elezioni europee del 2014 Alba dorata sfiora il 10 per cento dei voti. In quelle politiche del gennaio 2015 si confermano la terza forza in Parlamento. Secondo un'analisi dei flussi elettorali pubblicata dal giornale "To Vima", un poliziotto su due vota per il partito di Michaloliakos.

Benché dicano di ammirare Hitler, Mussolini e i colonnelli greci, gli albadoristi storcono il naso quando li si definisce fascisti o nazisti. Preferiscono definirsi ultranazionalisti. Quanto al razzismo, non se ne vergognano. Anzi, ne fanno un punto d'orgoglio.

In realtà l'unico modello socio-politico che hanno in testa è quello dell'antica Sparta. Fosse per loro, ricostruirebbero pietra su pietra quella società asfittica, divisa al suo interno su base etnica, imbevuta di violenza e militarismo. Ogni anno vanno alle Termopoli per ricordare il mito di Leonida e dei trecento che si immolarono contro l'avanzata persiana.

In rete, la paccottiglia filospartana spunta in tutti i siti variamente legati al movimento. Insieme a un'amica ateniese, ho guardato il video di una delle tante manifestazioni tenute a Sparta qualche anno fa. A parlare per primo è proprio Giorgos Roupakiàs, quello che ha ammazzato Pavlos Fyssas nel caffè di Keratsini. A un certo punto dice: "Sappiamo che la strada è in salita, ma sappiamo anche che di Alba dorata non si nasce né si diventa, di Alba dorata si muore".

"Di Alba dorata si muore," ripetono dalla piazza.

Poi intervengono altri leader.

Yannis Boukias: "Da cinque ore siamo in strada e la città di Sparta è stata ripulita dai vermi, dagli zingari, dai clandestini e dai greci traditori. L'azione di oggi ha dimostrato che a Sparta chi detta legge non è lo sporco straniero, né lo zingaro, né l'albanese. Chi detta legge è Alba dorata".

Giorgos Patelis: "Facciamo del terrorismo con decine di moto...".

Nikolaos Michaloliakos, il Capo: "Daremo a tutti gli extracomunitari dei passaporti falsi e li lasceremo sulle spiagge della Libia. Ci dicano pure che siamo razzisti o criminali... Quando la nave affonda, la zavorra va buttata in acqua".

22.

Afghani a Patrasso

Dice Ahmad: "Fino a poco tempo fa chiunque riusciva a saltare su un traghetto a Patrasso e ad arrivare senza pagare in Italia. Adesso è impossibile, anche se ti vai a nascondere sotto un camion devi pagare comunque una cifra. Prima di partire uno non calcola quanto costerebbe il viaggio, ma poi ti rendi conto che i soldi sono molto importanti. Oggi servono almeno dieci-quindicimila dollari per venire in Europa dall'Afghanistan".

Ahmad ce l'ha fatta. Ce l'ha fatta ad arrivare in Europa, ma anche a superare l'imbuto greco. Si è lasciato Patrasso alle spalle ed è arrivato in Italia. Come tanti, però, non è riuscito al primo tentativo. Ha avuto successo solo al terzo, dopo aver affinato la tecnica per lanciarsi sui camion. Le altre due volte è stato rimandato indietro.

Quello dei respingimenti dall'Italia verso la Grecia è un fenomeno sommerso, ma imponente. Nel 2011 sono stati rimandati a Patrasso 2334 immigrati. L'anno successivo sono stati rintracciati lungo la frontiera adriatica 1809 migranti irregolari. Precisamente 691 nel porto di Ancona, 662 in quello di Bari, 173 a Brindisi e 283 a Venezia. Tra questi, 172 erano minori, proprio come Ahmad. Quasi tutti gli altri sono stati rimandati indietro, non ci sono dati precisi sui richiedenti asilo per quell'anno. Nel 2013 invece i rintracciati sono stati 1317, i riammessi 1097, i richiedenti asilo 117, i minori 178.

Varcare la frontiera adriatica, insomma, è complicato. Se vieni scoperto e sei maggiorenne, è praticamente impossibile rimanere in Italia, a meno che tu non sia mai stato intercettato in Grecia e possa richiedere l'asilo per la prima volta.

La dura legge dei traghetti è confermata anche per gli unici dati del 2014 che sono riuscito a recuperare, quelli relativi al porto di Venezia.

Da gennaio a ottobre gli stranieri irregolari rintracciati sono 175. I riammessi "con affido al comandante", cioè a bordo dello stesso traghetto con cui hanno fatto il viaggio d'andata, dopo essere stati chiusi in cabine isolate, sono 64. I richiedenti protezione internazionale solo 15; i minori stranieri non accompagnati 96, quindi molto più della metà. Dopo essere stati segnalati, sono stati affidati ai servizi sociali del Comune.

Ho conosciuto Ahmad, e altri ragazzi afghani riusciti ad arrivare in Italia, tramite l'associazione Binario 15, che prende il nome da un binario inutilizzato della stazione Ostiense. Lungo la sua superficie, tra il 2008 e il 2011, si è creato un insediamento spontaneo di afghani giunti a Roma. A volte anche nel numero di venti, trenta al giorno.

Nelle leggi non scritte del viaggio, una volta usciti da uno dei porti della costa adriatica, che sia Brindisi, Bari, Ancona o Venezia, la prima cosa da fare è raggiungere Roma, dove ci sono altri afghani. Solo dopo si possono decidere le tappe successive.

Lo sanno tutti. Lo sapeva anche Ahmad quando è arrivato nel 2009. A differenza di tanti altri, però, ha deciso di fermarsi qui. Roma non è stata una tappa intermedia, ma l'approdo finale. Ormai si è ambientato, frequenta una scuola per parrucchieri e conta di rimanerci. Tra un anno potrà essere assunto in un salone e potrà fare tutti i tagli che vuole. Quelli che ora, già informalmente, esegue con gli attrezzi della scuola sulla testa dei suoi amici.

Ahmad ha la pelle liscia e olivastra, e due occhi vispi sotto il ciuffo ondulato che taglia in due la fronte. Avrà ventidue, ventitré anni ma dimostra molto meno della sua età. Parla lentamente, soppesando le parole. Siamo seduti intorno a un tavolino di plastica bianca, nel cortile di una villetta della Garbatella circondata da alberi alti, dove ha sede l'associazione. Il frinire delle cicale, che in questo periodo inondano le aree verdi della città, risuona sotto i rami e sulle pareti rosse della costruzione anni trenta.

Lo guardo e non posso evitare di pensare al tempo che ha impiegato davanti allo specchio per tagliarsi i capelli con cura. Benché sia difficile intuire di primo acchito quanti anni abbia, ha la faccia di uno cresciuto in una famiglia senza eccessivi problemi economici.

Quando gli chiedo come faccia un minore a portarsi appresso dieci, quindicimila euro, mi risponde serafico che in Afghanistan sono una cifra altissima. Ci puoi anche costruire una casa di due, tre piani. "I soldi non te li puoi portare addosso durante il viaggio. Ci sono troppi pericoli, i trafficanti, i ladri, gli stessi poliziotti, che a volte derubano le persone che fermano. Ci si organizza in un altro modo. Se io parto, la mia famiglia deve lasciare i soldi a un'altra persona che conosciamo sia io sia il trafficante. Per attraversare ogni paese c'è un prezzo diverso. Dopo ogni tappa, basta mandare un sms per far muovere i soldi."

All'inizio Ahmad è stato aiutato da uno zio che vive in Australia. È stato lui a dare alla famiglia un po' di denaro. Poi se l'è dovuta cavare da solo. "Il viaggio non è organizzato da una sola persona. Per arrivare dall'Afghanistan all'Italia ci mangiano almeno in cinque. Si tratta di un gruppo che lavora insieme."

Quanto è durato il tuo viaggio?

"Undici mesi. La prima cosa che devi capire è che il viaggio è lento. Non è solo lungo, è lento. Anche quando non lo vorresti, devi fermarti per forza. È il trafficante a decidere quando parti e quando rimani."

Il porto di Patrasso è sempre pieno di polizia. Per diversi mesi ha vissuto al di fuori dei suoi cancelli, in una sorta di tendopoli improvvisata con altre cinquecento persone, quasi tutte afghane.

"Di giorno mangi quello che capita, di sera col buio provi a saltare sui camion."

Ci sono almeno due, tre navi al giorno che partono per l'Italia. I camion avanzano lentamente verso il molo e intorno si accalcano i ragazzi e i ragazzini della tendopoli che spiccano il volo, proprio come ha fatto Shorsh anni prima. L'obiettivo è infilarsi sotto la pancia del camion, vicino alle ruote. O magari all'interno, nascosti tra le merci trasportate. Oppure, in alternativa, può essere lo stesso autista a nasconderti, se si è messo d'accordo con i trafficanti.

Fino a qualche anno fa, il grande salto era una sorta di gioco anarchico. Si pagava per arrivare fino a Patrasso, ma poi ognuno provava a saltare da solo. Era la fortuna a stabilire chi avrebbe oltrepassato l'Adriatico e chi no. Ma oggi è diverso. Con l'aumento della sorveglianza è aumentato paradossalmente anche il controllo dei trafficanti sui salti. "Sono stato uno degli ultimi a partire senza pagare," mi dice mentre si accende una sigaretta. "Oggi, se cerchi di non pagare, i trafficanti ti daranno una lezione. Sono curdi o afghani, per lo più, ma è ovvio che lavorano con i greci."

Vivere fuori dal porto, tra fabbriche abbandonate e case di cartone, insieme ad altri ragazzini della tua stessa età, vuol dire bramare l'imbarco ogni minuto della giornata. È quello il tuo pensiero fisso, tutto il resto non conta.

Per due volte Ahmad è riuscito ad arrivare in Italia, e per due volte dal porto di Ancona lo hanno rispedito indietro. In entrambi i casi lo hanno scoperto sul camion, gli autisti non sapevano che fosse a bordo. La prima volta il camion era

254

ancora dentro la nave, la seconda aveva appena raggiunto il posto di controllo. Lo hanno beccato lì. Si era nascosto senza fiatare nel cassone, tra i cartoni di birra. Pensava di avercela fatta ma, quando sono saliti con le torce accese, lo hanno scoperto subito. Senza neanche chiedergli quanti anni avesse lo hanno rimandato indietro.

"Devi essere un rifugiato per capire quel momento. È una sensazione che non puoi spiegare a parole, la puoi solo sentire sulla tua pelle. Per provarla devi essere quel ragazzo nascosto da diciotto ore senza cibo e senza acqua, senza un bagno dove poter pisciare, con lo stress e la paura che non ti abbandonano mai... Mi hanno rimandato indietro con lo stesso traghetto con cui ero arrivato. Mi hanno chiuso in una cabina e, arrivato in Grecia, mi hanno consegnato alla polizia. Dopo qualche ora mi hanno lasciato andare."

Nei giorni successivi al secondo fallimento, Ahmad tenta subito di ripartire. Capisce che in questo gioco non ci si può abbattere, non si può lasciarla vinta alla cattiva sorte. E allora prova a saltare di nuovo sotto i camion o dentro i cassoni a rimorchio. Tuttavia, deve attendere novanta giorni e novanta notti prima che arrivi il viaggio buono.

Questa volta parte con altri due ragazzi. Il salto va a buon fine, tutto sembra filare liscio. Il mare non è agitato. Nelle lunghe ore in cui il traghetto risale per l'Adriatico, cullato dalle onde che producono un moto sempre identico a se stesso, Ahmad e gli altri sentono solo il rumore del motore. Non sanno verso quale porto italiano sono diretti. Il grande salto è anche un salto nel vuoto, verso l'incognito. E la costa occidentale dell'Adriatico è solo la somma di nomi di città in cui fermarsi il meno possibile.

Sbarcato a terra, teme di essere scoperto anche questa volta. Si è sparsa la voce che in alcuni porti fanno passare i camion sotto enormi scanner per controllare il carico. Per quanto possano essere nascosti nel cassone tra le cassette di frutta, gli scatoloni di cartone o gli imballaggi di plastica, quando a bordo ci sono dei migranti appaiono sugli schermi come manichini inanimati. Vengono immediatamente scoperti e rispediti indietro.

Ma Ahmad sente che questa è la volta buona. Qualcosa gli dice che non sarà rimandato a Patrasso. E così è. Il camion non viene controllato a campione, non passa sotto nessuno scanner e i loro corpi non appaiono sullo schermo di nessun sorvegliante. Procede oltre il cancello d'ingresso, lascia la costa e si incammina lungo l'autostrada.

Sanno di essere in Italia, ma non hanno la minima idea della regione in cui sono sbarcati. Non sanno se sono al Nord o al Sud. Nel chiuso del cassone avvertono solo il ronzio delle ruote sulla strada così come fino a poche ore prima erano imbambolati dal frastuono dei motori dentro la stiva.

Anche in autostrada continuano a parlare a bassa voce, come se da un momento all'altro il portellone possa aprirsi e l'incantesimo del viaggio svanire. Passano alcune ore finché il camion non si ferma in un autogrill. Capiscono che il camionista è sceso, probabilmente è andato a mangiare. E allora, dopo una decina di minuti, decidono di saltare giù anche loro. È buio, al di là delle luci della tavola calda e delle pompe di benzina si distende una campagna anonima, inospitale, costeggiata da pochi alberi spelacchiati. Fa freddo.

Si allontanano velocemente dalla stazione di servizio e iniziano a camminare lungo la corsia d'emergenza in fila indiana, uno dietro l'altro.

Seguono il senso di marcia, tenendosi sul bordo destro, attaccati al guardrail. Non hanno mai visto sfrecciare auto così veloci, che spostano ogni volta, al loro passaggio, una montagna d'aria.

Dopo qualche chilometro di cammino agile, scorgono un cartello con su scritto "Milano": è il primo nome di città italiana che riconoscono. Fino ad allora le indicazioni non facevano altro che accumulare lettere e nomi sconosciuti. Leggono "Milano" e decidono di proseguire. Camminano per undici, dodici ore filate, senza curarsi delle macchine che sfrecciano come saette, senza badare al freddo o alla stanchezza. Gli svincoli che si susseguono e la campagna circostante che emana un odore acido sono una minuzia insignificante.

Alla fine vengono fermati da un'auto dei carabinieri che passa di lì per caso. I tre capiscono che è inutile scappare: vengono portati in centrale. Questa volta, quando scoprono che sono minori afghani, li assegnano a una casa famiglia. I due compagni di viaggio scappano nella notte. Ahmad no, rimane, e nelle settimane successive viene mandato a Roma.

Dei mesi passati a Patrasso ricorda soprattutto il razzismo che montava in città e il pericolo di essere vessati in ogni momento.

"Alcuni gruppi uscivano di sera per picchiare gli stranieri. Certe notti ci facevano sapere che era meglio non mettere il naso fuori dalla tendopoli. Erano dei greci, soprattutto anziani, ad avvisarci. Ci dicevano anche di non andare in determinati posti. Due o tre volte ho visto giovani armati di bastoni e coltelli. Cercavano gli afghani. Volevano picchiarci senza motivo."

La polizia non faceva niente. Anzi, una volta è perfino capitato che a un controllo i poliziotti slegassero un cane e lo aizzassero contro un diciottenne afghano sprovvisto di documenti. Il ragazzo ha provato a scappare, ma il cane gli ha afferrato la gamba, squarciandola.

Al pericolo delle aggressioni si aggiungono poi i consueti rischi del viaggio. I più anziani ricordano ancora quando, nel 2002, al porto di Brindisi trovarono sul fondo di un furgone due curdi morti. I cadaveri erano abbracciati tra loro, le bocche spalancate nella ricerca disperata di aria.

"Una volta," si accende un'altra sigaretta, "sono stato al cimitero di Patrasso. Lì sono sepolti i migranti schiacciati dalle ruote dei camion. Molti rimangono senza nome, sulla tomba c'è solo la data di morte."

Patrasso è la terza città della Grecia per numero di abitanti dopo Atene e Salonicco, ed è una città di frontiera da sempre, disputata nei secoli tra turchi e veneziani, fino a quando non è diventata un centro nevralgico della guerra d'indipendenza iniziata alla metà dell'Ottocento.

Oggi è governata da un sindaco comunista. Non uno di Syriza, la formazione di Alexis Tsipras che ha vinto le elezioni politiche nel gennaio 2015, ma del Kke, il partito rigidamente marxista-leninista, ancora più a sinistra. È una di quelle città dove più forte è stato lo scontro tra gli ultranazionalisti di Alba dorata, che spesso ottengono rinforzi da fuori, come il giorno dell'assalto alla fabbrica tessile, e le forze antifasciste locali. Il porto, manco a dirlo, è l'oggetto principale dello scontro.

Dopo l'uccisione di Pavlos Fyssas, a Patrasso viene presa d'assalto la sede di Alba dorata. Al termine di un corteo i manifestanti lanciano molotov e pietre contro l'edificio. Ci sono momenti di tensione. Da una Ford Focus salta fuori un uomo in maglietta e pantaloncini neri, il fisico atletico e i capelli brizzolati. Estrae una pistola e la impugna a due mani contro la folla. Rimane impassibile in posizione di tiro, mentre intorno scoppia il putiferio, un fuggi fuggi generale.

Più tardi, l'uomo in pantaloncini viene fermato dalla polizia. Si scopre che è un ex poliziotto italiano in pensione, vicino ad ambienti dell'estrema destra.

Nel luglio del 2014 si verificano altri momenti di tensione dopo un'incredibile sentenza della Corte d'appello locale.

Un anno prima a Nea Manolada, nel Peloponneso, duecento braccianti bangladesi impiegati nelle serre di fragole in condizioni prossime alla schiavitù sono andati dal proprietario terriero per chiedere gli ultimi sei mesi di stipendio. Non erano stati mai pagati. Ma non hanno fatto in tempo a chiedergli alcunché: i caporali e i sorveglianti che lavoravano per lui hanno aperto subito il fuoco. Alla fine della sparatoria, sul campo rimangono ventotto braccianti feriti. Sette in modo grave.

Nella sentenza di un anno dopo, emessa dal tribunale di Patrasso, il proprietario e il sorvegliante che ha sparato vengono condannati rispettivamente a quattordici anni e sette mesi di prigione il primo e a otto anni e nove mesi il secondo per lesioni gravi e uso illegale di armi da fuoco. Ma viene a cadere l'accusa principale, quella di traffico di esseri umani, su cui era stata costruita la richiesta dell'accusa. Perciò la condanna viene sospesa e i due vengono rilasciati come se niente fosse accaduto.

Patrasso rimane una città più aperta e tollerante della media, sicuramente più di molti quartieri ateniesi. Lo stesso partito di Alba dorata ha aperto una sede in città solo quattro anni fa, ma ha dovuto spostarsi ripetutamente. I suoi militanti sono stati cacciati da tre diversi quartieri. Evitano di farsi vedere in pubblico, e l'unico parlamentare eletto nella regione non compare quasi mai in tv o sui giornali. Benché la città sia spesso dilaniata da fratture più o meno visibili, la sua anima profonda è ancora collocata da un'altra parte.

Il fatto è che Patrasso è sempre stata considerata una porta verso l'esterno, verso l'Italia e lo Jonio, che le navi imboccano subito dopo essere uscite dal porto. Lo si capisce osservando il suo tessuto urbano dall'antica fortezza che la domina: i quartieri più antichi e quelli nuovi, i palazzi bianchi e squadrati, il porto in fondo, le strade affollate. La città si estende ai suoi piedi come una macchia di cemento, fino alle estreme propaggini della costa. Il mare è dappertutto.

"Ma l'aria sta cambiando in fretta," ripete in continuazione Ahmad. "E poi ora è molto più difficile passare. Da quando hanno chiuso il vecchio porto e hanno aperto il nuovo, ci sono dei sistemi di controllo più sofisticati."

Il nuovo porto è stato aperto nel luglio del 2011. Tutte le navi per l'Italia ora partono dal suo terminal. Lo chiamano il Porto Sud e si trova leggermente fuori città, nei pressi della strada statale che conduce a Pyrgos. Da quando è stato aperto, i migranti in attesa di partire si sono spostati dai vari accampamenti in cui vivevano verso nuovi insediamenti più vicini al terminal. Uno di questi è proprio la fabbrica abbandonata Piraiki Patraiki, quella del tentato pogrom, che si trova a poca distanza dal suo ingresso principale.

Durante le vacanze di Natale del 2014 un traghetto di linea della Norman Atlantic della Anek Lines è andato a fuoco davanti all'isola di Corfù. Era partito da Patrasso ed era diretto ad Ancona, ma è andato alla deriva davanti alle coste albanesi. Ci sono volute ore per soccorrere i passeggeri a causa del mare in tempesta. Quando si è avviato il lugubre conteggio dei morti a bordo, ci si è accorti che nella stiva c'erano dei migranti provenienti dall'Afghanistan e dalla Siria. Alcuni si sono salvati insieme ai passeggeri che erano in coperta, altri sono annegati o sono finiti bruciati insieme alle vetture trasportate.

La pratica del salto sui camion trova sempre nuovi adepti, ma diventa ogni giorno più rischiosa. Il rogo di Natale non è un caso isolato. Molti continuano a morire spiccando il volo sopra le ruote, altri per asfissia dentro le stive. A tutto ciò si aggiunge una condizione di maggiore insicurezza, in particolare dopo l'assalto del maggio 2012 all'ex fabbrica tessile. Si sono moltiplicate le aggressioni a sfondo razzista: pestaggi della polizia, incursioni fasciste, spedizioni non segnalate da nessun giornale, ragazzini inseguiti per strada... Tutti questi piccoli eventi, messi insieme, fanno dire al popolo che preme intorno ai moli che Patrasso è cambiata.

"Noi almeno potevamo entrare in città," dice Ahmad mentre si sistema il ciuffo sopra la fronte. "Adesso stanno tutti fuori Patrasso, lontani dal porto. Dormono in una fabbrica abbandonata, ci mettono due o tre ore per andare a fare la spesa, noi ci mettevamo un'ora. Adesso sono lontani dai negozi, dalla città, dall'ospedale, da tutto. Se vengono aggrediti, non possono chiamare nessuno."

Negli ultimi anni, inoltre, si sono anche intensificati i controlli città per città. Con l'operazione "Xenios Dias" scattata in tutto il paese, migliaia di migranti privi di documenti sono stati arrestati e trasferiti in diversi centri di detenzione. La maggior parte delle persone che vivevano a Patrasso è stata rinchiusa nel centro di Corinto. Benché il tempo massimo di detenzione non dovrebbe essere superiore a un anno e mezzo, la maggior parte dei migranti è rimasta bloccata al loro interno molto più a lungo. Quando, all'inizio del 2015, ne ho parlato con Mariani Papanikolaou, portavoce del Movimento per la tutela dei diritti degli immigrati e dei rifugiati, mi ha riferito che tutti quelli fermati nell'estate del 2011 risultavano ancora detenuti. Solo in seguito il nuovo governo guidato da Tsipras ha annunciato di voler smantellare gran parte di queste strutture.

Per tutti questi motivi, si sono affermate delle rotte alternative. Oggi chi arriva in Grecia considera Patrasso troppo pericolosa. Non solo: la stessa Italia non è più percepita come un punto di approdo, ma solo come un ulteriore paese da attraversare per raggiungere il Nord Europa.

Per i ragazzi afghani e pakistani così come per i siriani in fuga dalla guerra, che sanno tutto dell'Europa tramite Facebook e le telefonate internazionali, gli obiettivi sono ormai altri. Il gioco non vale la candela. Non ha senso rischiare di rimanere bloccati a Patrasso per mesi, per poi raggiungere un nuovo paese in crisi dove non si vogliono più fermare.

Meglio andare direttamente verso nord, pensano. Così ha preso piede la scelta di una via di terra, alternativa a quella del mare. Il viaggio attraverso i Balcani.

23.

La rotta dei Balcani

Aamir è stato uno dei primi a percorrere la rotta dei Balcani. È andato dalla Grecia in Ungheria, senza passare dall'Italia.

Subito dopo averlo conosciuto, mi ha dato un mucchio di fogli spillati e ordinati in una cartellina di plastica trasparente. Contenevano la storia del suo viaggio. L'aveva scritta dapprima in persiano e poi, con l'aiuto di un dizionario, tradotta in italiano. Aveva impiegato molto tempo. Riga per riga, pagina per pagina, il racconto era rifluito in un'altra lingua.

Si è cimentato con la traduzione per liberarsi da un peso che gli schiacciava il petto. Ma anche per comunicare quello che aveva vissuto "agli altri", a chi avesse avuto voglia di ascoltarlo da questa parte del mondo.

Ho passato parecchie sere a leggere e rileggere i fogli compilati da Aamir in italiano. Ho cercato di immaginare il percorso del loro autore sulle mappe geografiche, ho provato a fissare i balzi in avanti e le battute di arresto, le volte che è tornato indietro e le volte in cui ha rischiato di morire.

Benché abbia poco più di vent'anni, Aamir ha attraversato molti mondi e molte vite. Il suo viaggio sfiora soltanto Patrasso. Oltrepassa la città greca per terminare altrove. Ma soprattutto inizia molto prima. Scorrendo i fogli, mi accorgo che è partito nel 2010.

Aamir è nato in una delle tante famiglie afghane emigrate in Iran durante la guerra che ha devastato il loro paese e progressivamente emarginate dalla società iraniana. Quelli come lui, che appartengono alla seconda generazione di profughi, rinfacciano ai padri di aver scelto proprio quella come destinazione del loro emigrare. Per loro, il contesto iraniano è divenuto presto insostenibile. Risulta insopportabile il razzismo strisciante, risultano insopportabili le complesse forme di apartheid che regolano l'accesso all'istruzione o al mercato del lavoro. Sono considerati cittadini di serie B, benché parlino e scrivano in persiano. E difatti è stato proprio il persiano la prima lingua alla quale Aamir ha affidato i suoi ricordi.

Un bel giorno ha deciso di partire insieme al suo amico Ansori. Hanno attraversato la frontiera tra Iran e Turchia rischiando di essere acciuffati dai militari che li avevano inseguiti sui monti. Hanno dormito per terra in varie case lungo il percorso. Hanno mangiato quel che capitava. Tutte queste fasi si sono svolte sotto il controllo dell'organizzatore del viaggio. E sempre sotto il suo controllo sono arrivati in macchina a Smirne.

Qui il racconto si dilata, si sofferma su innumerevoli dettagli e particolari. Finalmente ha inizio l'estenuante battaglia per entrare in Europa.

L'obiettivo è arrivare sull'isola di Lesbo, l'isola dell'Egeo situata davanti alla penisola anatolica. Per giorni, colui che Aamir continua a chiamare lungo tutta la prima parte del racconto "la guida" istruisce lui e gli altri su come affrontare il viaggio. Ormai si è creato un piccolo gruppo di profughi ragazzini.

"Ci sono delle regole da seguire," ripete in continuazione.

La prima è che bisogna mettere i vestiti puliti dentro una busta di plastica in modo che non si bagnino durante il viaggio e che possano essere utilizzati una volta sbarcati. La seconda è che, appena arrivati in Grecia, il gommone che li ha trasportati va bucato e nascosto, in modo che la polizia non lo scopra e possa risalire a loro. La terza è ovvia: bisogna spegnere i cellulari. La quarta facilmente intuibile: appena sbarcati, è vietato fumare o usare gli accendini. Nel buio potrebbero essere individuati.

Dopodiché, una sera, vengono sbattuti su un'auto e condotti lungo la costa turca, poco più a nord della cittadina di Altinova. Davanti, anche se in quel momento non la vedono, c'è l'isola di Lesbo, fin dall'antichità uno dei cardini geografici e culturali della Grecia d'Oriente, crocevia di storie, leggende, liriche, guerre e amori... Ma questo Aamir e gli altri non lo sanno: per loro si tratta semplicemente di una delle estreme propaggini orientali dell'Europa mediterranea.

La prima sera non riescono a partire. Dopo aver gonfiato il gommone, si rendono conto che il motore non si accende. Si è inceppato, e così tornano indietro. La seconda sera "la guida" prova a sostituirlo, ma anche il nuovo motore non funziona. Lui e Aamir armeggiano con il serbatoio, cercano di capire cosa non va. E in quel momento sentono uno sparo, la polizia turca è alle loro spalle.

Due ragazzi del gruppo vengono fermati, mentre Aamir scappa a gambe levate portandosi dietro il gommone sgonfio. Corre nei boschi senza voltarsi. Inciampa, cade a terra, si rialza aiutandosi con le mani. Sente una fitta acuta alla caviglia, ma continua a correre. Zoppica ma non si ferma, fino a quando non capisce di essere rimasto solo. Con le mani sui fianchi, piegato in due, riprende fiato. Ma non appena recupera un po' di forze si rende conto di aver perso la busta di plastica con i vestiti buoni. Indossa solo una maglietta a maniche corte e ha un gommone sgonfio tra le mani. Non ha alternativa, si avvolge al suo interno e passa così la notte, stretto nella gomma che avrebbe dovuto portarlo in Europa.

L'indomani, resta un'ora buona sotto il sole per riscaldarsi. Poi decide di tornare a Smirne, sperando che "la guida" non sia stata arrestata. Sulla strada un camionista si ferma e gli dà un passaggio.

A Smirne, chiama subito l'uomo che ha organizzato il viaggio. Quando sente la sua voce al telefono, capisce di essere salvo. Non è in prigione, è ancora libero. Non tutto è perduto, allora. Poi chiama Ansori e scopre che anche lui non è stato acciuffato dai poliziotti.

Dopo una settimana, sono di nuovo sulla costa turca per ritentare la sorte. Elusi i controlli di polizia per almeno due volte, finalmente riescono a partire. Aamir stringe tra le mani un nuovo fagotto. Nella busta di plastica ha infilato con cura degli indumenti immacolati, recuperati in città insieme ad Ansori.

È notte. Gonfiano il gommone, salgono sopra in sei o sette e lo spingono al largo con le mani. Poi accendono il motore. "La guida" non va con loro. Rimane sulla sabbia, dice solo di andare sempre dritto in mare, tanto non possono sbagliarsi. I ragazzi hanno paura, ma Aamir si fa coraggio e decide di impugnare i comandi del motore. Sarà lui a guidarlo, benché il concetto di "sempre dritto" in mare possa essere piuttosto vago.

Dopo due ore di navigazione, in cui incrociano solo una nave che passa a poche decine di metri di distanza, le luci dell'isola si fanno sempre più nitide.

La costa è bassa, non hanno difficoltà a scendere. Aamir è l'ultimo a posare i piedi nell'acqua, spetta a lui il compito di bucare il gommone. Ma non ci riesce, la gomma è troppo resistente, non si lacera, ogni colpo inferto con un pezzo di legno appuntito rimbalza indietro. Decide allora di sgonfiarlo, ma è un'operazione troppo lenta. Attende per lunghi interminabili minuti che l'aria sfiati dalla valvola, ma il gommone è ancora lì. L'ansia lo assale. Alla fine, l'unica soluzione per farlo affondare in fretta è buttargli sopra il motore.

È fatta, pensa. Ora può andare... Ma appena si gira per

raggiungere gli altri scopre di essere a piedi nudi e di aver lasciato le scarpe sul gommone. Per giunta i vestiti, quelli buoni conservati nella nuova busta di plastica, nella fretta si sono bagnati.

È Ansori, l'amico che viaggia con lui fin dall'Iran, a salvarlo. Per tutto il tragitto in mare si è fidato ciecamente del modo in cui ha tenuto la rotta, e ora gli dice di non preoccuparsi. Gli presta le scarpe buone che conservava nella sua busta di plastica. Aamir se le allaccia con foga e la prima cosa che pensa, mentre muove le prime falcate per allontanarsi dal bagnasciuga, è che sono asciutte.

Oltre la duna di sabbia sorge un paesino di cui non conoscono il nome. Decidono di passare la notte tra gli arbusti, á una certa distanza dalle prime case, per non farsi scoprire. All'alba si mettono in marcia verso Mitilene. Percorrendo la strada che corre lungo la costa ci mettono due, tre ore per arrivare. L'obiettivo ora è prendere il traghetto per Atene.

Credevo fosse un passaggio difficile, che i traghetti fossero controllati. Invece, stando al racconto di Aamir, almeno nel momento in cui lui ha fatto il viaggio gli è bastato comprare il biglietto. Nessuno ha controllato i loro documenti, tutte le persone che hanno raggiunto l'isola sul gommone sono riuscite a salire sul traghetto senza alcun problema.

La traversata dell'Egeo è interminabile, ma tutto fila liscio. Quando si accorgono di essere arrivati al Pireo, tirano un sospiro di sollievo. Appena sbarcati, lui e Ansori rimangono soli. Gli altri si dileguano, ognuno per la propria strada.

Aamir è uno che sa fiutare l'aria che tira. Arrivato a Patrasso, capisce subito che ci sono due leggi che regolano la vita degli accampamenti di tende, cartoni e lamiere intorno al porto. La prima grosso modo coincide con una delle regole formulate dalla "guida" precedente: devi scappare quando vedi la polizia. Devi scappare il più velocemente possibile per non farti prendere. Un corollario della prima legge, ovviamente, riguarda gli assalti razzisti. La seconda riguarda il grande salto: devi imparare a farlo il più in fretta possibile.

E allora Aamir si esercita. Impara a buttarsi sotto i camion in movimento, come a suo tempo aveva fatto Ahmad. Gli insegnano anche come distinguere i camion in partenza. Per esempio, quelli che trasportano arance e mandarini vanno sicuramente in Italia.

Ma ogni volta che prova a saltare sopra le ruote o sotto il cassone dei camion, ci sono sempre troppi poliziotti o camionisti sospettosi che lo scoprono. Non ha la stessa abilità, o più semplicemente la stessa fortuna, di Ahmad o di Shorsh. Per tre mesi non riesce a partire. In compenso vede con i propri occhi due, tre ragazzi stritolati dalle ruote dei tir.

Che fare?

Anche il suo amico Ansori non riesce a fare il grande salto. In tutti quei giorni di impazienza e di noia, hanno stretto amicizia con due ragazzi nelle loro stesse condizioni. Vivono nella stessa baracca, scendono insieme verso il porto. Visto il fallimento di ogni tentativo, l'assillo diventa un altro: cercare una strada alternativa.

Così decidono di raggiungere l'Europa centrale via terra. È inutile aspettare un imbarco sui traghetti che forse non arriverà mai. Meglio andare verso nord. Attraverso i Balcani.

Aamir non ricorda più a chi per primo sia venuta l'idea. Ma nel momento in cui qualcuno l'ha formulata nel chiuso della baracca, gli altri l'hanno immediatamente afferrata e fatta propria. Dopo giorni di apatia, le loro parole si accendono di nuovo. Ne nasce una discussione che diviene presto torrenziale, esplode in risate e in esclamazioni. Elettrizzati, si convincono della fattibilità di quella stramba soluzione.

Non ne parlano con nessuno, nessun altro deve venirne a conoscenza all'infuori del loro piccolo gruppo.

I Balcani diventano un chiodo fisso. Eppure, non sanno niente dei paesi che devono attraversare, delle lingue che si parlano, delle leggi che governano la loro vita e soprattutto le politiche migratorie. Non sanno niente delle ferite delle guerre etniche che hanno sconvolto quelle terre. Non sanno niente dei monti che incontreranno, né del clima che accompagnerà il loro viaggio. Ma facendosi coraggio a vicenda, con l'innocenza e l'incoscienza degli imberbi, partono ugualmente.

Per una settimana studiano il percorso su Google Maps, accalcati intorno al monitor di un vecchio computer in un internet point di Patrasso. Studiano le mappe e le foto satellitari. Guardano da vicino le strade, le montagne, i piccoli villaggi che dovranno attraversare.

Aamir stampa pagine e pagine e se le infila nella tasca dei pantaloni.

Quando si sentono finalmente pronti, prendono una corriera per Salonicco. Da lì inizierà il vero viaggio.

Nessuno finora ha mai tentato quella strada da solo, senza l'aiuto di guide e trafficanti. Quanto meno non l'hanno mai fatto dei minori che non conoscono la regione. Ma mentre tutti si affollano intorno alle reti del porto di Patrasso, Aamir ha le idee chiare: viaggeranno in corriera o in taxi da frontiera a frontiera, dividendosi le spese. Una volta arrivati a pochi chilometri dal confine, proseguiranno a piedi. E a piedi, da soli, proveranno ogni volta a varcare il confine eludendo i possibili controlli.

E così fanno. Dopo aver comprato dei vestiti più pesanti e un po' di cibo in scatola, accatastano tutto negli zaini e si fanno portare al confine tra la Grecia e la Macedonia, lungo la strada E75 che da Salonicco taglia verso nord.

Come stabilito, si fanno lasciare poco prima del confine per poi procedere a piedi. Camminano tutta la notte. Entrano nel nuovo stato in un punto non controllato in aperta campagna, e al mattino raggiungono il piccolo paese di Bogoroditsa. Tutto è stato relativamente facile, il confine macedone era solo un campo disabitato.

Qui trovano subito un tassista disposto a portarli verso nord. Il viaggio dura sei ore, attraversano il paese da un capo all'altro. La strada è tortuosa, costeggia i monti. A volte la macchina deve procedere molto lentamente e Aamir si imbambola a guardare quelle pareti coperte da boschi.

Arrivati a Skopje, decidono di proseguire subito oltre. Hanno fretta di arrivare al confine con la Serbia. In quattro danno al tassista centosettanta euro, più o meno quanto un operaio macedone guadagna in un mese, e si fanno portare nel punto che hanno segnato sulla loro mappa. Il conducente non fa nessuna domanda, anche se ha capito che non sono del posto e che probabilmente sono dei migranti irregolari. Anzi, è proprio lui a consigliare di andare verso Kumanovo per procedere spediti in direzione del confine serbo. Altrimenti sarebbero arrivati dritti dritti in Kosovo, e lì probabilmente si sarebbero arenati.

Vengono lasciati a pochi chilometri dal confine e, come la prima volta, decidono di proseguire a piedi, cercando un varco lontano dalla dogana. Ma questa volta è tutto più difficile. Capiscono immediatamente che con la polizia serba non si scherza. Per due volte riescono a entrare e per due volte vengono rispediti indietro. Allora decidono di aspettare che scenda la notte, nella speranza che i poliziotti in quel buio pesto siano presi dal sonno. Al terzo tentativo riescono a passare.

Continuano a marciare ma sono presto sopraffatti dalla stanchezza e dal freddo. La mappa dice che dovrebbero raggiungere una piccola città che si chiama Čukarka, ma dell'abitato non c'è traccia. Sembra essere evaporata nel nulla, e per la prima volta hanno il timore che Google Maps possa tradirli, che tra il mondo reale e la sua rappresentazione in rete possa esserci uno iato incolmabile. Un buco nero capace di risucchiare ogni cosa, un vuoto cui è impossibile non dare il nome di finzione.

Decidono di fermarsi per la notte, hanno una sola coperta in quattro. Non vogliono addormentarsi con il freddo, mono di non rialzarsi più. E allora si tengono svegli raccontandosi storie e stringendosi sotto l'unico panno di lana. Per ingannare il tempo e la spossatezza, aprono del cibo in scatola e se lo dividono.

Aamir non dimenticherà più quella notte in un paese di cui non sapevano assolutamente niente, alle porte di una città scomparsa. Appena iniziano a riscaldarsi sotto i raggi del sole, capiscono che qualcosa è cambiato.

Bevono l'acqua di un torrente e si dividono il pane che hanno portato con sé. In un modo o nell'altro ce l'avrebbero fatta, si dicono. Quanto meno sarebbero riusciti a raggiungere la città che avevano individuato su Google Maps, a farla apparire davanti ai loro occhi, e poi a raggiungere Belgrado.

Vagabondano per un altro giorno, e alla fine Čukarka appare e, dopo di lei, un'altra città di cui non afferrano bene il nome. Da lì prendono una corriera per la capitale. Solo dopo verranno a sapere che la zona in cui hanno passato la notte all'addiaccio è popolata dai lupi.

A questo punto Aamir scrive nel suo diario:

Io e Ansori parlavamo di quando stavamo in Iran e dove saremmo andati. Ansori avrebbe voluto andare in Svizzera, mentre io in Olanda o in Norvegia.
Ansori disse: "Penso che questa parte del viaggio è la più rilassante".
"Perché?"
"Stiamo nell'autobus a parlare."
Dopo capii che aveva ragione. Le sue parole mi rimasero in mente.

A Belgrado, appena scesi dalla corriera, vengono fermati dalla polizia e sbattuti in carcere. Quando i poliziotti capiscono che sono davvero minori come dicono di essere, li trasferiscono prima in un carcere minorile e poi, per un paio di mesi, in una casa famiglia al confine con la Bosnia. Aamir resta in Serbia insieme agli altri per cinque mesi, ma è un tempo che gli scivola addosso, senza lasciare la minima traccia. Il suo unico obiettivo è proseguire il viaggio; nei confronti della Bosnia, che reputa un semplice incidente di percorso, non nutre la minima curiosità.

Una volta usciti dal centro con una sorta di foglio di via, puntano subito verso nord, verso l'Ungheria. Sono partiti dalla Grecia a fine ottobre. Quando decidono di mettersi in marcia verso la Vojvodina è ormai primavera. Le temperature sono meno rigide. In tutto questo tempo Aamir ha conservato come una reliquia le mappe stampate all'internet point di Patrasso. Si sono sgualcite, ma sono ancora chiare. Chiari i percorsi da coprire, chiari i nomi delle città.

Sull'ultima mappa c'è una città cerchiata con la penna: Subotica. A pochi chilometri c'è l'Ungheria e, con essa, la possibilità di rientrare nell'Unione europea.

Questa volta impiegano tre giorni per passare il confine. Di giorno dormono e di notte provano a forarlo, come predatori in attesa dell'attimo giusto. Ormai, hanno appreso che è tutta una questione di attimi, di pochi secondi al termine di ore di devastante attesa.

Il lato serbo è abbastanza controllato. Anche in questo caso riescono a varcare la soglia tra ciò che è già Unione e ciò che ancora non lo è in un punto imprecisato in aperta campagna, poco distante dal luogo stabilito. Aamir percorre gli ultimi metri a occhi chiusi. È talmente stanco da procedere come in un sogno. Non parla con gli altri, percepisce appena i loro respiri. Il suo passo è soffice, la strada finalmente tranquilla.

Pensano di avercela fatta, ma appena entrati in Ungheria vengono fermati dalla polizia e mandati in un centro per rifugiati. Ancora una volta alla centrale pensano che siano maggiorenni: non possono essere stati dei minori ad aver fatto il viaggio che giurano di aver intrapreso. Non riescono a convincerli del contrario, e per questo vengono spediti assieme agli adulti nel centro di accoglienza di Debrecen.

Rimangono lì sette mesi. Non era certo questa la meta finale dei loro sogni, ma per il momento sono costretti a fermarsi qui. Devono fornire le impronte digitali. Per Aamir e Ansori è la prima volta. Ma la polizia scopre che a uno dei due ragazzi con cui avevano stretto amicizia a Patrasso erano già state prese in Grecia, e quindi viene rispedito indietro.

Il gruppo che ha attraversato indenne i Balcani, sfidando la sorte, la paura, il freddo, le trappole, le dogane, i poliziotti, i confini, i lupi e i monti inizia a sfaldarsi. Usciti dal centro, i tre rimasti provano a trasferirsi in Austria. Ma solo uno riesce a raggiungere uno zio che vive a Salisburgo. Gli altri due, Aamir e Ansori, devono tornare in Ungheria.

Ansori decide di fermarsi, non ne può più di continuare a girare come una trottola. Aamir no, non si fida dell'Ungheria, il paese in cui hanno lasciato le impronte.

Così, dopo mesi di condivisione assoluta, le strade dei due amici partiti insieme dall'Iran si dividono, e mi sorprende che Aamir non dedichi alla separazione più di qualche riga del suo diario.

Anziché provare ad andare in Olanda o in Norvegia, dove avrebbero tanto voluto approdare, decide di venire in Italia. Arrivato a questo punto, pensa che sia un paese più tollerante di quelli del Nord Europa, l'unico che non lo rispedirà indietro.

Una sera d'inverno saluta l'amico che gli aveva regalato a Lesbo un paio di scarpe asciutte, stringe le sue mani fra le proprie per un'ultima volta e si dirige verso la stazione.

Tenta di nuovo la fortuna. Ma per la prima volta è davvero solo.

Quando ho conosciuto Aamir, ho pensato che il suo volto avesse un'espressione indecifrabile. I capelli lisci castani tagliati con cura, il pizzetto appena accennato, gli occhi stretti e i tratti quasi mongoli, mi ha riferito a voce solo un decimo degli aneddoti raccontati per iscritto.

Leggendo i fogli che mi ha dato ho sospettato più volte che avesse ingigantito alcuni fatti e ne avesse omessi degli altri. Spesso il passaggio della frontiera risultava troppo facile.

Una volta ho anche immaginato che mi stesse prendendo in giro.

Eppure, le tracce da lui lasciate sui computer dell'ufficio immigrazione dicono che è arrivato davvero in Ungheria dalla Serbia. E poi in Italia dall'Ungheria. E che per fare tutto questo non poteva che aver attraversato i Balcani in un modo in cui forse nessuno aveva pensato di fare prima di lui e del suo piccolo gruppo di amici.

In tutto, per quel viaggio autogestito, pieno di intoppi e andirivieni, durato parecchi mesi, ha speso due-trecento euro. Non di più. Una cifra irrisoria se confrontata con quanto abitualmente prende un trafficante per i suoi servigi, specie se si tratta di attraversare il mare.

È probabile che Aamir non abbia davvero pagato nessuno per il suo viaggio nei Balcani studiato sul monitor di un vecchio computer in un internet point di Patrasso. In fondo, nel suo racconto menziona tutte le guide precedenti, per cui per quale motivo avrebbe dovuto celare la presenza di un eventuale intermediario in Macedonia o in Serbia?

Dopo il suo viaggio, le tratte balcaniche sono finite sotto il controllo dei trafficanti. Oggi, le guide si fanno pagare dai tre ai quattromila euro a persona per trasportare chi fugge verso l'Ungheria. È un percorso relativamente facile se fatto insieme a un *passeur*, ma rischioso, perché se si viene scoperti in Ungheria e si lasciano lì le impronte si è costretti a rimanere in un paese in cui il razzismo contro gli stranieri diventa sempre più feroce.

Se Aamir è riuscito a venire in Italia, e poi a stabilirsi a Roma dove infine l'ho incontrato, è solo perché ha potuto dimostrare che era ancora minorenne, al contrario di quanto sostenevano a Debrecen. Gli avvocati che si sono occupati del suo caso hanno inoltrato una nuova domanda d'asilo che, in quanto minore non accompagnato, ha ottenuto.

Nel 2015 il flusso lungo la nuova rotta si è fatto imponente. Mese dopo mese, agli afghani che hanno voluto aggirare le secche nel porto di Patrasso si sono aggiunte le famiglie siriane in fuga dalla guerra. Anche queste, progressivamente, hanno preferito il percorso di terra ai viaggi rischiosi sui grandi cargo dalla Turchia o sui pescherecci dall'Egitto. Così almeno quattromila persone ogni settimana hanno seguito le orme di Aamir e Ansori. Hanno attraversato la Macedonia e la Serbia, i boschi e le vallate, provando a entrare in Ungheria, tanto che pure il governo di Budapest ha deciso di costruire il proprio muro di filo spinato per arginare l'arrivo di nuovi profughi.

24.

Vedere, non vedere, *4*

A metà pomeriggio Shorsh mi rivela finalmente il suo vero nome. Non è molto dissimile da quello che si è scelto, ma per rispetto nei confronti del suo passato non lo rivelerò. Continuerò a chiamarlo con il nome con cui l'ho sempre chiamato, così come ho continuato a fare nelle nostre conversazioni.

Siamo ancora nel locale.

La porta a vetri trattiene il tepore del cibo appena cucinato, mentre all'esterno scorgo un fascio di foglie svolazzare nell'aria. La strada che lambisce la piccola kebabberia è ancora deserta.

Continuo ad ascoltare i frammenti dei suoi ricordi e, appena il rotolo di tacchino finisce di rosolarsi, afferro che c'è un aspetto molto più complesso della faccenda. Un nodo irrisolto, e ancora avviluppato, di cui la scelta del nome costituisce solo un filamento secondario.

Il nodo ha a che fare con la partenza dall'Iraq e con quello che l'ha generata. E, soprattutto, con la lingua. La lingua adatta, o quanto meno la lingua necessaria, per poter illuminare ogni anfratto di quella scelta.

"È strano," dice mentre mi volta le spalle alla ricerca di uno strofinaccio. "Solo ora mi sono davvero reso conto di tutto ciò."

Col tempo Shorsh ha capito che era molto più facile rielaborare il racconto della violenza subita in italiano che non in curdo. Come se il curdo non avesse le parole adatte per spiegare l'orrore.

"Quando hai ricevuto delle percosse e delle torture, la Commissione che giudica i richiedenti vuole vedere in te le tracce delle violenze subite per darti l'asilo," mormora mentre affetta un pomodoro sul bancone.

È come se la vittima di tortura, per essere catalogata come tale, fosse chiamata a fornire dei segni inequivocabili, a mostrare le stimmate sul proprio corpo. Ma lì, in quel momento, poco dopo il suo arrivo in Italia, Shorsh si è accorto che gli mancavano le parole. Non riusciva a trovarle in curdo o in arabo, e le lingue europee erano ancora un muro invalicabile. Insomma, non riusciva a comunicare quello che aveva subito.

Non che non fosse stato picchiato e bastonato ripetutamente dalla polizia di Saddam, soprattutto quella volta che era stato arrestato senza lo straccio di una prova insieme a tanti altri curdi per un attentato verificatosi nella sua città. Non che non avesse seriamente rischiato di morire anche in seguito, quando, dopo la fine della Prima guerra del Golfo, era scoppiata un'insensata lotta fratricida tra le due principali fazioni curde che intendevano spartirsi il potere interno. A quel tempo Shorsh era già un agente del Puk, per cui avrebbero potuto farlo fuori gli altri, i miliziani del Pdk, il Partito democratico del Kurdistan. Quella guerra intestina, oggi praticamente dimenticata, ha fatto migliaia di morti.

Shorsh, l'uomo diventato Shorsh, non aveva le parole per spiegare tutto questo. Per spiegare la paura e il terrore, la violenza diffusa e prolungata. Quella più perniciosa, che si insinua come un tarlo nella testa e nell'anima.

"Non avevo segni tangibili sul corpo. Non una cicatrice, né un braccio spezzato o una gamba rotta. Sono stato picchiato a lungo con i bastoni, mentre altre persone intorno a me erano appese al soffitto a testa in giù o venivano attaccate per le palle ai cavi elettrici. Ma non avevo segni."

Armeggia ancora davanti al pomodoro. Poi prosegue: "Più che la violenza, ricordo il terrore della violenza, il terrore che ogni notte potessero capitarti le cose peggiori che vedevi fare agli altri. Capisci quello che voglio dire?".

Rimango in silenzio ad ascoltarlo.

"Riesci a capire quello che sto dicendo?"

Lo guardo fisso negli occhi, senza fare il minimo cenno.

"Non avevo nessuna cicatrice e non avevo le parole per raccontare quella violenza. Così ho mostrato quelli dell'operazione subita."

Mi ricordo immediatamente dell'operazione per le emorroidi di cui tanto si vergognava. Io, Marco e gli altri abbiamo sempre saputo, e dato per scontato, che quelle lesioni fossero state prodotte da una bottiglia di vetro ripetutamente fatta infilare nell'ano.

"Non c'è mai stata nessuna bottiglia. Le emorroidi dipendevano da altro, non dalle torture. Ma non avevo le parole, e questo era l'unico modo per rimanere qui."

Rimango di sasso per la seconda volta nel giro di poche ore. Osservo il pomodoro deformato sul marmo bianco, il coltello sporco accanto, e non riesco a dirgli niente.

Shorsh è immobile davanti a me. E io, per un istante, cerco di non incrociare il suo sguardo.

Ho davanti agli occhi solo una bottiglia verde. Quella stessa bottiglia verde che anni prima avevo immaginato salire su per il buco del culo di un uomo a cui avevo cercato di insegnare i tempi dei verbi in italiano.

Shorsh è ancora davanti a me e io non riesco a togliermi dalla testa il colore del vetro. Ma poi, proprio nel momento in cui penso che tutta la sua vita, come il nome inventato al momento di dare le generalità, non sia altro che illusione, che illusorio sia tutto quello che mi ha raccontato, una voce dentro di me mi dice che forse le cose stanno diversamente. E che è puerile, infinitamente puerile, aver pensato di poter possedere la verità sulla vita di un uomo, come se la verità possa poi rivelarsi in un fascio di luce a chi, venendo da Roma, entra nel suo tran tran quotidiano solo per poche ore, per pochi giorni, dopo quindici anni di assenza.

Sì, la bottiglia non c'è mai stata e nessun orifizio anale è stato mai seviziato. Ma ciò non nega che ci siano state altre sevizie. Ciò non nega che sia stata messa in atto una prolungata vessazione psicologica, i cui confini sono difficili da nominare. Ciò non nega che Shorsh avrebbe potuto essere torturato o ucciso in un altro frangente.

La voce dentro di me continua ad ammonirmi. Ora mi ripete le stesse identiche parole che una volta avevo sentito dire a Marco in una nostra chiacchierata. A un certo punto, dopo aver accompagnato l'ennesimo studente della scuola di italiano davanti alla commissione che avrebbe dovuto decidere della sua permanenza in Europa, mi aveva detto che è "la stessa procedura della richiesta d'asilo a favorire, nel richiedente, un processo di autovittimizzazione". Voleva dire che è lo stesso meccanismo del diritto d'asilo, talvolta, a comprimere su un unico piano, in una sola dimensione, la complessità di ogni storia. Spesso siamo disposti ad ascoltare solo quelle storie che rientrano nei parametri che abbiamo prefissato.

Marco sapeva che la bottiglia non c'era mai stata? Lo sapeva e non mi aveva detto niente? E da quando lo sapeva?

Sento un lieve ronzio e mi accorgo che Shorsh ha acceso la luce al neon sul soffitto. Ha la faccia distesa e io ho provato a indovinare per la prima volta in vita mia come è fatta la cella di una prigione irachena.

25.

San Foca 2002

"Era umida e faceva schifo. Sentivo il sangue spandersi nella mia bocca, colare sulle mie labbra, impregnarmi, sporcarmi. Il pezzo di carne di maiale era sul manganello, e cercavano di infilarmelo in bocca. Spingevano, spingevano... mi tenevano fermo e spingevano. Erano tre, o forse quattro. Non ricordo quanti erano. L'occhio mi faceva male perché mi avevano tirato un pugno. Ricordo solo che spingevano per aprirmi la bocca, mi tenevano fermo. E poi quel sangue sporco, quel sangue di maiale... Mi colava sul collo, scendeva sotto la camicia..."

Così diceva il ragazzo. Ho in mente il suo volto, le parole pronunciate in italiano, la lingua dei carcerieri. Non ricordo il suo nome, e me ne vergogno. Dovrei controllare delle carte, fare una piccola ricerca. Ma questo falserebbe il flusso dei ricordi. I frammenti di memoria si ricompongono convulsamente intorno a quel racconto e alle mani che si stringono nervose mentre parla.

Il fatto è accaduto di notte, nei corridoi di un Cpt, un Centro di permanenza temporanea per stranieri da rimpatriare perché sprovvisti di permesso di soggiorno. Così si chiamavano questi luoghi fino al 2008, quando hanno preso il nome di Cie, Centri di identificazione ed espulsione.

Il ragazzo di cui ricordo il volto e le mani era marocchino, o almeno così diceva. I tre o quattro che l'hanno seviziato con la carne di maiale erano invece carabinieri italiani. Il fatto è accaduto a San Foca, un paesino umido della costa salentina, poco lontano da Lecce, alla fine di novembre del 2002. Io e altri ne siamo venuti a conoscenza qualche giorno dopo, precisamente il 30.

Componevamo una delegazione di politici, giornalisti, avvocati, medici, operatori sociali in visita nel Centro di permanenza temporanea Regina Pacis. Quella mattina, sotto la pioggia battente, un corteo di associazioni antirazziste era giunto davanti al suo cancello d'ingresso. In passato, la struttura aveva ospitato un centro di prima accoglienza per gli immigrati albanesi sbarcati lungo le coste pugliesi. In seguito, negli anni dell'"emergenza Puglia", quelli in cui è stata formulata una gran parte delle norme che regolano la gestione della frontiera, era stata adibita a Centro di permanenza temporanea. Con la legge Bossi-Fini, poi, i tempi di reclusione nei Cpt erano stati raddoppiati (da trenta a sessanta giorni) e il loro carattere paracarcerario si era intensificato. Nei quattro anni precedenti alla nostra visita, dal Regina Pacis di San Foca erano passati trentacinquemila migranti, un numero superiore alla metà della popolazione carceraria italiana.

La peculiarità del Regina Pacis consisteva però nella sua gestione. Nonostante i cambiamenti tumultuosi dell'Italia e del mondo, la trasformazione dei flussi migratori e delle leggi che provavano a imbrigliarli, la direzione del centro, anche dopo la sua trasformazione in Cpt, era ancora affidata a don Cesare Lodeserto, presidente della Fondazione Regina Pacis, ex direttore della Caritas diocesana e segretario particolare dell'allora arcivescovo di Lecce Cosmo Francesco Ruppi. San Foca, cioè, da luogo di accoglienza si era tramutato in campo di raccolta per migranti da espellere, ma a dirigerlo era rimasta la stessa persona, creando più di un fraintendimento. Mentre i carabinieri avevano il compito di sorvegliare il perimetro del centro e non far evadere nessuno, lui, don

Cesare, era rimasto il sovrano assoluto all'interno delle mura di cinta.

Quando la delegazione di cui facevo parte varcò il cancello sotto la pioggia, i suoi membri non avevano altra intenzione che descrivere le condizioni di vita quotidiana in questo anomalo Cpt, in cui un prete, i carabinieri e numerosi operatori tenevano sotto chiave quasi duecento immigrati pronti per il rimpatrio o, quanto meno, in attesa di essere etichettati a vita come "clandestini" una volta che si fosse capito che non potevano essere rimpatriati da nessuna parte. Non potevamo sapere che avremmo scoperto una realtà molto peggiore.

Ricordo due ragazzi con le gambe ingessate, il ragazzo che parlava della carne di maiale, e un altro, con cui poi tutti noi avremmo stretto amicizia, Montassar Souiden, che si abbassò i pantaloni della tuta lasciandoci intravedere due larghe strisce viola che gli segnavano le gambe.

Parlavano ossessivamente di un pestaggio. Un pestaggio consumato lì, nei corridoi del centro, pochi giorni prima.

In pochi minuti ricostruimmo i fatti salienti. La notte tra il 21 e il 22 novembre un gruppo di marocchini, in tutto diciassette persone, aveva tentato di fuggire. Avevano saltato il muro di cinta ingannando i sorveglianti e si erano dispersi nella campagna circostante, tra gli arbusti che arrivano fin sulla strada. A quel punto era cominciata la caccia all'uomo. A uno a uno, chi prima chi dopo, erano stati riacciuffati e riportati al Regina Pacis, dove aveva avuto luogo la "punizione". Condotti a piccoli gruppi nel corridoio, in un punto che poi è stato identificato essere più o meno a metà strada tra le cucine e l'ufficio di don Cesare, erano stati picchiati. Calci, pugni, manganellate.

Un marocchino, spogliato e ammanettato a una grata, era stato lasciato in cortile tutta la notte. Altri erano stati seviziati con la carne di maiale. Almeno in quattro – quelli nelle condizioni peggiori, dicevano i reclusi – erano stati rimpatriati immediatamente in Marocco per nascondere le prove. Venimmo poi a sapere che gli aggressori avevano costretto i medici del centro a falsificare i referti e cercato di impedire che i feriti fossero portati nel vicino ospedale leccese.

I segni sui corpi erano evidenti, le testimonianze lapidarie. Ma ancora più incredibile fu sentire che a prendere parte al pestaggio dei marocchini non erano stati solo i carabinieri, ma anche alcuni operatori che prestavano servizio nel centro e lo stesso don Cesare Lodeserto.

Ho ancora viva nella mente la voce dei ragazzi che dicevano: "Don Cesar, don Cesar... pure lui".

Le ore quel giorno passarono in fretta. Anche perché, oltre al pestaggio, le irregolarità da accertare nella gestione del centro erano innumerevoli. Avevamo visto stanze di pochi metri quadrati con letti a castello per dodici, quattordici persone. Avevamo sentito la puzza di cessi, sudore e sigarette tipica di ogni sovraffollamento. Ci eravamo imbattuti in un'altra situazione che aveva dell'incredibile: cinquantotto contadini scappati dalla Guerra del Kashmir, che avevano tutti i requisiti per avanzare la domanda d'asilo politico, erano invece finiti lì dentro, per il semplice fatto che nessuno li aveva interpellati. Eppure, in molti parlavano inglese. Alcuni di noi avevano visto uno di loro piangere in silenzio perché gli avevano ammazzato il figlio di due anni.

Le denunce raccolte quel giorno hanno portato al rinvio a giudizio dei responsabili del pestaggio, don Cesare Lodeserto, sei collaboratori del suo staff e nove carabinieri, e alla successiva trasformazione del Regina Pacis in un centro per soli richiedenti asilo. Anni dopo sarebbe stato chiuso definitivamente, e il suo padre-padrone, coinvolto anche in altre vicende giudiziarie, si sarebbe trasferito in Moldavia.

La sentenza di primo grado è stata emessa il 22 luglio 2005

dal tribunale di Lecce, e in seguito è divenuta definitiva. Don Cesare Lodeserto è stato condannato a un anno e quattro mesi di reclusione per violenza privata e abuso dei mezzi di correzione. I sei collaboratori e sette dei nove carabinieri sono stati condannati a pene di poco inferiori.

Ecco alcuni passi della deposizione di Montassar Souiden davanti al magistrato: "I carabinieri ci hanno bloccato e poi ci hanno portato nel corridoio vicino alla direzione. Dopodiché è arrivato il direttore, don Cesare Lodeserto. Mi ha preso dal ciuffo dei capelli davanti e mi ha sbattuto la testa due volte al muro; dopo mi ha girato e mi ha preso da dietro e mi ha sbattuto di nuovo la faccia al muro. Dalla parte delle sopracciglia mi ha fatto una ferita, una grossa ferita qui alle sopracciglia. Allora ha preso il manganello dei carabinieri, mi ha preso dal ciuffo dei capelli davanti e mi ha colpito col manganello sulle labbra, alla bocca, dove mi ha procurato una ferita che è ancora visibile".

Il pestaggio continua. Poi viene trascinato altrove: "Appena entrato, ho visto Mohamed Abedhadi. Paolo e Natasha lo picchiavano, mentre gli altri erano stesi a terra. C'erano dei carabinieri, e i carabinieri, quando passavano, tiravano calci a tutti gli altri. Davano botte, era un gioco".

Paolo e Natasha, che Montassar chiama per nome, sono i collaboratori di Lodeserto. Paolo è Paulin Dokaj. Natasha è Natalia Vieru. Uno degli aspetti più inquietanti della vicenda è costituito dal fatto che la metà degli operatori condannati sono mediatori culturali trasformati in aguzzini. Sono stati loro ad aver commesso le violenze più efferate.

Quella mattina, nel centro, incrociai lo sguardo gelido di Natalia Vieru. Una donna alta, piuttosto giovane, dai capelli lunghi e biondi raccolti con un fermaglio. Anche a distanza di molto tempo, le sue sevizie erano raccontate con un misto di stupore e paura.

Dalle dichiarazioni rese da uno dei ragazzi pestati si evince che Natasha, mentre lui era steso a terra sanguinante, gli ripeteva insistentemente la frase: "Dove sta Allah che ti salva e ti protegge, adesso?".

Se rievoco questo fatto proprio ora, a tanti anni di distanza, è perché i centri sono sempre stati l'altra faccia della gestione della frontiera. Come rivela il racconto di Aamir, che si snoda di paese in paese, non c'è viaggio che possa davvero restarne alla larga.

I centri sono sempre lì. L'evoluzione della loro natura e delle loro strutture corre di pari passo con quella delle rotte e dell'idea di frontiera che ci siamo fatti.

Sono sempre lì. Non solo i centri di primissima accoglienza, destinati ai profughi appena sbarcati lungo la costa. Non solo i centri per i richiedenti asilo, all'interno dei quali gli ospiti attendono per mesi di essere convocati dalla commissione territoriale che vaglierà le loro dichiarazioni e la possibilità di conferire l'agognato status.

Una volta che si è separato il grano dal loglio, ci sono anche i centri di espulsione, dove finiscono i reietti da bandire, gli irregolari identificati come tali su tutto il territorio nazionale, gli ex detenuti che non sono stati già rimandati nel loro paese d'origine.

Ho sempre pensato che fosse sbagliato definire i Cpt e i Cie "lager". Laddove non c'è il fine dell'eliminazione fisica dei detenuti, evocarla, anche in chiave critica, è un errore. È una banalizzazione linguistica del male. La verità incontrovertibile è un'altra: i Cpt, e in seguito i Cie, sono forme paracarcerarie che rispondono con la detenzione a un illecito amministrativo dai contorni sostanzialmente indefiniti, i viaggi dei migranti che non possono accedere alle richieste d'asilo.

L'universo paracarcerario è spesso peggiore di quello carcerario: per l'impreparazione di chi lo gestisce, per la mancanza di fondi, per le incertezze legislative e giuridiche sulla propria funzione. I centri abbrutiscono sia chi vi è recluso, sia chi riveste il compito di controllore o carceriere.

Dal 2008 al 2014 il tempo di permanenza massimo al loro interno è stato aumentato fino a diciotto mesi, dilatandone tutti gli aspetti negativi: sovraffollamento, alienazione, violenze, rivolte. Poi è stato nuovamente ridotto a novanta giorni; questo è ora il tempo massimo consentito per accertare il paese da cui il migrante irregolare proviene, e nel caso rimandarlo indietro.

Tuttavia, oltre la metà dei reclusi nei centri di espulsione non viene rimpatriata nei paesi d'origine. Spesso perché la loro provenienza è incerta o difficile da provare; altre volte perché provengono da paesi con cui l'Italia non ha stipulato accordi bilaterali di rimpatrio. Così, una volta usciti, gli ex confinati rimangono qui e vivono come "clandestini". Non potendo lavorare altrimenti che in nero, finiscono nelle maglie della marginalità sociale fino all'ennesimo fermo di polizia.

Oggi i Cie in funzione sono solo cinque: a Torino, Roma, Bari, Trapani e Caltanissetta, ma almeno altrettanti sono temporaneamente destinati ad altre funzioni o in attesa di ristrutturazione.

Benché un vasto movimento d'opinione abbia sempre chiesto la loro chiusura, o quanto meno il loro superamento, l'unico centro finora chiuso a seguito di una battaglia civile è stato proprio il Regina Pacis di San Foca. Tutto ebbe inizio quella piovosa mattina di novembre, mentre la pioggia ticchettava sull'asfalto, gli striscioni, gli ombrelli, le inferriate del centro e i caschi azzurri dei poliziotti.

26

A Tor Pignattara ci stava un pakistano

Cantava il ragazzo pakistano di cui nessuno conosceva il nome. Cantava o forse pregava, giurano quei pochi che hanno prestato attenzione a ciò che faceva ogni giorno.

Gorgheggiava qualcosa di ripetitivo, una nenia rivolta a se stesso, come in un dialogo interiore. Lo faceva ogni mattina, ogni pomeriggio, ogni sera. Attraversava le strade del quartiere, si fermava agli angoli e proseguiva nel suo gorgheggio, sempre identico. Guardava fisso il cielo o l'asfalto davanti ai suoi piedi. Raramente si fermava a osservare le persone che lo insultavano o lo schernivano.

Era una sorta di scemo del villaggio, il pakistano. O almeno così era percepito.

Cantava anche la sera che lo hanno ammazzato come un vitello. Cantava, poi si è scoperto, alcune sure del Corano. Sempre le stesse.

Tor Sapienza, Corcolle, Tor Bella Monaca o le periferie romane il cui nome, nel centro della capitale, solo in pochi sanno collocare su una mappa geografica della città, non sono luoghi deputati a chissà quale conflitto metropolitano.

Il problema delle periferie, a Roma, c'è. Ma finora l'unico morto ammazzato "perché rompeva il cazzo" c'è stato a Tor Pignattara, la vecchia borgata racchiusa tra la Prenestina e la Casilina, intorno a via dell'Acqua Bullicante. Un groviglio di strade perennemente ingorgate di auto, ai cui lati si addensano condomìni cadenti, palazzoni nuovi e vecchi bar con tavolini vetusti ad angolo.

Da quindici anni Tor Pignattara, o Tor Pigna come viene indicato il quartiere dall'interno, è il fulcro di una tumultuosa mutazione.

È l'angolo più multietnico della capitale. Lo si capisce dalle insegne dei locali, dalle bancarelle degli ambulanti, dai fruttivendoli egiziani e bangladesi, dai piccoli internet e phone point con le loro gabbiette una in fila all'altra. Lo si capisce dalle donne con il velo che passeggiano sui marciapiedi e dalla gente che si affolla alle fermate del trenino che corre lungo la Casilina. Tra queste strade c'è un'Italia diversa, plurale, ormai non più solo italiana.

La scuola elementare Pisacane, all'angolo di via Policastro, è una delle scuole con la più alta percentuale di alunni stranieri d'Italia. Un modello di convivenza e di nuova didattica per tanti, che mandano qui i propri figli anche da altri quartieri. Un modello da aborrire, deprecare, per altri, e per questo oggetto di ripetuti attacchi.

Proprio lì, a Tor Pigna, è stato ammazzato il pakistano in modo atroce.

Si chiamava Muhammad Shahzad Khan. Aveva ventotto anni e faceva l'ambulante, dopo aver perso un posto di lavoro come cuoco in un ristorante di Roma Nord. Era arrivato in Italia nel 2007. Un paio d'anni fa era tornato in Pakistan, ci era rimasto per un breve periodo ed era di nuovo rientrato. Aveva un figlio di quattro mesi, ma non l'ha mai visto. È nato quando era già tornato in Italia.

Cantava, la sera del 18 settembre 2014, come tante altre volte. Cantava o pregava in via Lodovico Pavoni.

Dalla finestra di un appartamento, un uomo inveisce contro di lui, gli dice di stare zitto, di non rompere i coglioni. Gli lancia contro una bottiglia piena d'acqua, ma non riesce a centrarlo.

Poi due adolescenti risalgono in bicicletta lungo la strada. Hanno sedici o diciassette anni, uno dei due è il figlio dell'uomo che ha lanciato la bottiglia. Il padre urla al ragazzo di dargli una lezione, di spaccargli la capoccia, a quello che canta.

E il figlio esegue.

Scende dalla bicicletta e gli sferra un pugno a freddo. Il pakistano cade a terra, non parla più. Il padre incita il figlio: "Spaccagli la capoccia a 'sta testa di cazzo". E lui inizia a prenderlo a calci. Mira alla testa, alla "capoccia", e colpisce una, due, tre, quattro volte, sempre più forte. Assesta dei colpi precisi, fino a quando il cranio non cede.

Il padre continua ad aizzarlo, ancora non gli basta. Ma da una finestra vicina, quella dell'appartamento accanto, un uomo e una donna, venuti ad abitare lì da poco con una bambina piccola, urlano al ragazzo di fermarsi, di lasciarlo stare. L'uomo è a terra, non si muove, ma le urla del padre sono più forti. Tutto intorno il quartiere sembra non vedere cosa si sta consumando in una delle sue strade. Muto, silente, cieco, al riparo delle proprie persiane.

Il pakistano ormai non parla più. Una pozza di sangue si allarga intorno alla testa. È già morto. Dopo che gli ha sfondato il cranio, il ragazzino si rende conto di avere le Adidas zuppe di rosso. La prima cosa che pensa è che non se le potrà più mettere. Lo dice ad alta voce, imprecando. L'altro, quello rimasto per tutto il tempo del pestaggio appollaiato accanto alla bicicletta, ribatte: "Embe', vattele a cambiare…".

Per questo, quando poi arriva la polizia e lo ferma, il ragazzino sta sotto casa con gli infradito ai piedi. Poche ore dopo viene fermato anche il padre.

Nei giorni successivi il quartiere è attraversato da cortei che invocano la liberazione di Daniel. Il nome del sedicenne sceso dalla bicicletta appare scritto su parecchi striscioni bianchi con le bombolette spray di colore rosso, rosa o nero. Li sorreggono ragazzini della sua età. Daniel deve essere liberato, perché Tor Pigna non è razzista, lui ha solo risposto a una provocazione. E poi... e poi è stata solo una disgrazia.

"No razzismo, no diversità, una disgrazia non ti priverà della tua libertà. Forza Daniel" c'è scritto sullo striscione con la frase più lunga. Il fatto è che quello, il pakistano, era ubriaco, e gli ha sputato addosso, facendolo cadere dalla bici. E allora Daniel ha reagito, e quello è caduto a terra sbattendo la capoccia. Una disgrazia, solo una disgrazia...

Il concetto, semplice, slegato dai fatti, è ripetuto come un mantra. Noi non siamo razzisti, ma i nostri non si toccano. Ed è un concetto che, ripetuto ossessivamente, tracima nelle trasmissioni televisive dedicate al caso. In fondo, Daniel va capito.

Titolo di un quotidiano nazionale: *La vittima era in stato di ebbrezza e molestava i passanti.*

"Potevo essere sua madre," dice la donna che abitava accanto al padre. "Potevo essere sua madre e ancora oggi, a molti mesi di distanza da quel pomeriggio, penso a quale sarebbe potuta essere la parola giusta da pronunciare per fermarlo. Quale sarebbe stata la parola esatta, quella che per un attimo avrebbe potuto aprire la sua mente e arrestare i suoi calci. Ma non ho saputo trovarla, e invece per notti intere ho ripensato al rumore del cranio che cede sotto i colpi."

La sera stessa dell'omicidio il padre del ragazzino cerca di sfondare la porta di casa della donna che ha urlato. Minaccia lei e il compagno di "corcarli di botte", non vuole che parlino. Ma poi loro vanno a testimoniare, e la loro testimonianza è decisiva per l'accertamento dei fatti, per stabilire come realmente sono andate le cose.

Il resto del quartiere non ha visto e sentito niente. Salvo poi unirsi ai cortei dagli striscioni colorati che chiedono la liberazione di Daniel perché è stata solo una disgrazia, in fondo il pakistano gli ha sputato in faccia, e lui ha solo reagito...

Insomma, a Tor Pigna, almeno per una parte di Tor Pigna, chi parla con le guardie è un infame. E *guardie* e *infami* sono due parole chiave per comprendere l'universo di valori che è alle spalle dell'interpretazione della morte dell'ambulante pakistano.

Nelle settimane successive, lo sputo in faccia diventa la pietra di paragone che spiega tutto. La donna e il compagno sono costretti a lasciare il quartiere. Ricevono altre minacce dai famigliari dei due arrestati e non se la sentono di continuare a mandare la bambina nell'asilo vicino a casa.

In breve, lasciano Tor Pigna. Non mettono più piede in via Lodovico Pavoni. Dovevano ancora finire di pagare il mutuo, ma preferiscono andarsene.

"Quella è stata per me una sorta di sconfitta," dice la donna. "Ho capito di colpo cosa cova sotto la vita della borgata. Rabbia, isteria, violenza repressa... poi all'improvviso esplode tutto. Sotto casa mia c'è una piazzetta con una sola altalena per duecento bambini. La borgata è così. È stata lasciata a se stessa, ma è stata lasciata a se stessa anche per il volere di chi non voleva essere disturbato. Lo spaccio e l'usura, che qui ci sono sempre stati, non dovevano avere occhi esterni. Poi ci si racconta che un tempo Tor Pigna era bellissima, un'isola felice, e che ora, solo ora, con l'arrivo dei *bangla* e di quelli là, è diventato un posto degradato. Ma la verità è che l'isola felice non è mai esistita, e che la borgata è sempre stato un luogo privo di verde, di spazi per i bambini, con i suoi traffici e con molta disoccupazione. Ora si accusano gli altri di aver portato il degrado, e lo si fa senza sapere articolare bene neanche quello che si vuole dire. Perché la verità è che qui i ragazzini, proprio i sedicenni e diciassettenni come Daniel, fanno fatica a esprimersi."

Questo dice la donna, e lo dice con l'amarezza di chi vede una parte del proprio mondo chiudersi talmente a riccio da esserne sbattuta fuori.

Io a Tor Pigna vado a giocare a calcetto. Ho molti amici che abitano nel quartiere, e in passato ho aiutato a fare i compiti due bambini rom che frequentavano una scuola vicina a questo groviglio di strade.

Il quartiere un po' lo conosco. Dico un po', perché so bene che sui posti in cui non abiti, e che vedi solo di tanto in tanto, non puoi esprimere giudizi frettolosi. Però qualche idea dopo la morte dell'ambulante me la sono fatta.

Il quartiere è una realtà complessa, stratificata, e i suoi strati sono il prodotto delle varie ondate di uomini e donne venuti a viverci. Ci sono i vecchi borgatari e gli studenti fuorisede, che si spostano sempre più verso il raccordo, verso l'anello esterno che cinge la metropoli, in cerca di stanze in affitto più economiche di quelle che si possono trovare, a nero ovviamente, negli ormai proibitivi San Lorenzo o Pigneto. Poi ci sono le giovani coppie venute a vivere qui, esattamente come i vicini del padre di Daniel. E poi, ancora, gli impiegati e i piccoli commercianti che stringono la cinghia per non essere risucchiati dalla crisi. Infine, ci sono gli immigrati, anche questi divisi in base alle etnie e alle ondate. Gli arabi. I bangladesi. I pakistani. I cinesi. I rumeni.

Accanto a questa c'è una stratificazione più propriamente urbanistica. Alti casermoni squadrati, grigi o giallognoli, alle spalle dei quali sorgono vecchie palazzine senza balconi da due o tre piani. Via Lodovico Pavoni, per esempio, è un budello di basse costruzioni stretto tra strade molto più trafficate e condomìni più affollati. A est, superata via dell'Acqua Bullicante e l'ospedale, si apre invece un enorme polmone verde, guardando il quale quest'angolo di periferia romana sembra ancora immerso negli anni cinquanta.

In alcuni precisi momenti, come dopo l'assassinio di Muhammad Shahzad Khan, questa complessità si perde, e non solo nel racconto mediatico che viene fatto del quartiere. Si perde dentro lo stesso quartiere, perché la violenza semplifica ogni cosa, divide il mondo in "noi" e "loro", scava un solco tra gli strati. Si traccia una frontiera nei confronti di ciò che non appartiene agli strati più antichi e si rende compattamente indistinto ciò che rimane al suo interno. Chi si tira fuori dal calderone ormai ridotto a un unico piano è un *infame*. O quanto meno uno che non si fa "li cazzi sua".

È accaduto qualcosa di simile, anche se con meno tensioni, dopo l'attentato parigino nella redazione di "Charlie Hebdo". Nel crogiolo di Tor Pignattara ci sono tre moschee, due tempi induisti, uno buddhista, due chiese evangeliche, oltre alle quattro parrocchie storiche, per una popolazione di appena cinquantamila abitanti.

Dopo la strage, per discutere degli eventi accaduti ed evitare che gli attriti tra comunità esplodessero, e così le liti tra le donne velate e le donne non velate, tra i ragazzi dei bar e quelli che pregano rivolti a La Mecca, si è cercato di creare un tavolo interreligioso. Cecilia, la mia amica che lavora ad Asinitas ed è una sorta di termometro per tutto ciò che accade nei quartieri sud-orientali di Roma, si è spesa insieme ad altri per la sua riuscita.

Purtroppo, però, il tavolo è subito saltato. Il problema non era tanto il dialogo tra le religioni: i vari preti, imam e referenti di comunità erano sostanzialmente d'accordo, pur con qualche divergenza, sulle cose da dire e da fare. Il vero problema era come il quartiere, nel suo insieme, avrebbe percepito una serie di iniziative nate da un tavolo del genere. Così, subodorando le infinite pressioni intorno al progetto, alla fine non se n'è fatto più niente. Non sono riusciti a tenere più di una riunione, mi ha detto Cecilia.

A volte Roma dà l'impressione di essere tutt'altro che una città tollerante. In realtà è una città che tollera la tolleranza. Tollera l'idea stessa di essere una città tollerante. Ma spesso il diaframma tra la realtà e questa tolleranza di secondo livello salta. E la città si mostra in tutti i suoi frantumi, priva della patina che la ricopre.

27.

Vedere, non vedere, 5

Sono ancora seduto nella kebabberia di Shorsh, in una via di Bolzano alle spalle del centro. Verso la fine del pomeriggio due uomini oltrepassano la porta a vetri.

Mentre Shorsh sta lavorando la pasta per la pizza, che tra qualche ora sempre più clienti ordineranno, gli si avvicinano al bancone. È quello più anziano a bisbigliare un fruscio sommesso. Parla a bassa voce per non farsi sentire da me. Gli si rivolge in curdo, e io non riesco minimamente ad afferrare il senso del discorso.

I capelli scuri, tinti fino alla radice, le guance gonfie che si allargano sotto due occhi acquosi, l'uomo indossa una giacca di lana beige e una camicia nera aperta sul petto, che a stento trattiene la pancia voluminosa.

All'anulare della mano destra ha un anello pacchiano, spesso due centimetri. Il più giovane rimane in silenzio. Stringe i pugni nelle tasche della giacca a vento.

Shorsh annuisce alle parole dell'uomo, che ha preso quasi un tono da predica e fa roteare nell'aria densa di odori il dito cinto dall'anello spesso. Quando questi finalmente si placa, prende dalla cassa dieci euro e glieli dà.

L'uomo lo ringrazia, ripone i soldi con cura nel portafoglio di pelle. Poi alza lo sguardo, benedice Shorsh ed esce nel freddo pungente della sera seguito dall'altro, quello più giovane.

Solo allora Shorsh mi racconta cosa è successo. Stavano facendo una colletta per un ragazzo che è morto.

"Quando?" gli chiedo.

"Tre giorni fa, a Erbil. Un'autobomba è esplosa nel centro della città e sono morte quattro persone. Il ragazzo era uno di loro. Si trovava lì vicino."

Sono stati "quelli del Daesh", quelli dell'Isis, continua. L'attentatore si è fatto saltare in aria con tutta l'automobile. Il cugino del ragazzo ammazzato vive qui a Bolzano, e la comunità curda della città ha deciso di raccogliere un po' di soldi da inviare alla madre.

"Succede spesso."

I curdi a Bolzano sono almeno cinquecento. Vengono quasi tutti dal Kurdistan iracheno, da Erbil, Kirkuk, Sulaimaniya, le stesse città in cui si è dipanata la vita di Shorsh prima di raggiungere l'Italia. Si sono integrati perfettamente nel sistema della provincia autonoma. Molti lavorano per un corriere di spedizioni.

"Ne ho visti un po' in piazza quando sono andato a una manifestazione contro l'Isis. Ma adesso, anche se ci sono degli incontri, non riesco più ad andarci. Sono sempre qui, nel locale."

Subito dopo entra un altro emigrato dal Kurdistan insieme al figlio. Non è curdo, sebbene anche lui parli a raffica in curdo con Shorsh, ma turcomanno. Il bambino avrà nove o dieci anni, e li ascolta attentamente senza capire una parola, proprio come me. Magrolino, pallido e taciturno, i capelli tirati su col gel in una cresta che ricorda quella di alcuni calciatori di serie A, se ne sta appollaiato su uno sgabello in attesa di un trancio di pizza margherita da mangiare.

Il padre gli accarezza una spalla e ogni tanto lo interpella in italiano. Ha lavorato a Civitavecchia, per due anni, mi comunica ad alta voce. Poi si è trasferito a Bolzano. Il suo italiano, però, è molto più incerto di quello di Shorsh, e difatti sarà lo stesso Shorsh a dirmi che in casa parlano solo turcomanno e che il bambino parla poco anche per quello. Al di là delle ore di lezione, l'italiano e il tedesco sono due lingue lontanissime dal suo universo domestico.

Fuori dalla vetrina del locale è ormai scesa la sera. Il marciapiede è illuminato, ma sono poche le persone che si avventurano nelle strade adiacenti. Dopo che anche il turco-manno e il bambino sono andati via, entra solo gente per ordinare del cibo che consumerà a casa. Aspettano in silenzio di essere serviti ed escono salutando in fretta.

"La cosa più faticosa," ammette Shorsh, "non è cucinare o stare al banco, ma dover pulire tutto il locale, le ciotole, i vassoi, le posate e gli strumenti, il piano cottura e quello per le insalate, ogni sera, prima di tirare giù la saracinesca."

Dopo dieci, undici ore di lavoro ininterrotto, è quell'ora finale a piegargli le gambe. Prima delle pulizie, però, deve ancora preparare la pasta per il giorno dopo, e lasciarla crescere al caldo per tutta la notte.

Shorsh versa la farina, il lievito, l'acqua e il sale nella macchina impastatrice e questa mescola e pesta una massa informe, che piano piano si raggruma e solidifica, rimanendo morbida, gommosa. Dopo venti minuti, la prende in mano e la posa sul marmo bianco. Finisce di lavorarla, la prende a pugni, la allarga, la distende, la lancia in aria e poi la ricompatta. Infine la ripone al caldo sotto le coperte.

Lo guardo, e per la prima volta mi rendo davvero conto di quanto questa vita lo stia logorando, gettandogli sulle spalle un lavoro molto più pesante di quanto avesse immaginato. La moglie, in genere, viene ad aiutarlo solo intorno all'ora di pranzo.

Dopo una giornata come questa, in cassa gli rimangono centotrenta, centoquaranta euro, a cui vanno sottratti un centinaio di euro per la spesa, la carne, la mozzarella, la farina, le verdure, le bibite, i costi della luce, l'affitto. Alla fine il guadagno netto non supera i quaranta, cinquanta euro. E solo quando va bene.

Oggi, per esempio, è entrata un bel po' di gente soltanto all'ora di cena.

Lo aiuto a pulire il locale, a sistemare le sedie, a portare dentro un pannello pubblicitario che in genere lascia per tutto il giorno sul marciapiede, a pochi metri dalla porta d'ingresso. Tirata giù la saracinesca, ci avviamo verso la sua macchina. La mezzanotte è passata da un pezzo.

"Ci credi che stavo meglio là? Se non era per Saddam, avevo tutto. Forse lo Shorsh di oggi non lo rifarebbe il viaggio."

Lo ascolto mentre guarda fisso la strada sgombra che ci conduce fuori città. Ha un cappello di lana nero calzato sulla testa. Fuori dal finestrino, si apre la campagna. Al di là delle luci che provengono da una pompa di benzina è tutto buio.

"Alla fine penso che uno non dovrebbe spostarsi da dove viene, meglio restare dove si è nati. Viaggiando impari tante cose interessanti, ma non ritrovi mai la stessa situazione che c'è a casa tua. Ti può capitare di incontrare gente accogliente, ma se uno non è proprio costretto a lasciare il paese, conviene sempre rimanere. Certo, magari a un certo punto ti trovi bene all'estero, e allora tutto diventa positivo, anche la sofferenza. Ma io adesso sono solo molto stanco."

"Vorresti vendere il locale?"

"Se viene qualcuno che lo vuole, glielo do. Ho speso quarantamila euro per tirarlo su, se me ne danno trentamila li prendo subito. Non ho messo l'annuncio sul giornale, perché potrebbe sembrare che il negozio non vale tanto. Se metti un cartello 'Vendesi', la gente non entra neanche a mangiare."

A settanta chilometri da qui, al Passo del Brennero, ci sono rifugiati dell'ultima ondata che ogni giorno provano a entrare in Austria e in Germania. Lo fanno a bordo dei treni bianchi e rossi che da Bolzano salgono verso Monaco di Baviera.

Molto spesso vengono presi. La polizia austriaca sale all'ultima fermata in Italia ed effettua i controlli, carrozza per carrozza, nella tratta di pochi chilometri fino a Innsbruck. Così molti sono costretti a tornare indietro in attesa di un nuovo tentativo. Sono migliaia, benché si muovano a piccoli gruppi. Spesso anche da soli.

Shorsh non mostra la minima attenzione verso questo passaggio silenzioso. Sa che in tanti cercano di andare in Germania, proprio come ha fatto lui quindici anni prima, ma ormai guarda a questi eventi, a questi nuovi viaggi, come a un intreccio di necessità e ingenuità di cui si è stancato di decifrare i meccanismi interni. In fondo, benché si lamenti del locale, e sia perennemente tentato di andare altrove, benché si dica stanco di tante cose, una parte di lui ha deciso per il momento di fermarsi qui. O forse si sente semplicemente costretto a farlo. Ha la cittadinanza italiana, e ce l'hanno anche i figli. La moglie la otterrà presto.

La casa di Shorsh è in aperta campagna, in mezzo a un meleto. Nella piccola vallata ci sono poche case, quasi tutte a due piani. A parte loro, ci sono solo due famiglie italiane. Gli altri sono tutti tedeschi: la vallata riproduce più o meno fedelmente il rapporto tra gruppi etnici appena si esce dalla città di Bolzano.

È notte, ormai dormono tutti. Entriamo in silenzio levandoci le scarpe all'ingresso. Mentre accende la luce che illumina un corridoio stretto, mi dà un paio di ciabatte. Chiacchieriamo ancora un po' intorno al tavolo di legno della cucina, mentre mangia due, tre cucchiaiate di una minestra di ceci. Per tutto il giorno non l'ho visto toccare cibo, e ho subito pensato che chi lavora in una kebabberia faccia fatica, alla fine, a mangiare panini e salse a pranzo e a cena. Finisce per portarsi qualcosa da casa o per mangiare a notte fonda, quando fa ritorno.

Shorsh mi dice che posso dormire nella stanza del figlio, c'è un altro letto accanto al suo. Entro in una stanza buia, mi spoglio e mi infilo sotto le coperte pesanti. Improvvisamente cado in un sonno impenetrabile, reso ancora più profondo dalla totale assenza di sogni.

Quando mi sveglio, il sole è già alto. Dalla finestra si vedono gli alberi di mele, piantati l'uno accanto all'altro, e i monti ripidi intorno alla casa. I comignoli delle case vicine sbuffano fumo.

I figli più grandi sono già usciti per andare a scuola. Prendono l'autobus che passa proprio davanti al cancello.

I piccoli sono ancora in casa, sarà Shorsh ad accompagnarli all'asilo.

Intorno al tavolo di legno della cucina, in attesa che il caffè esca dalla macchinetta, il più piccolo gioca con un tablet, totalmente ipnotizzato dall'idea di dover uccidere i mostri che compaiono sullo schermo. La tv, invece, è accesa su Al Jazeera. Lo speaker parla della guerra in Iraq e in Siria, degli attentati dell'Isis e del tentativo dei peshmerga curdi di lanciare una controffensiva. In questo angolo dell'hinterland bolzanino, la resistenza di Kobane pare davvero essere dietro l'angolo. O almeno questa è la sensazione che se ne ricava osservando Shorsh e la moglie mentre seguono attentamente il notiziario.

Narin, la moglie, armeggia con le uova, sta preparando un nuovo dolce per il locale. Poco prima di uscire per accompagnare i figli all'asilo, Shorsh si inginocchia su un tappetino steso nel corridoio per le preghiere del mattino. È la prima volta che lo vedo pregare, il corpo raccolto a terra verso La Mecca.

Più tardi, lo accompagno a fare la spesa in un grande mercato. Attento alle offerte, prende dagli scaffali e dai banchi solo gli ingredienti indispensabili. Insalata, pomodori, cipolle, bibite in lattina da mettere nel frigo.

A proposito, benché non l'abbia ancora detto, Shorsh non vende alcolici e non usa il maiale, neanche per la pizza, tanto che ci ho messo un po' a capire che il salame usato per la capricciosa era fatto di tacchino.

La giornata scorre uguale alla precedente, con gli stessi discorsi, gli stessi clienti, gli stessi ricordi, gli stessi panini e le stesse salse, gli stessi odori e lo stesso sfrigolio della carne. Resterò con Shorsh per tutto il giorno, fino all'ora di riprendere il treno per Roma.

Prima di andare in stazione decido di allungare il percorso di qualche centinaio di metri e di passare ancora una volta davanti al Monumento alla Vittoria.

Nella borsa ho un kebab con carne, insalata, formaggio e la salsa al curry corretta con l'ingrediente segreto. Shorsh ha insistito perché lo infilassi in valigia.

Le colonne bianche sono sempre lì. Si ergono imperiose sulla città e le strade circostanti, le macchine che passano, la vita che scorre lenta, e su tutti i discorsi fatti in questi due giorni.

Preso dai miei pensieri, il monumento mi pare ancora più osceno del solito. Ma poi guardo l'anello nero che cinge una delle colonne, e penso che in fondo ogni storia può essere riscritta infinite volte, a seconda del punto da cui la si osserva.

Chissà come guarda alla vicende del Sudtirolo uno che viene dal Kurdistan. Chissà cosa pensa davvero, al di là di quello che può raccontare superficialmente. E chissà cosa pensano davvero gli stessi bolzanini, di origine tedesca o italiana, delle nuove linee di frattura e di confine interne a una società multietnica che si stagliano ogni giorno. Ci penso a lungo mentre il treno attraversa l'Italia verso sud, riempiendosi a ogni fermata di passeggeri e accenti diversi.

A sera, dopo aver fatto una doccia, riprendo in mano uno dei tanti libri di Alex Langer che affollano uno scaffale della mia libreria. Rileggo un pezzo che ho letto e meditato più volte, quello in cui dice che in un contesto interetnico, in uno di quei contesti, cioè, che il mondo contemporaneo tende a riprodurre costantemente, è di fondamentale importanza che qualcuno "si dedichi all'esplorazione e al superamento dei confini: attività che magari in situazioni di tensione e conflitto assomiglierà al contrabbando, ma è decisiva per ammorbidire le rigidità, relativizzare le frontiere, favorire l'interazione".

È un elogio dell'autocritica e del tradimento, quello di Langer. Un invito a tradire non questa o quella persona, ma semplicemente l'idea stessa che i gruppi etnici e linguistici debbano rimanere compatti.

In fondo, anche Shorsh può essere annoverato in questa categoria di saltatori di frontiere, di traditori dei blocchi monolitici, a cominciare da quello della propria identità e del proprio nome. Nell'infinita complessità delle vite, e del racconto che ne facciamo, ho realizzato di non essere in grado di ipotizzare per quanti altri mesi o anni avrebbe tenuto aperto il locale.

28.

Altri arrivi

Il 19 aprile 2015 un peschereccio si rovescia a poche miglia dalla costa libica. In una sola notte muoiono ottocento persone. Forse anche di più, forse addirittura novecento. Come sempre, è impossibile stabilire il numero esatto dei dispersi. Alcune settimane dopo viene individuato lo scafo in fondo al mare, è sicuramente carico di corpi, ma le operazioni di recupero risultano subito difficoltose. I primi cadaveri raccolti dal mare sono saponificati.

Stando ai numeri, è la più grande strage della storia. In pochi minuti hanno perso la vita almeno il doppio delle persone annegate a poche centinaia di metri dall'Isola dei Conigli.

I sopravvissuti raccontano l'orrore di sempre, la dura lotta che si scatena tra i sommersi per rimanere a galla.

Passato lo sgomento per l'ennesima ecatombe, il dibattito europeo si è spostato sulla necessità di "fermare i viaggi per fermare le stragi". Non, quindi, rimuovere le cause per cui centinaia di migliaia di uomini, donne e bambini rischiano la morte ogni anno pur di partire. Né tanto meno preoccuparsi di studiarle. Ma bloccare i viaggi controllati da "trafficanti di esseri umani", come se questi movimentassero una tratta di schiavi colossale, e non – più semplicemente – offrissero un'alternativa criminale e infame, e spesso molto insicura, a profughi che non hanno, letteralmente, altre vie di fuga.

Quando è stata interrotta la missione Mare nostrum era del tutto prevedibile cosa sarebbe accaduto. A intuirlo per primi sono stati proprio i militari imbarcati come Giuseppe Sacco e gli ammiragli al vertice dello stato maggiore della Marina come Giuseppe De Giorgi.

Mare nostrum non è stata una missione perfetta. La sua più grande falla è non aver evitato la morte di 3400 persone. Ma altre 160.000 le ha comunque salvate. Soprattutto, ha segnato una netta inversione di rotta nell'utilizzo delle navi militari. Non più inviate a respingere i barconi o a consegnare il loro "carico" alle polizie dell'altra sponda, ma dirette al monitoraggio e al soccorso in acque internazionali.

A un certo punto, però, pur continuando gli sbarchi, il governo italiano ha deciso di sospendere la missione a causa degli alti costi. In sostituzione di Mare nostrum, come abbiamo raccontato, è stata inaugurata Triton, destinata unicamente al pattugliamento delle nostre acque territoriali. Al di qua, cioè, delle trenta miglia di mare che circondano le nostre coste.

Meno soldi, meno navi, meno miglia percorse, con il rischio di lasciare sguarnita quell'ampia fetta di Mediterraneo tra l'Italia e la Libia, dove di fatto avviene il maggior numero di naufragi, e di rimanere impotenti, sguarniti, davanti all'ennesima strage che avrebbe avuto le dimensioni di quella del 3 ottobre 2013. È puntualmente accaduto il 19 aprile 2015 e di nuovo a pochi giorni di distanza. Ci siamo chiusi in un guscio, sperando che la questione si risolvesse da sola. Ma la questione non si è risolta da sola. In pochi mesi sono morte oltre duemila persone.

Per una strana associazione mentale, la prima reazione scatenata dall'alto numero di vittime è stata la paura di un'invasione. Anziché studiare le origini di un fenomeno epocale per quello che è, alcuni hanno preferito evocare il mito del "blocco navale".

Il ricorso al "blocco navale" non è una novità. È da almeno un ventennio che viene riesumato, e spesso applicato con esiti nefasti, di fronte a ogni aumento degli sbarchi percepito come il materializzarsi di una vera e propria occupazione. È stato qualcosa di molto simile a un "blocco navale" a provocare, nel lontano 1997, lo speronamento e l'affondamento della *Katër i Radës*, la piccola motovedetta carica di profughi albanesi.

I blocchi navali sono rischiosi e difficilmente applicabili per almeno due motivi. Il primo è strettamente tecnico. Come si fa a bloccare una serie di pescherecci stracarichi che non vogliono e non possono tornare indietro? Li si ferma in alto mare? Li si abborda? Li si respinge con le armi? Si bombardano, con un atto di guerra, le imbarcazioni ancorate nei porti sull'altra costa? Il secondo ha a che fare con la storia recente delle rotte. Alzando un muro in un determinato punto del Mediterraneo, il flusso devierà da un'altra parte, seguirà strade ancora più pericolose e, forse, controllate da criminali ancora più spregiudicati.

Non posso non pensare a tutto questo mentre guardo le immagini dei nuovi arrivi in tv.

Ancora una volta, basta consultare i numeri per farsi un'idea. Quegli stessi numeri che vengono aggiornati di settimana in settimana. Quegli stessi numeri che, visti dopo un po' di tempo, paiono già appartenere al passato remoto. Eppure, se analizzati nell'arco di un dato periodo, ci permettono di capire che cosa sta davvero accadendo.

Nei primi otto mesi del 2015 sono sbarcate in Italia poco più di 106.000 persone. Di queste, il 25 per cento proveniva dall'Eritrea, il 12 per cento dalla Nigeria, l'8 per cento dalla Somalia, il 6 per cento dalla Siria. Rispetto al 2014, quando più della metà degli sbarchi ha riguardato profughi eritrei e siriani, c'è stata una netta flessione del secondo esodo, quello generato dal conflitto mediorientale, ma per il resto le proporzioni sono simili. Da una parte, ci sono la dissoluzione del Corno d'Africa e la fuga tumultuosa dai gulag eritrei. Dall'altra, i paesi in crisi dell'Africa occidentale. Non solo la Nigeria, ma anche il Gambia, il Mali, il Senegal, il Ghana.

Quanto ai siriani, sempre nello stesso periodo, hanno preferito la rotta orientale, facendo sostanzialmente lo stesso tragitto percorso anni prima da Aamir. I numeri lo confermano. Tra gennaio e agosto 2015, oltre 228.000 persone sono entrate in Grecia. Quasi tutte lo hanno fatto raggiungendo le piccole isole dell'Egeo dalla costa turca: tra i nuovi arrivati, il 65 per cento proveniva dalla Siria, il 25 per cento dall'Afghanistan. Circa 155.000 persone hanno poi intrapreso la rotta dei Balcani, con la speranza di raggiungere i paesi del Nord Europa.

Nella loro crudezza i numeri ci dicono che non c'è un mondo intero pronto a invadere l'Europa. Ci sono piuttosto alcune precise aree del globo esplose politicamente ed economicamente. Da queste zone proviene la maggior parte degli uomini e donne che accettano il rischio di imbarcarsi su carrette fatiscenti. O che risalgono i Balcani e sovente entrano in Ungheria o in Austria nascosti nei cassoni dei tir.

Alla fine di agosto l'Europa scopre l'orrore in casa.

A metà strada tra il lago Neusiedl e Parndorf viene rintracciato un tir abbandonato da diverse ore lungo la carreggiata dell'autostrada austriaca. Quando i poliziotti aprono le porte del cassone non riescono a credere ai propri occhi. Ci sono settantuno corpi accatastati gli uni sugli altri. Hanno le facce livide, le bocche spalancate. Sono morti asfissiati e sono stati abbandonati sul ciglio della strada. Non ai margini di qualche frontiera che fanno fatica a immaginare, ma nel cuore del continente. Quello stesso cuore che per molti anni si è ritenuto al riparo dalla pressione degli arrivi lungo le coste.

Guardo le immagini in tv, come tutti, e mi chiedo ancora una volta la stessa cosa che mi sono chiesto quando ho iniziato a scrivere questo libro: davvero si può pensare che l'unica soluzione a un dramma umano di vastissime proporzioni sia quello di bloccare i viaggi, creando un imbuto sulla riva sud o sulla riva est del Mediterraneo?

Schiere di profughi attraversano la Libia alla ricerca della prima costa utile da cui imbarcarsi. Intrecciano il proprio destino a quello di un paese dilaniato dalla guerra. Ma prima di lanciarsi nel Mediterraneo hanno attraversato il deserto, il loro viaggio è durato otto, dieci, dodici mesi, spesso anche di più. Sono partiti da paesi più a sud e più a est. Quasi tutti sono pienamente consapevoli dell'inferno che li attende, sanno bene che la tratta è controllata da trafficanti privi di scrupoli, un rosario di *passeurs* che taglia le rotte dell'Africa. Se lo fanno, se continuano a scappare in massa, è perché stanno fuggendo da una violenza ancora più efferata. Dalla certezza della morte, o da quella di una vita non vissuta.

Nonostante i vaneggiamenti sul "blocco navale", di fronte alle ultime stragi la stessa agenzia Frontex ha preso atto del fallimento di Triton e ha annunciato l'ampliamento delle operazioni di soccorso nel Mediterraneo. Come hanno già iniziato a fare nei mesi estivi del 2015, le navi si spingeranno regolarmente fino a centotrentotto miglia nautiche a sud della Sicilia. Ci saranno più fondi e mezzi, e sarà l'Unione europea a sostenere i costi dell'ampliamento della missione.

Si è intuito che l'unica cosa da fare nell'immediato per arginare le morti in mare è ripristinare qualcosa di molto simile a Mare nostrum, con il coinvolgimento delle risorse e delle unità navali degli altri paesi europei.

A questo, però, non ha fatto seguito un serio programma di ripartizione dei richiedenti asilo che sbarcano sulle coste dell'Europa meridionale fra tutti i paesi membri dell'Ue. Il piano di ripartizione delle quote è stato fortemente osteggiato da alcuni stati, disposti magari a pattugliare il Mediterraneo, ma un po' meno a subire un'ondata di arrivi nelle proprie città.

Sono stati costruiti nuovi muri e organizzati nuovi posti di blocco lungo i confini di terra. E davanti a questi blocchi si sono improvvisamente creati degli accampamenti che hanno reso tangibile ciò che in genere appare silenzioso e invisibile.

Nell'estate 2015 è accaduto dappertutto. È successo a Ventimiglia, al confine tra Francia e Italia, quando la polizia francese ha deciso di serrare le proprie frontiere e i profughi si sono accampati sugli scogli, a pochi metri di distanza da dove Shorsh molti anni prima era riuscito a passare.

È successo a Calais, quando i governi di Londra e Parigi hanno deciso di presidiare l'ingresso dell'Eurotunnel, percorso dai treni ad alta velocità che corrono sotto la Manica. Sono circa tremila i profughi che stazionano stabilmente nei pressi di quella che appare come un'enorme porta sotterranea. Provano a fare ogni notte il grande salto. Un salto non dissimile da quello tentato da decine di migliaia di altri profughi ai bordi del porto di Patrasso.

È successo a Kos, in una delle isole dell'Egeo. Ed è successo lungo la rotta dei Balcani. Prima in Macedonia, quando per pochi giorni il governo locale ha provato ad arginare il flusso diretto verso la Serbia. E poi in Ungheria, dove in agosto gli arrivi hanno superato la soglia delle tremila persone al giorno, nonostante la protezione del muro di filo spinato lungo il confine che separa il paese dalla Serbia. In massa i profughi si sono riversati nella stazione di Budapest con l'idea di prendere i treni diretti verso la Germania, ma le autorità hanno deciso di bloccare i convogli.

L'arrivo massiccio di uomini, donne e bambini in fuga dalla guerra e dalla distruzione investe paesi dell'Europa orientale che non sono stati affatto interessati dal fenomeno fino a pochi anni fa, e che sono infinitamente meno preparati a gestire un dramma umanitario di simile portata. Un quarto di secolo dopo la caduta del Muro di Berlino, in Europa vengono fisicamente eretti nuovi muri, corollario su scala ridotta della grande faglia che taglia in due il Mediterraneo. È proprio sulla capacità di abbatterli, organizzando l'accoglienza in tutti i paesi e oltrepassando i vincoli del Regolamento di Dublino, che si gioca la tenuta dell'Unione.

A tali vicende si aggiunge la definizione del cosiddetto "Processo di Khartoum". Si tratta di un accordo raggiunto dai paesi membri dell'Ue, i paesi del Corno d'Africa (Eritrea, Somalia, Etiopia, Gibuti) e alcuni paesi di transito dei migranti (Sud Sudan, Sudan, Tunisia, Kenya, Egitto). L'obiettivo è arginare l'emigrazione con la cooperazione degli stati da cui l'esodo parte e attraverso i quali si dirama.

L'intento è quello di spostare la frontiera più a sud, creando nei paesi africani campi di raccolta ancora più grandi di quelli già esistenti. Il Processo di Khartoum vorrebbe erigere una serie di barriere ulteriori che depotenzino il flusso prima che questo giunga sulle coste libiche. Ma il paradosso è che, per erigere tali barriere, si cerca la collaborazione delle stesse dittature da cui i profughi scappano.

Ancora una volta, l'Eritrea costituisce un'ampia fetta del problema.

Proprio a giugno viene presentato il rapporto conclusivo della Commissione d'inchiesta delle Nazioni Unite sulla violazione dei diritti umani in Eritrea. Alla raccolta delle testimonianze e delle informazioni hanno contribuito gli stessi militanti del Coordinamento dell'opposizione che avevo conosciuto a Lampedusa. Nelle cinquecento pagine del rapporto si susseguono le prove delle esecuzioni extragiudiziali e di una serie incredibilmente lunga di vessazioni. "Il governo eritreo," sostengono i commissari dell'Onu, "ha creato un clima di terrore in cui il dissenso è sistematicamente represso, la popolazione è costretta al lavoro forzato e a carcerazioni arbitrarie, tanto da poter parlare di crimini contro l'umanità."

Senza mettere in discussione la natura del regime o l'assenza di una Costituzione, il Processo di Khartoum promette a Isaias Afewerki l'arrivo di centinaia di milioni di euro per imprigionare ulteriormente il suo popolo.

Poiché qualcosa in cambio il regime doveva pur garantirlo, ai margini delle trattative è stata avanzata la vaga intenzione di riportare il servizio militare permanente, da cui ogni anno fuggono in massa migliaia di ragazzi e ragazze, alla durata di diciotto mesi. Ma si tratta di una promessa illusoria, come mi ha spiegato Gabriel quando l'ho chiamato al telefono per chiedergli che cosa ne pensasse.

Nulla è mutato in Eritrea, mi ha detto. Chi tra i diciassette e i cinquant'anni di età viene richiamato in servizio ha l'obbligo di presentarsi in caserma e di rimanerci per un tempo indeterminato. Per di più si sta intensificando il processo di militarizzazione dell'intera società.

"Isaias ha deciso di armare le milizie cittadine. Chiunque può essere spedito nelle caserme fino all'età di settant'anni, anche le donne che fino a poco tempo fa erano esentate dagli impieghi militari, perché dovevano accudire i figli."

Gabriel è convinto che il regime sta solo gettando un po' di fumo negli occhi. Magari in futuro ci saranno anche dei ragazzi che presteranno servizio solo per diciotto mesi, ma saranno casi isolati, minoritari, da presentare all'Ue per accreditarsi come interlocutori e ottenere ancora più fondi.

"La verità," ha aggiunto con la consueta calma con cui dispone le frasi nei suoi ragionamenti, "è che è impossibile smilitarizzare una società militarizzata. Ed è ancora più assurdo pensare che si possa trattare la sua smilitarizzazione con lo stesso dittatore."

29.

La violenza del mondo

In un pomeriggio assolato entro nella chiesa di San Luigi dei francesi. È insolitamente vuota, una manciata di turisti si aggira nella penombra. Mi dirigo automaticamente verso le tele del Caravaggio esposte sulle pareti della cappella Contarelli, la prima cappella alla sinistra dell'altare, e mi accorgo che sono anni ormai che non ci metto piede. Sono anni che non vedo la *Vocazione* e il *Martirio di san Matteo*, benché quei dipinti realizzati tra la fine del Cinquecento e gli albori del Seicento mi abbiano sempre accompagnato e siano rimasti in un angolo della mia mente, al fondo di tante riflessioni e di tante conversazioni.

Così mi ritrovo incantato a guardare il *Martirio*, che come sempre cattura i miei pensieri ancora più della *Vocazione*. In quella scena di cruda, assoluta, improvvisa violenza si affollano le nostre debolezze di fronte al mistero del male. Tra le pieghe dell'opera si cela l'enigma del non agire.

C'è un vecchio steso a terra, la barba grigia, i capelli stempiati, sembra essere scivolato pochi istanti prima. È Matteo. Ha una mano alzata verso l'alto, cerca di parare il colpo che sta per arrivare. Ma il polso, lo stesso polso che sostiene la mano aperta, è afferrato dalle dita del sicario.

È lui il fulcro del quadro. Il centro intorno al quale tutto ruota è l'ottuso carnefice, non la vittima. Quest'ultima è vestita. Lui invece è nudo, un lembo di stoffa copre i genitali. Fissa negli occhi Matteo: con una mano blocca il suo polso, con l'altra impugna la spada.

Caravaggio non ritrae l'uccisione, ma l'attimo prima della mattanza. Decide di fissare sulla tela l'istante prima che la violenza si compia. Sospende il tempo esattamente su quel momento. Ma quella stessa violenza, la cui intenzione si sprigiona come un tuono dal corpo del carnefice, è già esplosa per tutto il quadro. Si è già irradiata per cerchi concentrici verso i suoi quattro angoli.

Si sentono le grida, la tensione ferina, l'odore acre della paura. La scena è affollata di gente che si ritrae dalla mano del boia. Chi scappa, chi urla, chi inciampa nella fuga, chi alza a sua volta le mani. Sono tutti puntini di un cerchio che si sta dilatando. Nessuno compie il movimento contrario, né tanto meno prova a fermare la spada. Ed è la stessa reazione, penso, che avrebbe chiunque davanti a un'esecuzione di mafia o a un attentato terroristico realizzati in pieno giorno in mezzo alla strada o in un luogo affollato. È la stessa reazione che abbiamo tutti, in genere, di fronte alla violenza. Più precisamente davanti alle armi che stanno per provocare una morte violenta: davanti a una lama sguainata, a una pistola che sta per sparare.

La violenza estrema atterrisce. Atterrisce la sua epifania priva di alternative. Al massimo si grida, si scappa, ma raramente si è pronti a intervenire.

Così Matteo, la vittima, tra poco verrà finito. Da oltre quattrocento anni, per ogni sguardo che si pone sul dipinto, sta per essere trucidato. Manca una manciata di secondi. La vittima, in fondo, sa come andranno le cose.

Ma non è il solo. Nell'intreccio di sguardi che tiene insieme il quadro, ci sono innanzitutto gli occhi della vittima e del carnefice, incrociati tra loro e immensamente diversi. E, in secondo luogo, quelli di ripulsa, panico, indifferenza inebetita di tutti gli astanti, che convergono verso il centro, tanto quanto le onde della violenza esplodono verso l'esterno. Ma poi ci sono anche gli occhi di un uomo con la barba.

È alle spalle del sicario. Si trova alla sua destra, qualche metro più indietro. Guarda Matteo a terra, e anche lui sa perfettamente cosa sta per accadere.

Quell'uomo, come dicono tutti i testi critici sul dipinto, è Caravaggio. La porzione in cui compare il volto barbuto è un autoritratto. Eppure, più che un'immagine di sé da consegnare ai posteri, nella penombra della chiesa rotta dai faretti quella porzione di tela mi sembra un manifesto. Una riflessione incandescente sulla violenza del mondo, e sul rapporto che instaura con essa chi la osserva.

C'è un dolore misto a commiserazione nel suo sguardo: un'infinita tristezza. A differenza degli altri spettatori Caravaggio non fugge, guarda la vittima perché non può fare altro che stare dalla sua parte e vedere come va a finire ciò che si sta per compiere. Ha già intuito tutto, ma non interviene. Sa di non poter intervenire, di non poter fermare quella spada. La sua commiserazione è ancora più dolorosa perché totalmente impotente. La lucida interpretazione dei fatti, e ancor di più il genio dell'arte, non arresteranno il massacro. Può solo provare pietà.

Dipingendo il proprio sguardo, Caravaggio definisce l'unico modo di poter guardare all'orrore del mondo. Stabilisce geometricamente la giusta distanza a cui collocarsi per fissare la bestia. Dentro la tela, manifestamente accanto alle cose, non fuori con il pennello in mano. Eppure sa anche che tale sguardo è inefficace, non cambierà il corso delle cose. Non impedirà l'omicidio di quell'uomo anziano caduto per terra, mentre prova a parare i colpi della lama a mani nude.

La luce che illumina il dipinto si spegne di colpo, e mi rendo conto di non avere più spiccioli nelle tasche per farla riaccendere. Mi giro intorno alla ricerca del sostegno di qualche turista, ma non c'è più nessuno.

Il dipinto di colpo è piombato nell'oscurità. Scorgo ancora il corpo del carnefice, ma il volto del Merisi si percepisce appena. Ormai è quasi sparito del tutto, perso nell'ombra.

Rimango ancora alcuni secondi a cercare di ricostruire i suoi lineamenti. Ma niente, non ci riesco. È andato. Allora, le mani in tasca, mi dirigo verso la navata centrale circondata da marmi e graniti. Solo quando raggiungo l'ingresso, sotto l'organo che pare sorretto dalle statue di quattro angeli, il vociare della strada mi ridesta pienamente.

Ora mi chiedo se lo sguardo di Caravaggio non sia anche il nostro sguardo nei confronti dei naufragi, dei viaggi dei migranti e soprattutto della violenza politica o economica che li genera.

Nella migliore delle ipotesi, ovviamente. Quando cioè quello sguardo non è inquinato dall'apatia, dall'indifferenza, dallo stesso fastidio per l'oscenità della morte. Quando quello sguardo non è già, fin dal principio, connivente con la lama dell'aguzzino.

Non appena osserviamo il mondo con gli stessi occhi di Caravaggio, esso si rivela come un universo di violenza ferina. Tuttavia, non è la violenza a sgomentarci. Ma il fatto che, anche quando comprendiamo pienamente le sue leggi, non riusciamo ad arrestarle.

Si può ridurre il male? Si possono creare delle zone libere all'interno delle quali il suo impatto sia meno devastante? È possibile risolvere le cause che generano la fuga in massa di interi popoli? Riusciamo a dare a quelle cause il nome di stermini silenziosi?

E, soprattutto, riusciamo a capire che i viaggi vengono dopo tutto questo?

Attraversare mezzo mondo per ritrovarsi in Europa non è solo un fatto geografico, non riguarda soltanto le dogane, le polizie di frontiera, i *passeurs*, gli scafisti, i trafficanti, i centri di detenzione, le navi militari, i soccorsi, gli aiuti, i tir, le corse e le rincorse, gli stop e i respingimenti. Non riguarda solo questo, benché tutto questo possa coincidere, per molti, con l'evento saliente della propria esistenza. Ha a che fare innanzitutto con se stessi. Saltare i muri è innanzitutto un'esperienza individuale.

Alla base di ogni viaggio c'è un fondo oscuro, una zona d'ombra che raramente viene rivelata, neanche a se stessi. Un groviglio di pulsioni e ferite segrete che spesso rimangono tali. Ma capita altre volte che ci siano dei viaggiatori che ne hanno passate così tante da esserne saturi. Sono talmente appesantiti dalla violenza e dai traumi che hanno dovuto subire, talmente nauseati dall'odore della morte che hanno avvicinato, da non voler fare altro che parlarne.

Allora, in quei momenti, hanno bisogno di incontrare un altro viaggiatore. Perché solo un altro viaggiatore può capire il peso delle parole che pronunceranno, solo un altro viaggiatore può indicargli la strada della leggerezza. Tutti gli altri restano sempre a qualche metro di distanza, sulla terraferma, incapaci di afferrare il senso di ciò che viene detto.

Ho impiegato molto tempo per capirlo. Bisogna farsi viaggiatori per decifrare i motivi che hanno spinto tanti a partire e tanti altri ad andare incontro alla morte. Sedersi per terra intorno a un fuoco e ascoltare le storie di chi ha voglia di raccontarle, come hanno fatto altri viaggiatori fin dalla notte dei tempi.

Ascoltare dalla voce di chi ha oltrepassato i confini come essi sono fatti. Come sono fatte le città e i fiumi, le muraglie e i loro guardiani, le carceri e i loro custodi, gli eserciti e i loro generali, i predoni e i loro covi. Come sono fatti i compagni di viaggio, e perché – a un certo punto – li si chiama compagni.

Come sono fatte le barche.

Come sono fatte le onde del mare.

Come è fatto il buio della notte.

Come sono fatte le luci che si accendono nell'oscurità.

Quelle voci sono plasmate con la stessa pasta dei sogni. Si riempiono di rabbia e utopia, desiderio e paura, misericordia e furore.

La terra e il cielo di prima non ci sono più laddove un nuovo cielo e una nuova terra si stagliano davanti ai loro discorsi.

Sovente si infervorano. E allora gli occhi si sgranano e le bocche si torcono per afferrare le sillabe che compongono la parola da cui tutte le altre discendono. E ogni volta che viene pronunciata, il mondo nuovo si affretta a venire mentre quello vecchio scompare lentamente. Il desiderio cresce, la foga diviene innocente e i morti sembrano meno morti, tanto che la sorte può essere sfidata ancora una volta. Quella parola indica una linea lunga chilometri e spessa anni. Un solco che attraversa la materia e il tempo, le notti e i giorni, le generazioni e le stesse voci che ne parlano, si inseguono, si accavallano, si contraddicono, si comprimono, si dilatano.

È la frontiera.

Per molti è sinonimo di impazienza, per altri di terrore. Per altri ancora coincide con gli argini di un fortino che si vuole difendere. Tutti la mettono in cima alle altre parole, come se queste esistessero unicamente per sorreggere le frasi che delineano le sue fattezze.

La frontiera corre sempre nel mezzo.

Di qua c'è il mondo di prima. Di là c'è quello che deve ancora venire, e che forse non arriverà mai.

Ringraziamenti

Ogni libro, diceva Ryszard Kapuściński, è il frutto del lavoro di molti. Anche questo non sarebbe stato possibile senza i suggerimenti, le osservazioni, le storie, il contributo e la vicinanza di tanti altri. Desidero ringraziare ognuno di loro: Marco Carsetti (con cui da molti anni ormai condivido uno sguardo comune su queste vicende), Sandro Triulzi e l'Archivio delle memorie migranti, Igiaba Scego, Cecilia Bartoli, Carolina Purificati, Elena Canestrari, Giorgio Sena e tutti i volontari di Asinitas (una delle migliori associazioni di educazione e intervento sociale che conosca), Ludovico Orsini Baroni, Stefano Talone, Arianna Speranza, Ombretta Scattoni e tutti i mediatori culturali di Binario 15, Luigi Manconi, Valentina Brinis e l'associazione A buon diritto, Vitaliana Curigliano, Goffredo Fofi, Stefano Liberti, Anna Branchi, Ornella Bellucci, Dario Zonta, Gianfranco Rosi, Edi Rabini, Patrizia Brogna, Yvan Sagnet, Margherita Dean, Afrodite Oikonomidou, Mariani Papanikolaou, Dimitri Deliolanes, Arlinda Dudaj, Gaetano De Monte, Gianluca Nigro, Domenico Chirico, Clelia Bartoli, Mariarita Peca, l'associazione Medici per i diritti umani e – in particolare – Gabriel Tzeggai, don Mussie Zerai, Alganesh Fessaha e tutti gli eritrei che non ho potuto chiamare esplicitamente per nome e cognome, per il timore che subiscano ripercussioni. Spero di non aver dimenticato nessuno. Ringrazio Gianluca Foglia per aver creduto nel progetto fin dall'inizio, Giuseppe Catozzella per averlo seguito da vicino e Paola Olivieri per i puntuali suggerimenti in fase di revisione. I fatti riguardanti Alba Dorata sono tratti dalla richiesta di rinvio a giudizio dell'intero gruppo dirigente del movimento avanzata dalla procura di Atene nel febbraio del 2014.

Indice